ライブラリ ケースブック会計学 ❹

ケースブック
管理会計

上總 康行 著

新世社

編者のことば
――事例で学ぶ会計学を目指して――

　会計学の講義や演習を担当された教員なら，生きた事例を引き合いに出して簿記の原理や財務諸表の説明をしたときに受講者の目が輝いたという体験を一度ならず，されたことと思う。「必要は発明の母なり」という諺の通り，実務の必要から生まれた知恵がちりばめられた事例には，学習・研究の意欲をそそるような題材が潜んでいる。

　ところが，これまで会計学の分野では，型通りの教科書はあっても，教科書で書かれた内容を裏付けたり，くつがえしたりする事例を系統立てて収集し，解説するというスタイルで編集された書物はほとんどない。そのため，会計学の講義や演習を担当する教員は，有価証券報告書や新聞雑誌記事のなかから，各テーマの教材にふさわしい事例を選び出し，プリントして配付するという作業に多大な労力を費やしておられることが多いように見受けられる。

　「ライブラリ ケースブック会計学」は，こうした会計学の学習・教育の実状を念頭において，簿記・会計・監査の分野の中心的なテーマに関係する含蓄に富んだ事例を精選し，それぞれの事例を素材にして会計学の体系を説明するとともに，読者に学習・研究のヒントを提供することを目指したライブラリである。この意味で，本シリーズに収められた各書物は教える側のニーズと学ぶ側の興味にかなった新しいタイプの教科書といってよいであろう。また，本ライブラリの各巻の執筆者は，こうしたケースブックの編集に習熟された方々ばかりであり，複雑な事例を平易な語り口で解きほぐす手腕が存分に発揮されている。

　このシリーズに収録された各書物が，会計学の学習と教育にリアリティを注入することに寄与し，会計学を学ぶ楽しみを読者に伝えることができることを願っている。

醍醐　聰

はしがき

　自宅の近所で買い物したり，いなかの田んぼ道をのんびり走るだけなら，自転車にスピードメータを取り付ける必要性はほとんどありません。しかし高速道路を走る自動車にはスピードメータ，タコメータ，燃料計などの計器類が必要不可欠です。ジェット旅客機や宇宙船の操縦席には，操縦に必要不可欠な計器類がぎっしりと装備されています。激しいグローバル競争の中で企業経営を任された経営者にも，やはり同様に「計器類」が必要不可欠です。経営者は，経験や勘に頼るのではなく，計器類から入手できるさまざまな経営情報に基づいて企業経営を適切に「運転」する必要があります。言うまでもなく，この経営情報の主要部分を担っているのが管理会計情報に他なりません。

　大企業には，通常，複式簿記を基礎として，実際原価計算，標準原価計算，予算制度，CVP分析，セグメント別利益計算，資本予算，中期利益計画などの管理会計技法を組み合せた統合的な管理会計システムが実践配備されています。経営者は，そこから得られる管理会計情報を駆使してグローバル市場で対峙する競争相手と日夜戦いを続けることができる訳です。

　いまや企業経営に必要不可欠となった管理会計ですが，日本企業に本格的に導入されはじめたのは第二次大戦後のことでした。とくに1950年代以降，米国企業で実践されていた多くの管理会計技法が日本企業に導入され，日本は世界に誇る高度成長を実現してきました。しかし，1970年代以降，米国で開発される新しい管理会計技法が少なくなったばかりでなく，日本企業にとって有用性の少ない，あるいは適用領域がごく狭いものしか開発されなくなりました。

　その理由は明白です。従来，米国の管理会計研究は応用研究を通じて問題解決手段を開発し，その成果を管理会計技法として全世界へ提供してきまし

はしがき

た。しかし，最近では，管理会計問題を客観的に把握する調査研究やその因果関係の理論化を目指す理論研究に研究の軸足が移動しました。その結果，応用研究から問題解決手段を開発する管理会計研究が激減してしまいました。

他方では，グローバル競争がますます激しくなる中で，日本企業では会計問題が頻発しており，問題解決手段の開発が決して不要になった訳ではありません。否むしろ，日本企業がグローバル競争の中で勝ち抜いていくためにはその必要性がますます高まっています。憂慮すべきことは，因果関係の理論化を目指す研究者と問題解決手段を求める経営者との間に大きな期待ギャップが存在していることです。

かかる現状を直視すれば，米国やヨーロッパの研究動向に引き続き配慮しつつも，日本企業の優れた管理会計実践を調査研究し，それを定式化ないし理論化することによって世界の研究者・経営者が注目する管理会計を研究開発することが有力な解決策の1つであると思われます。

私たちは，このような独自理論開発戦略を展開する基礎作業として，これまで多くの日本企業で実践されてきた優れた管理会計実務を調査研究してきました。調査企業の管理会計実務を分析し，理論化・体系化した上で，これらの管理会計実務について学会報告，研究論文，雑誌論文，学術講演などを通じて紹介してきました。

本書は，2つの特徴を持っています。1つは，私が提唱した重層的管理会計論という理論フレームワークを基礎として最新の管理会計技法を取り込んで記述した教科書という特徴です。もう1つは，調査研究で明らかになった日本企業の管理会計実務の一部，さらには，広く一般に公表された新聞，雑誌，論文，著書，ホームページなどで入手可能な管理会計実務を取り上げたケース・スタディという特徴です。純国産の管理会計実務もあれば，生まれは米国であっても，日本企業で改善工夫された独自の管理会計実務も紹介されています。筆者としては，日本の管理会計を世界へ向けて発信するという思いをもって，本書ができるだけ多くの読者に恵まれることを期待して止みません。

はしがき

　本書で扱ったケースに関しては，多くの日本企業の経営者や担当者の方々にご理解ご協力を賜りました。ここに感謝の意を表明し，御礼を申し上げる次第です。有り難うございました。本書では，紙面の関係等で，調査研究した日本企業のケース・スタディの一部のみを紹介させていただきました。お許しいただきたいと思います。また大阪経済大学の浅田拓史准教授には，面倒な校正を手伝っていただきました。厚く御礼申し上げます。

　最後に，本書の執筆をお引き受けしてから出版までにずいぶん時間がかかってしまいましたが，その間，根気強くまた温かく励ましていただいた株式会社新世社取締役編集部長の御園生晴彦氏に深甚の謝意を表したいと思います。御園生氏の励ましがなければ，おそらくこの出版は「夢のまた夢」であったでしょう。

　2014年8月

名古屋山崎川の畔にて

上總康行

目 次

1 管理会計のフレームワーク … 1
ケース1　アサヒビール株式会社の生産管理システムと原価計算システムの統合 … 2

1.1　現代企業の経営管理 … 4
1.2　管理会計の構造と主要機能 … 8
1.3　現代管理会計のフレームワーク … 11
1.4　会計情報システム … 16
ケース1の問題を考える … 18
引用文献(20)

2 目標利益と中期経営計画 … 21
ケース2　トヨタ自動車の経営理念 … 22

2.1　戦略的計画設定と管理会計 … 23
2.2　経営理念と経営目標 … 25
2.3　中期目標利益 … 27
2.4　戦略計画の設定 … 29
2.5　中期経営計画の公表 … 32
ケース2の問題を考える … 34
引用文献(35)

3 戦略分析会計 … 37
ケース3　三菱重工業のポートフォリオマネジメント … 38

3.1　経営戦略 … 40
3.2　財務諸表分析 … 45
3.3　プロダクト・ポートフォリオ経営（PPM） … 49
3.4　SWOT分析 … 52
3.5　価値連鎖分析 … 53

目 次

ケース3の問題を考える 58
引用文献(59)

4 中期個別会計―個別戦略の実行を支援する会計― 61
ケース4 「カシオミニ」の衝撃と原価企画 62

4.1 戦略実行のフレームワーク 64
4.2 原価企画―新製品頻発投入戦略のための管理会計― 65
4.3 バランスト・スコアカード（BSC） 71
4.4 方針管理と目標管理 76
ケース4の問題を考える 82
引用文献(82)

5 資本予算 85
ケース5 新日鐵住金の設備投資決定と投資経済計算 86

5.1 投資決定プロセス 87
5.2 日本企業における投資経済計算の利用実態 89
5.3 簡単な投資経済計算 91
5.4 貨幣の時間価値を考慮した投資経済計算 95
5.5 投資経済計算の計算例 101
ケース5の問題を考える 105
引用文献(107)

6 短期利益計画 109
ケース6 日本電産のWPR 110

6.1 戦略計画の実現と総合管理 111
6.2 短期経営計画と短期利益計画 113
6.3 短期利益計画と目標利益 116
6.4 CVP分析 120
6.5 限界利益分析 125
6.6 価格決定と限界利益分析 130
ケース6の問題を考える 133
引用文献(134)

v

目 次

7　予算管理　135
ケース7　日本航空の破綻から再建へ　136

- 7.1　総合管理と予算管理　138
- 7.2　総合予算の体系と編成手順　140
- 7.3　責任中心点と責任会計システム　145
- 7.4　予算統制と業績評価　149
- 7.5　事前管理型予算管理の登場　151
- ケース7の問題を考える　153
  - 引用文献（154）

8　直接原価計算―限界利益による短期利益計画と予算管理―　155
ケース8　村田製作所の正味利益計算　156

- 8.1　直接原価計算の生成　157
- 8.2　直接原価計算の計算構造　158
- 8.3　短期利益管理の2類型　160
- 8.4　直接原価計算による責任会計システムの展開　165
- 8.5　直接原価計算の外部報告制度化論　171
- ケース8の問題を考える　172
  - 引用文献（175）

9　事業セグメント利益管理　177
ケース9　キヤノン電子の経営改革と空間基準会計（SBA）　178

- 9.1　企業組織の多様化　179
- 9.2　事業部制組織の予算管理　181
- 9.3　利益概念と事業部利益計算　183
- 9.4　事業部間の内部振替価格　190
- 9.5　共通費の配賦　195
- ケース9の問題を考える　197
  - 引用文献（200）

目 次

10 購買管理会計　201
ケース10　日産自動車ゴーン社長の購買戦略　202

10.1　購買管理のフレームワーク …………………………………… 203
10.2　外注管理と外注企業の選定 …………………………………… 206
10.3　外注管理によるコストダウン ………………………………… 211
10.4　在庫管理 ………………………………………………………… 217
ケース10の問題を考える ……………………………………………… 221
　　引用文献（222）

11 生産管理会計　223
ケース11　セーレンの工場利益管理　224

11.1　生産管理のフレームワーク …………………………………… 225
11.2　原価管理のフレームワーク …………………………………… 227
11.3　原価計算による原価管理 ……………………………………… 229
11.4　活動基準原価計算 ……………………………………………… 234
11.5　品質管理とコスト ……………………………………………… 239
ケース11の問題を考える ……………………………………………… 247
　　引用文献（248）

12 販売管理会計　249
ケース12　日本マクドナルドの価格戦略　250

12.1　マーケティング・マネジメントのフレームワーク ………… 251
12.2　マーケティング・マネジメントと予算管理 ………………… 254
12.3　マーケティング・ミックス …………………………………… 256
12.4　マーケティング費用と予算管理 ……………………………… 258
12.5　物流費の管理 …………………………………………………… 264
ケース12の問題を考える ……………………………………………… 271
　　引用文献（272）

索　引 ……………………………………………………………………… 275

✪資料一覧✪

第2章 目標利益と中期経営計画
資料2-1　日本企業の重要経営指標 ……………………………………………… 26
資料2-2　キユーピー ……………………………………………………………… 32

第3章 戦略分析会計
資料3-1　企業の倒産を予知する倒産指数 ……………………………………… 48
資料3-2　セーレンによる旧カネボウ工場の買収戦略 ………………………… 57

第4章 中期個別会計――個別戦略の実行を支援する会計――
資料4-1　コマツのデザインレビュー体制 ……………………………………… 70
資料4-2　相模原協同病院のBSC ………………………………………………… 75
資料4-3　セーレンの戦略目標管理システム …………………………………… 77

第5章 資本予算
資料5-1　福井県の投資経済計算実務 …………………………………………… 100

第6章 短期利益計画
資料6-1　日本企業の短期目標利益 ……………………………………………… 118

第12章 販売管理会計
資料12-1　全日空の価格戦略 …………………………………………………… 257
資料12-2　ハマキョウレックスの収支日計表 ………………………………… 268

本書に記載している製品名は各社の登録商標または商標です。本書では®と™は明記しておりません。

1 管理会計のフレームワーク

●本章のポイント●

① 現代企業の経営管理の概略について学びます。
② 経営管理を支援する会計情報を提供する管理会計の基本原理（構造と主要機能）について学びます。
③ 管理会計の基本原理に基づいて，現代管理会計のフレームワークとそれを支援する会計情報システムについて学びます。

アサヒビール株式会社の生産管理システムと原価計算システムの統合

　富士通株式会社（本店：神奈川県川崎市，以下，富士通と略記します）のホームページでは，同社が導入した経営情報システムや会計情報システムが多数紹介されています。本章では，この中からアサヒビール株式会社（本社：東京都墨田区，以下，アサヒビールと略記します）の導入事例を紹介します。

　アサヒビールは，「スーパードライ」などのヒット商品でビールの売上を伸ばし，1998年にキリンビールを抜いてトップシェアを獲得して以来，ずっと売上No.1を維持しています。2001年にニッカウヰスキーの営業部門を統合し，2002年には協和発酵，旭化成などの酒類部門を統合し，ビール単体から総合酒類事業へとビジネス領域を拡大してきました。現在では，ビール，発泡酒，ウイスキー，焼酎，ワインなどに加えて，清涼飲料水や缶コーヒー，ベビーフードなどの商品も提供しています（富士通HP [2008]）。

　アサヒビールでは，安くて高品質の商品を提供し，原材料費の高騰に対応するため，効率化・コスト削減をさらに追求する必要がありました。従来の延長線上ではなく，大胆な発想に基づく取組みが求められ，生産管理システムと原価情報システムの再構築が行われました。アサヒビールの理事・業務システム部長の奥山博氏は，次のように述べています。

　「アサヒビールグループでは製造部門の情報一元化を目指した『トータルプロダクションシステム』の構築を進めるとともに，環境対応や品質管理のグループ統一指針である『Asahi Way』を掲げ，品質保証や安心・安全を確保する仕組みなどを作り上げてきました。これと同時に課題になったのが，さまざまな商品を生産するモノづくりの仕組みです。

現在アサヒビールグループでは，9カ所のビール工場にニッカウヰスキーの7工場を加えた全16工場を稼働させています。しかし，これまではビール工場はビール，焼酎工場は焼酎といった具合に，単独の商品のみを製造してきました。このため生産業務のプロセスや考え方が，アサヒビール，ニッカウヰスキーの両工場でそれぞれ異なっていたのです。

　効率化やコスト削減をさらに推進するためには，1つの工場でいろいろな商品が生産できる『ハイブリッド工場化』を目指すことが望ましい。また，グループ内に2系統の業務プロセスが存在していると，先に述べた『Asahi Way』を生産分野で確立することが困難になります。そこで，生産業務の中核を担う生産管理システムと原価計算システムを統合・再構築し，グループ全体での業務プロセス改革を目指したのです」（富士通HP [2008]）。

　アサヒビールでは，生産管理システムと原価計算システムの統合を行うため，富士通の新しい経営情報システムが導入されました。アサヒビール業務システム部の齋藤宏樹氏は，原価計算システムについて次のように指摘されています。

　「生産管理システムと同じく『あらゆる酒類，ソフトドリンクの製造に対応できること』，それに『製造列別・最小製品別の原価計算が行えること』『実績・予算・決算見込みなどのシミュレーションが行えること』『データ加工が自由に行えること』の3点をポイントとしました。

　たとえば従来は，何かのキャンペーンでコラボ商品を作ったとしても，『スーパードライ』といった商品単位でしか原価を把握できませんでした。これをもっと詳細な単位（たとえば阪神タイガース缶などのコラボ商品）で，よりきめ細かく詳細な原価分析ができるようにしたかったのです。また，グループ内での比較が行えるよう，原価計算に対する考え方も統一して見える化を図りました」（富士通HP [2008]）。

> **問題**
> ❶ アサヒビールの新しい生産管理システムと原価計算システムについて，富士通のホームページ（HP）から情報を入手して，そのシステムを概説して下さい。
> ❷ 富士通だけではなく，NEC や IBM などにも同じような情報システムの導入事例が紹介されています。それらの HP からいずれか 1 社の会計情報システムの情報入手し，システム導入の契機，システムの全体像，導入後の効果について調べて下さい。

1.1　現代企業の経営管理

製造企業の経営管理

　私たちは，自動車，液晶テレビ，デジタルカメラ，携帯電話，スマートフォンなどの工業製品を購入し，豊かな生活を享受していますが，これらの工業製品の生産を主力事業とする企業が製造企業，いわゆるメーカーです。図

● 図表1-1　製造企業の経営管理

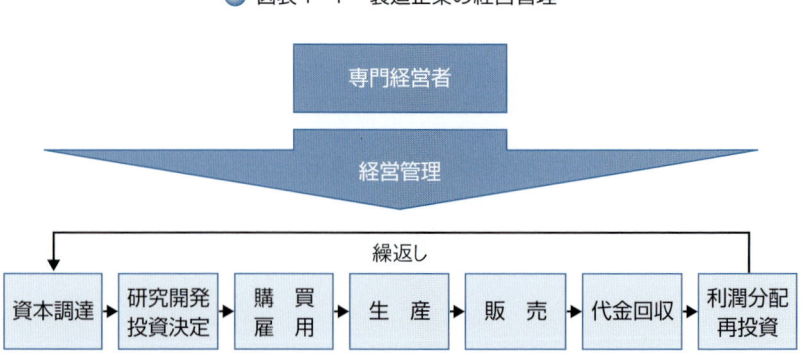

表 1-1 は，製造企業における**経営管理**を示したものです。

　製造企業では，まず事業に必要な資本が調達されます。次にこの資本を使って，新製品の研究開発が行われ，試作品をいろいろな条件の下で徹底的に試験した後で，製品化が決定されます。新製品を生産するため，工場が建設され，機械設備が設置され，さまざまな職種の従業員が雇用されます。また製品に必要な原材料，部品，ユニットなどが購買されます。工場では生産が行われ，販売部を通じて顧客に向けて販売が行われます。販売された製品の代金が回収され，一定期間ごとに資本の提供者に対して利潤の一部が分配され，残りは事業に再投資されます。製造企業では，このような企業活動が繰返し行われます。

　資本調達→研究開発・投資決定→購買・雇用→生産→販売→代金回収→利潤分配・再投資という企業活動を円滑にしかもより速く繰り返すことを，一般的には，経営管理と呼んでいます。**専門経営者**とはこの経営管理を専門的に担当する人のことです。

職能部門別組織と事業部制組織

　専門経営者はより多くの利潤を獲得するため多数の従業員を雇用し，彼らを指揮・監督して企業活動の拡大を目指すことになります。しかし，人が人を管理できる人数には限りがあります。このため，**多数の従業員**がいくつかのグループに分けられ，これを管理単位として組織が編成され，一人の**管理者**が**管理単位**を指揮・監督します。さらに管理単位がいくつかのグループに集約されて上位の管理単位が編成されます。この結果，専門経営者→管理者→従業員という3層からなる**企業組織**が出来上がります。代表的なものには，購買，生産，販売などの職能部門を管理単位とする**職能部門別組織**（functional organization），そして異なる製品や地域を管理単位とする**事業部制組織**（divisional organization）があります。図表1-2は，職能部門別組織を示したものです。

● 図表1-2　職能部門別組織

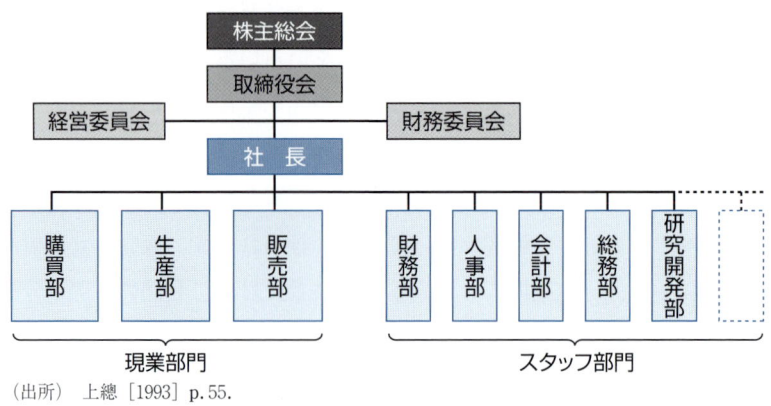

(出所)　上總［1993］p.55.

　この図によれば，購買部，生産部，販売部という主要な職能を担当する**現業部門**，そして財務部，人事部，会計部などから構成される**スタッフ部門**を社長が率いています。社長は，**経営委員会**と**財務委員会**で審議され，**取締役会**で最終決定された基本方針，経営戦略，経営計画を執行します。職能部門別組織は**単一事業戦略**をとる企業で利用されます。

　さらに**図表1-3**は事業部制組織を示したものです。この図では，1つの事業部があたかも独立企業のごとく組織された事業部制組織が示されています。事業部制組織は**多角化戦略**（複数事業戦略）をとる企業で採用されます。

　このようなピラミッド型の企業組織では，**現業活動**を担う多数の従業員を管理者が直接的に管理し，この管理者の管理を通じて専門経営者は従業員を間接的に管理します。ここから現代企業の経営管理では，**管理者集団**を管理する**管理者管理**（managing of managers）が決定的に重要になります。

管理職能とマネジメント・サイクル

　専門経営者は，管理者管理を通じて企業活動を合理的に経営管理しなければなりません。一般的には，経営管理は，組織化→計画設定→統制という**管理職能**（managerial functions）の連続的かつ循環的なプロセスとして展開さ

● 図表1-3　事業部制組織

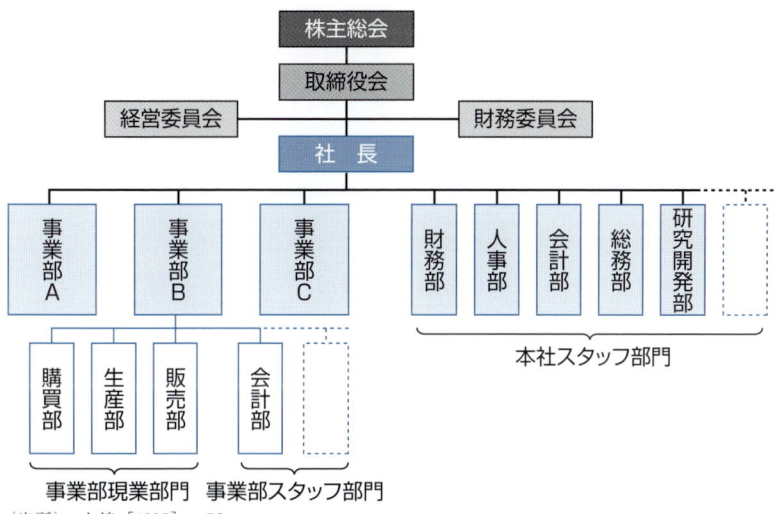

（出所）上總 [1993] p.56.

れます。これを**マネジメント・サイクル**（management cycle）と呼んでいます。経営戦略に対応してある**組織化**（organization）が行われたならば，継起的に展開される管理職能は，**計画設定**（planning）と**統制**（control）の2つになります。そこで，計画設定と統制について簡単に説明しましょう。

　計画設定とは，**目標**とこの目標を達成するための**計画**を決定することです。将来を正確に予測することはほとんど不可能ですが，高い予測能力と決断力が専門経営者には要請されています。計画設定では，将来の企業活動を計画する意思決定が行われますが，そこには，4つの連続した部分的なプロセスが含まれています。

① 問題の認識と明確化
② 代替的計画案の探求
③ 代替的計画案の評価
④ 計画の選択・決定

　このような**計画設定プロセス**では，さまざまな情報を必要としますが，も

ちろんそこには必要不可欠な情報として**会計情報**（accounting information）も含まれています。

　統制とは，計画の実現を確保することです。立派な計画が設定されても，それが実現されないと意味がありません。専門経営者が適切な指揮・監督を行い，計画を外れた場合に速やかな是正措置をとるならば，計画は実現可能となります。この統制にも，いくつかの部分的なプロセスが含まれています。

① 計画の組織構成員への指示・伝達
② 計画達成に向けた組織構成員の動機づけ・指導・監督
③ 作業の円滑化と同期化に向けた進行状況の監視・調整
④ 計画と実際との比較・分析
⑤ 必要な是正措置の実施

　このような**統制プロセス**でもまた，それぞれ情報を必要としており，そこでも会計情報が不可欠となっています。

1.2　管理会計の構造と主要機能

管理会計の構造

　ピラミッド型の企業組織では，専門経営者がいくら素晴らしい経営計画を立案しても，管理者集団の合意が得られなければ，この経営計画を実現することは不可能です。なぜなら，専門経営者が一般従業員を直接指揮・監督するのではなく，管理者集団が専門経営者に代わって一般従業員を指揮・監督しているからです。

　このため，専門経営者はまず管理者集団に対して，経営計画を十分に説明・説得し，彼らの**合意**を獲得する必要があります。このことに失敗すれば，いかなる経営計画も「机上の空論」に終わってしまいます。ここに，専門経営者による管理者管理の必要性と重要性が存在します。

専門経営者は，企業内外に存在する会計情報の「受け手」の意思と行動を説得・誘導するという明確な会計目的を持って会計情報を利用します。通常，企業外部の**投資家集団**に向けて会計情報を公開する企業会計の側面を**財務会計**（financial accounting），また企業内部の管理者集団に向けて会計情報を報告する企業会計の側面を**管理会計**（management accounting）とそれぞれ呼んでいます。管理会計では，専門経営者が管理者集団を**目標利益**とそれを実現する経営計画に沿う方向へと説得・誘導するために会計情報を利用しますので，この点をとくに強調すれば，**管理者管理のための会計**が管理会計ということになります。**図表1-4**は，**管理会計の構造**を示したものです。

　この図によれば，専門経営者は目標利益の獲得を目指して企業管理を合理的に展開するために，目標利益とそれを具体化した経営計画が**会計計画書**（予算書など）に表現され，これが管理者集団に提示されます。管理者集団は会計計画書によって目標利益と経営計画を説得され，管理者集団がこれに「納得＝合意」するならば，この利益計画や経営計画の達成を目指して一般従業

● 図表1-4　管理会計の構造

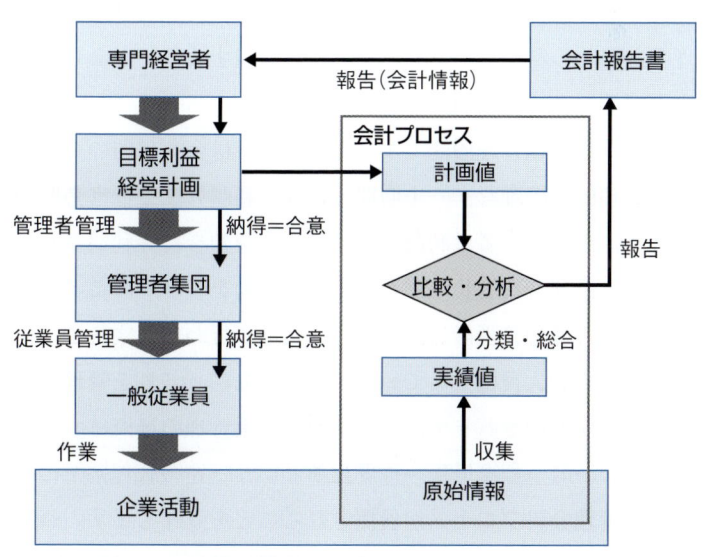

（備考）　──▶：会計情報の流れ

員を管理できます。管理者集団の監督下で一般従業員によって実際の作業が展開されます。その結果，企業活動が展開されますが，一定期間の終了後には，「収集→分類・総合→報告」という**会計プロセス**を通じて会計情報が作成されます。この会計情報は企業活動に関する実績値ですが，これと会計計画書に示された計画値とが比較・分析され，会計報告書として専門経営者に報告されます。

　会計情報は人間しか利用しません。機械や動物や植物が会計情報を利用する訳ではありません。この点を強調すれば，専門経営者→管理者集団→一般従業員という組織内の人的関係の中で，**人による人の管理**のために会計情報が使われます。ここから，管理会計は，以下のように定義できます。

　管理会計とは，専門経営者が企業目標の達成に向けて，管理者集団を目標利益や経営計画に沿う方向へと説得・誘導する管理者管理を目指して，会計手段を用いて企業活動に関する会計情報を収集・総合・報告する行為です。

管理会計の主要機能

　専門経営者が企業管理を合理的に展開するために管理会計を利用しますので，管理会計はこの**利用目的**を果たすように機能する必要があります。**管理会計の主要機能**は2つに大別できます。

　第1の機能は，**財務管理機能**です。専門経営者は企業目的の達成に向けて企業活動を合理的に管理し，一定期間後には，利潤分配を行う必要があります。このため，専門経営者は利潤分配に要する金額を目標利益として事前に予定し，この目標利益を実現するため，企業活動を管理することになります。現代企業では，多数の管理者によって企業管理が行われますので，目標利益を多数の管理者の**個人目標**として転換するとともに，これを**管理基準**として，計画設定と統制が展開されます。このような企業管理の展開は，目標利益→利益計画→総合予算→標準原価→作業標準という一連の管理基準の転換・連鎖を通じて，**管理会計プロセス**が展開されることを意味します。つまり，すべての企業活動は利潤分配に規定されて，管理会計によって管理されます。

このような管理会計の機能を財務管理機能と呼んでいます。

　第2の機能は，**動機づけ機能**です。現代企業では，ピラミッド型の管理組織の下で株主→専門経営者→管理者集団→一般従業員という組織的人的関係が成立しています。専門経営者は，会社全体の目標利益を事前に予定し，この目標利益をすべての組織構成員が個人目標として受容し，彼らがこの個人目標を自己の管理基準として意思決定を行い，適切に行動することを期待しています。しかしながら，組織目標と個人目標とは異なっているのが一般的ですので，この受容が無条件で実現できる訳ではありません。

　そこで，専門経営者は必要な**情報公開**の一環として会計情報を提示して，これらの情報に基づいて管理者や一般従業員との間で**十分な議論**を行います。必要な情報公開と十分な議論が行われたのちに，専門経営者は管理者や一般従業員の合意を獲得できます。加えて，この管理基準の達成と業績評価とがリンクされている場合には，この業績評価（報酬）に誘発されて，組織構成員の合意が得やすくなります。この結果，目標利益は管理者や一般従業員の個人目標として受容され，この個人目標を管理基準として彼らの意思決定と行動が行われます。組織構成員はまさに会計情報によって動機づけられることになります。このような管理会計の機能を**動機づけ機能**と呼んでいます。

　なお，財務管理機能と動機づけ機能とは相互補完的に機能しつつ会計目的を達成することになります。

1.3　現代管理会計のフレームワーク

経営管理の重層化と管理会計

　ピラミッド型の管理組織では，**最高経営者**（トップ・マネジメント）から管理職能の一部が**中級管理者**へ委譲され，さらに彼の管理職能の一部が**下級管理者**へと順次下位に委譲されます。通常，それは**責任と権限の委譲**と呼ば

れています。管理職能が委譲される場合，比較的重要性が低く，あまり判断を必要としない定型的な管理職能が委譲されます。具体的に言えば，もっとも基本的な管理職能である計画設定職能（planning function）は上位の専門経営者に残されますが，下位の管理者にはより重要性の低い統制職能（control function）が委譲されます。この結果，管理階層ごとに計画設定と統制のウエイトが異なることになり，さらに進展して管理階層ごとの管理職能の具体的な内容が大きく異なってきます。これを**経営管理の重層化**ないし**階層化**と呼んでいます。

ハーバード大学教授で著名な管理会計研究者であったアンソニー（R. N. Anthony）は，このような経営管理の重層化に着目して，**戦略的計画設定**（strategic planning），**総合管理**（management control），**現業統制**（operational control）の3つに経営管理を区分した**経営管理のフレームワーク**を提唱しました（Anthony［1965］pp. 15-18）。**図表1-5**は，アンソニーが提唱した経営管理のフレームワークを示したものです。

このフレームワークは，あくまで概念的なものであり，戦略的計画設定，総合管理，現業統制との間に明瞭な境界線を引けるものではありません。

● 図表1-5　アンソニーの経営管理フレームワーク

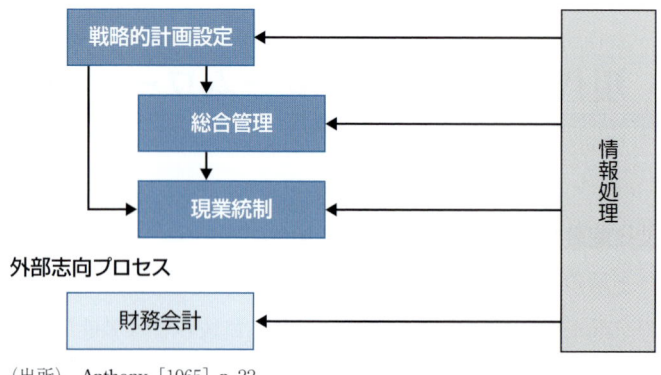

（出所）　Anthony［1965］p. 22.

アンソニーの主張は，それまでの**計画会計**（accounting for planning）と**統制会計**（accounting for control），あるいはベイヤー（R. Beyer）が提唱した**意思決定会計**（decision accounting）と**業績管理会計**（performance accounting）に区分する**管理会計のフレームワーク**とは大きく異なっていました。このため，当初から厳しい批判にさらされ，最近に至っても，戦略の概念が欠けている，戦略実行の具体的な記述がない，総合管理と管理会計の区分が曖昧であるなど，批判は尽きません。逆説的に言えば，そうした批判が絶えないのは，現時点に至っても，それに代わる有力な管理会計のフレームワークが提起されていない証左とも言えるでしょう。

アンソニーのフレームワークは，経営管理の重層化という現実に則して管理会計を理解するうえで，現在でもなお十分注目するに値します。そこで本書では，アンソニーのフレームワークを利用しながら，「人による人の管理」という視点を組み込んで，管理会計論のフレームワークを次のように提示したいと思います。

(1) 戦略的計画設定のための会計——戦略的計画会計

戦略的計画設定とは，主として，トップ・マネジメントとそれを補佐する本社スタッフによって行われる企業の基本目標，経営戦略，中期経営計画などの**基本計画**の設定に関わる意思決定プロセスです。このような戦略的計画設定を支援するための会計をいいます。

(2) 総合管理のための会計——総合管理会計

総合管理とは，主として，トップ・マネジメントが**現業部門長**（たとえば，事業部長，職能部門長など）に対して展開する戦略的計画の実施プロセスであり，短期的かつ総合的な企業活動の計画設定と統制を含む経営管理プロセスです。このような総合管理を支援するための会計をいいます。

(3) 現業統制のための会計——現業統制会計

現業統制とは，主として**現業管理者**（たとえば，現業部門長，工場長，現場監督者，職長）が作業労働者に対して展開する総合管理の実施プロセスであり，現業活動の日常的かつ部分的な統制活動に重点をおく経営管理プロセ

スです。このような現業統制を支援するための会計をいいます。

　これは，アンソニーのフレームワークを現代企業における経営管理の重層化に対応した管理会計の重層化という視点から再構成したものです。なお重層化した経営管理のうち，もっとも重要なものは総合管理ですので，このことに規定されて，管理会計もまた総合管理会計を中軸として展開されます。

現代企業のマネジメント・サイクルと管理会計

　上に指摘したように，現代企業では，経営管理の重層化が進展していますので，マネジメント・サイクルは戦略的計画設定→総合管理→現業統制を通じて垂直的に展開されます。専門経営者はマネジメント・サイクルの各ステージにおいて，自らの知識や体験や勘に頼るのではなく，経営情報や会計情報を積極的に利用して合理的な企業管理を行います。**図表1-6**は，現代企業のマネジメント・サイクルと管理会計との基本的な関係を示したものです。

　この図によれば，戦略的計画設定では**企業目標設定→環境分析・自社分析→戦略決定→戦略計画**（通常，中期経営計画）の設定として連続した計画設定プロセスが順次上から下へと展開されます。この**戦略的計画設定プロセス**に不可分な関係で管理会計プロセスが展開されます。それは，**目標利益の設定→戦略分析会計→戦略支援会計→中期利益計画**の設定として順次上から下へと展開されます。

　同様に総合管理では，戦略計画（中期経営計画）に基づいて1年間の全社的な短期基本計画が設定され，これが**事業計画**として具体化されます。この総合管理プロセスに不可分な管理会計プロセスとして，**短期利益計画と総合予算**による予算管理が展開されます。さらに現業統制では，**部門計画→月次計画→日次計画→実行→現業評価**として現業統制プロセスが展開され，これと不可分な形で**部門予算→月次予算→日次予算→作業標準→実績測定→差異分析**として現業統制会計が展開されます。

　通常，現業統制では，1カ月を経過した時点で**月次報告書**が作成され，計画

● 図表1-6　現代企業のマネジメント・サイクルと管理会計

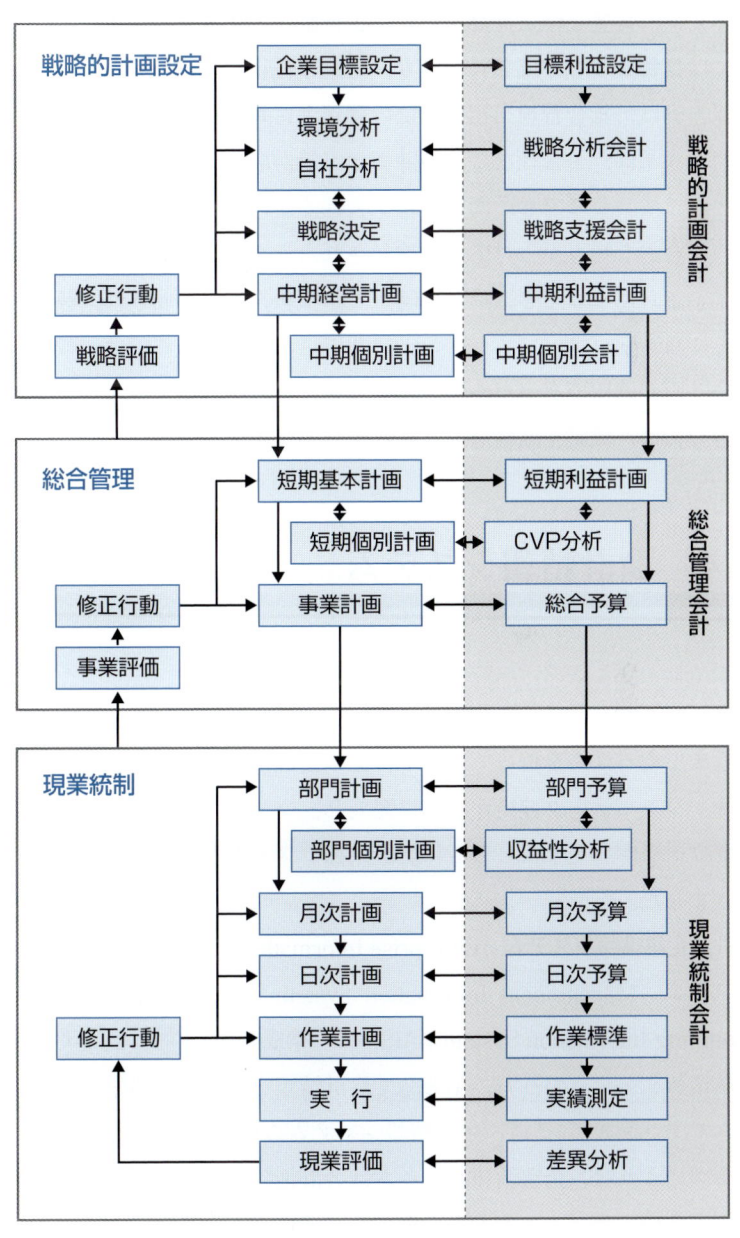

と実績とが比較されます。両者に大きな差異がある場合には，**原因分析**を行ったうえで，必要な**修正行動**ないし**是正行動**がとられます。現在では，**週報**さらには**日報**なども作成されており，迅速な修正行動が可能になっています。月次報告書は，総合管理を担う上位の管理者に報告され，すべての部門（職能部門，事業部，子会社など）の計画と実績が取りまとめられて，**事業評価**が行われます。ここでも計画と実績が大きくかけ離れている場合には，全社的かつ総合的な視点から対応策が検討されたうえで，必要な修正行動がとられます。さらに1カ年を経過した時点で年次報告書が作成され，戦略的計画設定をになうトップ・マネジメントに報告されます。ここでは，戦略さらには戦略計画が適切であったかどうかを評価する**戦略評価**が行われます。不適切な場合には，戦略や戦略計画の修正が行われます。

1.4 会計情報システム

　かつて簿記や会計は「人の手」によって行われていました。日本では，つい最近までそろばんを使って高度な簿記や会計が行われてきました。1960年代以降，コンピュータ技術が急速に発展し，ソフトウェアが開発され，情報ネットワークが普及するとともに**会計情報システム**が会計処理の主役に躍り出てきました。

　通常，**企業情報システム**（Enterprise Information System：EIS）は，**経営情報システム**（Management Information System：MIS）と会計情報システム（Accounting Information System：AIS）から構成されています。もちろん，この企業情報システムのうち，主として会計情報を処理する部分が会計情報システムです。**図表1-7**は，企業情報システムの構成図を示したものです。

　この図によれば，企業情報システムは会計情報システムと経営情報システムという2つのサブシステムから構成されています。経営情報システムには，

● 図表1-7　企業情報システムの構成図

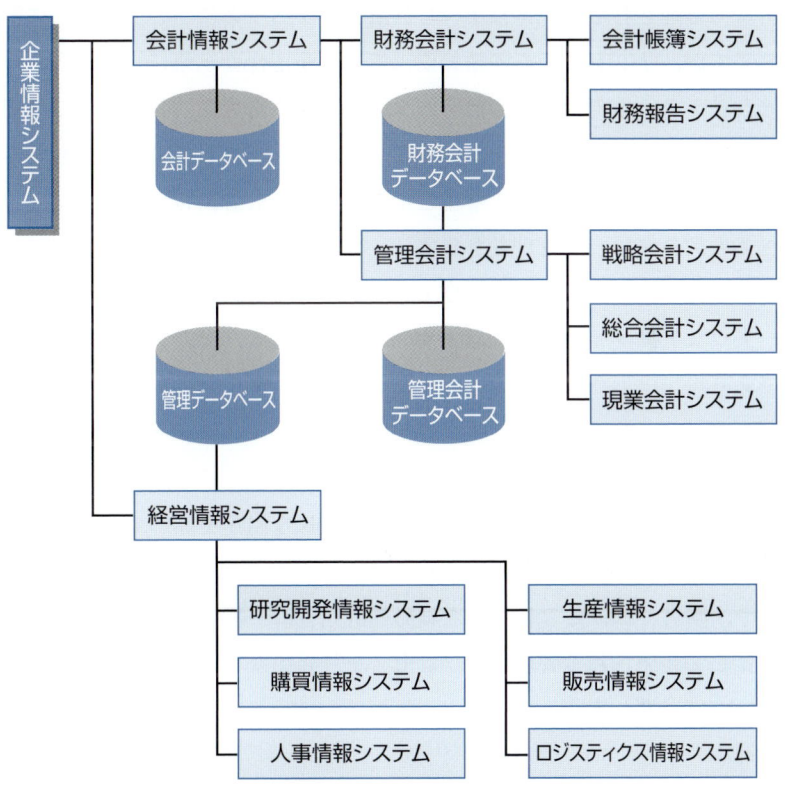

(出所)　上總・上古［2000］p.147.

　研究開発情報システム，購買情報システム，人事情報システム，生産情報システム，販売情報システム，ロジスティクス情報システムなどの現業活動に対するサブシステムが多数含まれています。経営情報システムでは，**管理データベース**の下で各種のデータが一元的に管理されます。

　他方，会計情報システムは，**財務会計システム**と**管理会計システム**とに大別されます。このうち，財務会計システムは，2つのサブシステム，つまり会計帳簿システムと財務報告システムから構成されています。また，管理会計システムは，3つのサブシステムを持っており，**戦略会計システム**，**総合**

会計システム，そして**現業会計システム**から構成されています。会計情報システムで処理されるデータはすべて**会計データベース**において一元的に管理されますが，サブシステムの情報要求により適切かつ迅速に対応するため，財務会計システムでは**財務会計データベース**を，管理会計システムでは**管理会計データベース**と**管理データベース**をそれぞれ利用しています。もちろん，複数のデータベースを利用する場合であっても，会計情報システムによってすべてのデータは一元管理されます。

会計情報システムは，ハードウェアとソフトウェアから構成されています。ハードウェアはメインフレーム，サーバ，入力装置，出力装置，通信回線などであり，ソフトウェアは，基本ソフトとアプリケーションソフトなどです。初期の頃には，企業はハードウェアだけをコンピュータメーカーから購入し，ソフトウェアは自前で作っていました。しかし，現在では，優れたアプリケーションソフトが市販されていますので，特殊な用途を除いて，自前でソフトウェアを作ることはほとんどありません。

以下，本書では，ここに示した戦略的計画会計→総合管理会計→現業統制会計として展開される管理会計プロセスを具体的なケースを紹介しながら論じていくことにします。

●●●●●● ケース１の問題を考える ●●●●●●

アサヒビールの原価計算システムには，富士通のパッケージソフトが採用されました。このパッケージソフトは汎用的な使い方ができる設計になっていて，大きなカスタマイズを加えることなく新しい業務プロセスが構築できたとされています。アサヒビール業務システム部の齋藤氏は，このパッケージを採用した経緯を次のように説明しています。

「当社では，原料などの調達時に実際にかかった費用を原価として割り振る『実際原価』を採用していますが，この実際原価による原価管理機能をサポートするなど，機能面も充実していました。製品を紹介して頂

いた時に，まさに一目惚れしてしまいましたね」(富士通 HP [2008])。

アサヒビールに導入されたシステム構成図は，**図表1-8**の通りです。

● 図表1-8　アサヒビールの経営情報システム構成図

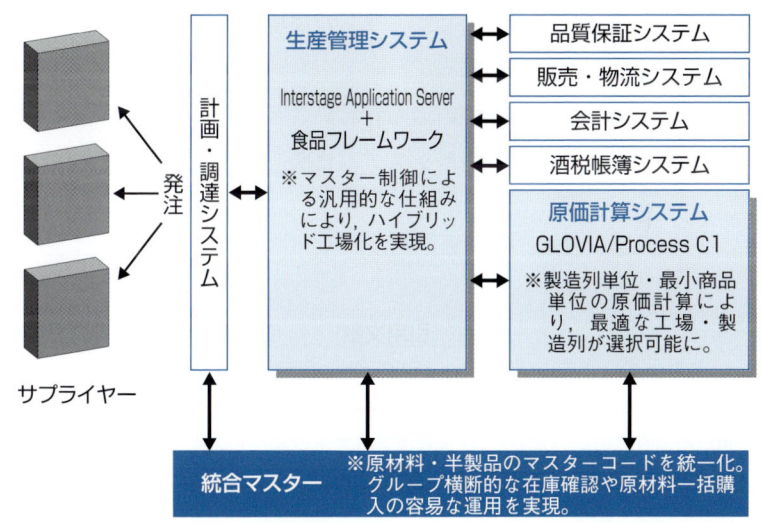

(注) ◆▶：データ連携（※生産管理システムに入力したデータを他システムでも活用し，業務効率化を実現）
(出所) 富士通 HP [2008]

新しい原価計算システムの導入効果について，齋藤氏は，次のように指摘しています。

「原価計算システムについても，工場の製造列単位，最小製品単位での製造原価計算が行えるようになりましたので，今後の原価低減活動に大きく寄与できるものと考えています。

また，もう一つの効果として，新商品の生産を開始する際のシステム対応が大幅にスピードアップできた点も大きいですね。旧システムはビールの製造工程を前提として作られており，仕込・発酵・貯酒・濾過・瓶（缶）詰めという固定された順番でしか入力が行えませんでした。このためビール以外の新商品が出るたびに，その都度2～3カ月掛けてシ

ステムを改修していたのです。

　しかし今回のシステムでは，マスタ制御による汎用的な仕組みを構築しましたので，1～2日あればシステム対応が行えます。しかもビールだけでなく，他の酒類や清涼飲料の生産にも対応が可能。ハイブリッド工場にもスムーズに対応する上で，こうした環境が整備できた意義は大きいですね」(富士通 HP［2008］)。

　公表された資料だけでもずいぶん詳しいことがわかります。読者の皆さんも管理会計実務や会計情報システムに関心を持って調べてみて下さい。

引用文献

Anthony, Robert N.［1965］, *Planning and Control Systems : A Framework for Analysis*, Division of Research, Graduate School of Business Administration, Harvard University Press, Boston. 高橋吉之助訳［1968］『経営管理システムの基礎』ダイヤモンド社。

上總康行［1993］『管理会計論』新世社。

上總康行・上古融［2000］『会計情報システム』中央経済社。

富士通 HP［2008］http://jad.fujitsu.com/adver/produce/report/case_28/（2008年6月30日掲載）

 # 目標利益と中期経営計画

●本章のポイント●

❶ 企業経営の根幹をなす経営理念ないしフィロソフィについて学びます。

❷ 経営理念に基づいて経営目標，利益目標，経営戦略，戦略計画を策定する戦略的計画設定について学びます。

トヨタ自動車の経営理念

　トヨタ自動車株式会社（本社：愛知県豊田市，以下，トヨタ自動車と略記します）では，創業以来今日まで，トヨタの経営の「核」として「豊田綱領」が貫かれてきました。図表2-1は，トヨタ自動車の豊田綱領を示したものです。

● 図表2-1　トヨタ自動車の豊田綱領

豊田綱領

一，上下一致，至誠業務に服し，産業報国の実を挙ぐべし。
一，研究と創造に心を致し，常に時流に先んずべし。
一，華美を戒め，質実剛健たるべし。
一，温情友愛の精神を発揮し，家庭的美風を作興すべし。
一，神仏を尊崇し，報恩感謝の生活を為すべし。

（出所）トヨタ自動車［2005］p.30.

　この豊田綱領は，トヨタグループの創始者，豊田佐吉の考え方をまとめたもので，「トヨタ基本理念」の基礎となっています。当初は確固たる形があった訳ではありませんが，関係会社の規模が拡大するにつれて，従業員に周知徹底すべく明文化する必要性が出てきました。そこで草創期の豊田利三郎，豊田喜一郎らが佐吉の遺訓としてまとめ，世に出たのが「豊田綱領」です。それは，豊田佐吉の6回忌に当たる1935年10月30日のことでした（トヨタ自動車HP「企業理念」）。

> **問題**
>
> トヨタ自動車は，創始者である豊田佐吉の考え方をまとめて「豊田綱領」を制定しました。その後，トヨタ自動車は急成長を遂げましたが，「豊田綱領」を基礎とするトヨタ自動車の経営理念には，どのような展開が見られるでしょうか。トヨタ自動車の公表資料を利用して明らかにして下さい。

2.1 戦略的計画設定と管理会計

　現代企業では，経営管理の重層化が進展していますので，マネジメント・サイクルが戦略的計画設定→総合管理→現業統制を通じて垂直的に展開されます。専門経営者は各ステージにおいて，経営情報や会計情報を積極的に利用して合理的な企業管理を行います。

　まず戦略的計画設定は，次のような4つのプロセスとして展開されます。
目標設定……**企業目標**が設定されます。企業目標には，**企業理念**と**経営目標**が含まれます。経営目標は数値目標として具体的に示され，目標利益もここで決定されます。
環境分析と自社分析……**環境分析**では企業環境と競争企業が分析されます。**自社分析**では，自社の経営資源や企業間関係が分析されます。企業環境が明らかになるとともに，他社の強みと弱み，自社の強みと弱みが析出されます。
戦略決定……環境分析と自社分析に基づいて，まず全社的な**企業戦略**が決定され，さらに**事業別戦略**や**機能別戦略**が決定されます。
戦略計画の設定……経営戦略を実現するため，戦略計画が設定されます。計画期間の長さによって，3～5年を対象とする**長期経営計画**や2～3年の**中期経営計画**が設定されます。近年では，技術，競争，社会，政治などの企業

環境の激変に対応するため，中期経営計画を設定する企業が圧倒的に多くなっています。

この戦略的計画設定のプロセスで策定された戦略計画を実行に移すため，総合管理が展開されます。総合管理では，向こう１年間の企業活動を計画した短期計画が設定され，同時に全社的な**短期利益計画**が作成されます（詳細は後述します）。

戦略的計画設定では，それを支援するための会計が展開されますが，それを戦略的計画設定のための会計（略して戦略計画会計）と呼んでいます。外見的には，両者を区分することはかなり難しいですが，理論的には区分が可能です。**図表２－２**は，戦略的計画設定とそれを支援する**戦略的計画会計**の関係を示したものです。

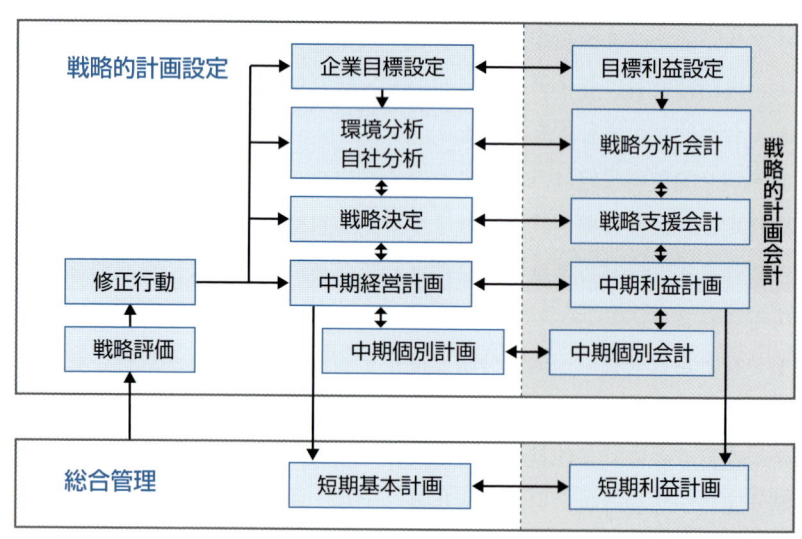

●図表２－２　戦略的計画設定と戦略的計画会計

この図によれば，戦略的計画設定の４つのプロセスにそれぞれ対応して，**目標利益の設定→戦略分析会計→戦略支援会計→中期利益計画**として戦略的計画会計が展開されます。多くの企業では，戦略計画が３年間の中期経営計

画として具体化され，これを金額で表現した中期利益計画が策定されます。必要に応じて**投資経済計算**（資本予算）を利用しながら**中期個別計画**が検討され，中期経営計画に組み込まれます。これらの中期経営計画と中期利益計画を実現するため，次のステップとして短期基本計画と短期利益計画が策定され，この短期計画の達成に向けて総合管理が展開されます。

1年後には実績が測定され，短期計画の達成度が確認されます。さらに，これに基づいて戦略と戦略計画が適切であったかどうかを評価する**戦略評価**が行われます。不適切な場合には，戦略や戦略計画の修正が行われます。この修正には，中期経営計画を終了した時点で新たに中期経営計画を設定する方法と毎年中期経営計画を設定する方法があります。最近では，後者の**ローリング方式**を採用する企業が多くなっています。

以下，本章では，戦略計画会計のうち，目標利益の設定と中期利益計画を取り上げ，他については，章を改めて議論することにします。

2.2 経営理念と経営目標

企業は，社会的に有用な財貨やサービスの提供を通じて，できるだけ大きな利潤を獲得することを基本目的としています。通常，この基本目的を達成するため，トップ・マネジメントによって**企業目標**が設定されます。企業目標は**経営理念**と**経営目標**とに大別されます。

経営理念は信条的ないし価値的なものであり，ドメイン戦略の一環として提示されますが，経営方針，企業綱領，信条，社是，社訓などと呼ばれています。また経営目標は，企業活動において実際に達成すべき目標を具体的に提示したものですが，企業によってさまざまに設定されています。さらに経営目標は簡潔な言葉や標語で表現されるだけではなく，通常，長期ないし中期の**数値目標**として示されます。

資料2-1　日本企業の重要経営指標

　生命保険協会が2013年10月～11月に行った企業向けアンケート調査（時価総額上位1,200社のうち調査対象企業1,129社，回答社数575社，回答率50.9％）によれば，企業が経営に際して重視している経営指標は，**図表2-3**のようになっていました。

　この図によれば，売上高利益率（61.4％），利益額・利益の伸び率（58.8％），株主資本利益率（ROE：52.3％），配当性向（46.8％），売上高・売上高の伸び率（46.3％），総資本利益率（ROA：31.1％）の順で重視されています。

　株主重視経営が叫ばれる中で，従来と比べて，株主資本利益率や総資本利益率が増えたとはいえ，伸び率を含めて売上高利益率，利益，売上高を依然として重視している日本企業が多いのが特徴です。また後述する株主価値に直結する経済的付加価値（EVA®）を重視する企業はわずか3.5％にすぎません。

図表2-3　日本企業の重要経営指標（複数選択可）

- a. ROE（株主資本利益率）
- b. ROA（総資本利益率）
- c. 売上高利益率
- d. 売上高・売上高の伸び率
- e. 利益額・利益の伸び率
- f. 市場占有率（シェア）
- g. 経済付加価値（EVA®）
- h. ROIC（投下資本利益率）
- i. FCF（フリーキャッシュフロー）
- j. 配当性向（配当/当期利益）
- k. 株主資本配当率（DOE）（DOE＝ROE×配当性向）
- l. 配当総額または1株当たりの配当額
- m. 総還元性向（(配当＋自己株式取得)/当期利益）
- n. 配当利回り（1株当たり配当/株価）
- o. 自己資本比率（自己資本/総資本）
- p. DEレシオ（有利子負債/自己資本）
- q. 資本コスト（WACC等）
- r. その他（具体的には　　　）

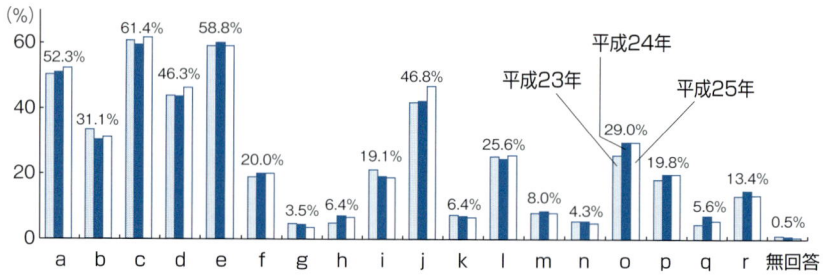

a: 52.3％　b: 31.1％　c: 61.4％　d: 46.3％　e: 58.8％　f: 20.0％　g: 3.5％　h: 6.4％　i: 19.1％　j: 46.8％　k: 6.4％　l: 25.6％　m: 8.0％　n: 4.3％　o: 29.0％　p: 19.8％　q: 5.6％　r: 13.4％　無回答: 0.5％

（注）回答数：平成25年度：575，平成24年度：571，平成23年度：613。
　　　％は平成25年度における比率を示しています。
（出所）生命保険協会［2014］p.1.

2.3　中期目標利益

　通常，企業は中期目標利益を設定します。中期目標利益を設定する場合には，自社の実績や見積りだけではなく，同業種や優良競争会社の実績も参考にして決定されます。目標利益と一口に言っても，多くの**利益概念**が存在します。図表2-4は代表的な利益概念を示したものです。

　非常にたくさんの利益概念があります。さらに**資本利益率**に関しては，分

● 図表2-4　代表的な利益概念

```
1．利益額
   売上総利益＝売上高－売上原価
   営業利益＝売上総利益－販売費及び一般管理費
   経常利益＝営業利益＋営業外収益－営業外費用
   税引前当期純利益＝経常利益＋特別利益－特別損失
   当期純利益＝税引前当期純利益－法人税等
   限界利益＝売上高－変動費
   営業利益＝限界利益－固定費
   残余利益＝営業利益－資本コスト
   経済的付加価値（EVA®）＝営業利益－資本コスト±修正事項
                        ＝残余利益±修正事項
   EBITDA＝税引前当期純利益＋特別損失＋支払利息＋減価償却費
2．利益率
   A．売上高利益率
       売上高純利益率＝当期純利益/売上高
       売上高営業利益率＝営業利益/売上高
       売上高総利益率＝売上総利益/売上高
   B．資本利益率
       総資本利益率＝利益/総資本
       経営資本利益率＝利益/経営資本
       自己資本利益率＝利益/自己資本
       資本金利益率＝利益/資本金
```

（備考）　EBITDA（earnings before interest, taxes, depreciation, and amortization：利払前・税引前・減価償却前利益）

子にどの利益を採用するかで，さらに多くの資本利益率が誕生します。このため，どの利益概念を利用するかは国によっても企業によってもかなり異なります。

　アメリカでは，「資本利益率（Return on Investment：ROI）公式は，投資中心点の業績評価のための鍵尺度として現在広く使われている。ROI公式は，経営者の責任の多様な側面を単一数値に溶け込ませている」(Garrison and Noreen [1997] p.529) とされ，資本利益率が**中軸的な利益概念**として長く利用されてきました。また一時期でしたが，株主価値を強調するスターン・スチュワート社の**経済的付加価値**（Economic Value Added：EVA®）が大きな脚光を浴びました。しかし「EVAはROIよりも概念的に優れている。……にもかかわらず，ROIはEVAよりも企業ではより広く使われている」(Anthony and Govindarajan [2001] p.246) とされています。

　アメリカとは対照的に，日本企業の場合には，**図表2-3**でも確認できるように，**利益額や売上高**がかなり重視されています。西澤脩氏の調査（1994年）と櫻井通晴氏の調査（1988年）によれば，第1位は両調査とも利益金額であり，次いで売上高や売上高利益率であり，もっとも採用率の低いものは資本利益率という結果でした（西澤 [1995] p.37，櫻井 [1991] p.326）。しかも日本企業では，利益額として経常利益が好んで利用されています。

　櫻井氏によれば，日本企業が**経常利益**を好んで利用する理由に関して，「第1に，経常利益が損益計算書から直接入手できるから，入手が簡単でしかも理解しやすい。第2に，公表財務諸表との整合性がある。第3に，日本企業の資本構成は銀行借入れを主体としていたから，銀行への金利を控除した後の利益が示されることに合理的な理由が見いだせる。要するに，経常利益は経営者の立場からするとき，最も合理性に富む業績評価指数であったといえる」（櫻井 [2009] pp.50-51）と主張されています。これは傾聴に値する見解です。しかし第1と第2の理由は**売上高総利益**（粗利益）や**営業利益**の場合にも適合しますので，残る第3の理由，つまり日本企業の**銀行借入依存型経営**が主要な理由として考えられます。

2.4 戦略計画の設定

中期経営計画

経営戦略が決定されると，これを実現する具体的な戦略計画が決定されます。最近では，環境変化が激しく正確な計画を立案することが難しいところから，戦略計画は3年間の中期経営計画として設定されることが多くなっています。中期経営計画の内容は企業によって大きく異なっていますが，基本的には，**中期個別計画**，**中期事業計画**，そして**中期利益計画**から構成されています。図表2-5は，中期経営計画の体系を例示したものです。

● 図表2-5　中期経営計画の体系

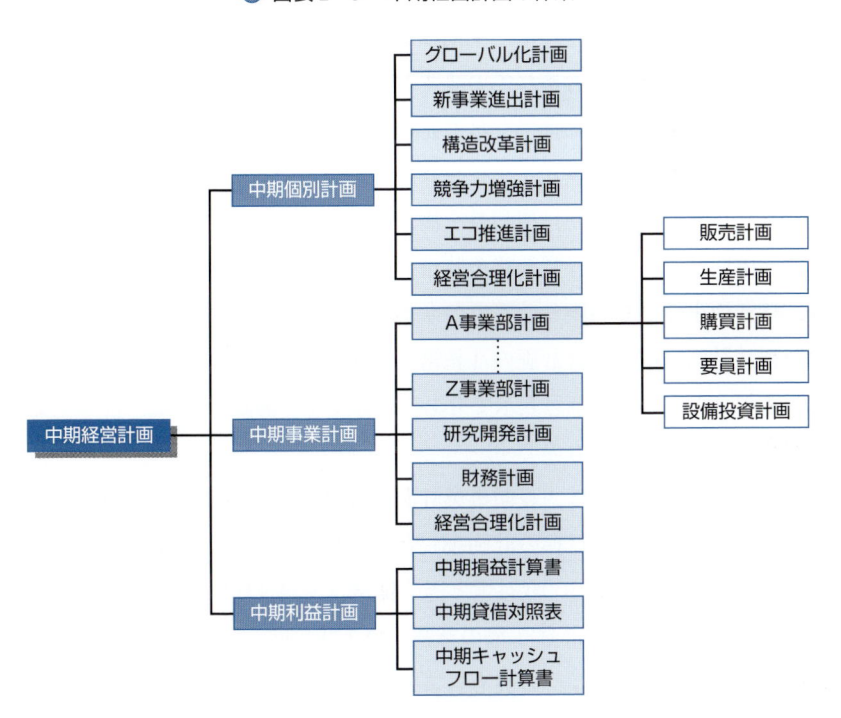

```
中期経営計画
├─ 中期個別計画
│   ├─ グローバル化計画
│   ├─ 新事業進出計画
│   ├─ 構造改革計画
│   ├─ 競争力増強計画
│   ├─ エコ推進計画
│   └─ 経営合理化計画
├─ 中期事業計画
│   ├─ A事業部計画 ─┬─ 販売計画
│   │               ├─ 生産計画
│   │               ├─ 購買計画
│   │               ├─ 要員計画
│   │               └─ 設備投資計画
│   ├─ ⋮
│   ├─ Z事業部計画
│   ├─ 研究開発計画
│   ├─ 財務計画
│   └─ 経営合理化計画
└─ 中期利益計画
    ├─ 中期損益計算書
    ├─ 中期貸借対照表
    └─ 中期キャッシュフロー計算書
```

この図によれば，中期個別計画には，経営戦略の区分に対応してグローバル化計画，新事業進出計画，構造改革計画，競争力増強計画，エコ推進計画，経営合理化計画が含まれています。この中期個別計画を考慮して，事業部（A～Z）ごとの事業部計画，本社機構に属する研究開発計画，財務計画などの中期事業計画が設定されます。

中期利益計画

　トップ・マネジメントは本社スタッフの支援を受けて，中期経営計画を立案することができます。しかし，そうした中期経営計画は必ずしもバランスのとれた計画であるとは限りません。また中期目標利益を実現できるかどうかも定かではありません。そこで，企業活動の「異種雑多な要素をひとまとめにする唯一の共通分母は貨幣である」(Anthony [1964] p.140) ことに着目して，中期経営計画を全社的に総合し，貨幣で表現して中期利益計画が作成されます。中期利益計画には，**中期損益計算書**，**中期貸借対照表**，**中期キャッシュフロー計算書**が含まれています。

　中期利益計画には将来獲得される見積利益が提示されていますので，この見積利益と中期目標利益とが比較され，中期経営計画の妥当性が判断されます。もし見積利益が中期目標利益を満たしていない場合には，これを満たすまで，中期経営計画や経営戦略それ自身の再検討が繰り返されます。そこには，特別の事情がない限り，妥協の余地はほとんどありません。というのは，中期利益計画は中期経営計画の「貨幣的表現」であるだけではなく，トップ・マネジメントの強い意思表示でもあるからです。**図表2-6**は，日本化薬の長期利益計画を示したものです。

　日本化薬株式会社では，長期事業計画（5カ年）の一環として長期利益計画が「長期計画と業績目標の計画表」として作成されています。この計画表には，①長期全般目標，②収益性とその構造（長期全社目標），③収益性とその構造（長期部門目標），④工場の業績目標と48年度（長期計画初年度）の実行確保と改善策という4つの表も含まれていましたが，上の表は，このうち

● 図表2-6　日本化薬の長期利益計画（長期全社目標のみ）

項目	全社	47年実績	48年計画	49年	50年	51年	52年	努力目標
1	売上高							
2	変動原価率							
3	限界利益率							
4	工場固定費率							
5	売上総利益率							
6	販売費率							
7	部門管理費率							
8	部門利益率							
9	一般管理費率							
10	事業税率							
11	開発費率							
12	営業利益率（D.C）							
13	支払利子割引料率							
14	営業純益率（12-13）							
15	受取利息（含配当）率							
16	営業外収支差額率							
17	売上純利益率（D.C）							
18	売上純利益率（T.C）							
19	売上純利益率（税引）							
20	売上内部留保率							
21	売上配当率（配当性向）							
22	営業固定費率（5-12）							
23	内訳　人件費率							
24	減価償却費率							
25	その他率							
26	人件費率＋減価償却費率							
27	経営弾力性　営業固定費率（22）／限界利益率（3）							

（出所）福留民夫［1978］p.220．一部抜粋。

の収益性とその構造（長期全社目標）を示したものです。日本化薬の長期利益計画は，売上高から変動費を差し引いて**限界利益**が計算されていますので，限界利益概念に基づく**長期限界利益計画**となっています。

2.5　中期経営計画の公表

中期経営計画はごく最近まで「企業秘密」として門外不出でした。しかし，最近では，IR（Investor Relations）の一環として，**決算説明会**を開催し，その一部を広く一般に公表する企業が増えています。また企業のHPで決算説明会を記録した映像や資料を入手することができます。

再び生命保険協会の調査によれば，中期経営計画で公表される数値目標（複数選択可）としては，利益額・利益の伸び率62.7％，売上高・売上高の伸び率60.0％，売上高利益率48.0％，株主資本利益率（ROE）35.8％，配当性向21.8％，自己資本比率17.9％，総資本利益率（ROA）17.9％という順になっていました（生命保険協会［2014］p.4）。

日本企業の重要経営指標（**図表2-3参照**）は，もちろん中期経営計画の基礎となる数値ですので，利益や売上高に大きな関心を持って日本の上場企業が経営されていると言えるでしょう。

● 資料2-2　キユーピー

キユーピー株式会社（本社：東京都渋谷区，以下，キユーピーと略記します）は，2012～2015年の中期経営計画において，図表2-7のような連結業績目標を掲げています。

キユーピーは，国内での持続的成長と海外での飛躍的成長を目指して，2013～2015年のキユーピーグループ中期経営改革を公表しました。業績目標としてROA（総資産経常利益率），ROE（自己資本純利益率）に加えて，EBITDA（営業利益＋減価償却費）が設定されています。

● 図表2-7　キユーピーの中期経営計画で公表された連結業績目標

中期経営計画 業績目標

	12.11	15.11目標	12.11差	年平均伸長率
売上高	5,050億円	5,600億円	＋550億円	3.5%
国内	4,866	5,200	＋334	2.2%
海外	184	400	＋216	29.5%
営業利益	234億円	265億円	＋31億円	4.2%
国内	226	239	＋13	1.9%
海外	8	26	＋18	48.1%
営業利益率	4.6%	4.7%	＋0.1%	―
経常利益	245億円	269億円	＋24億円	3.2%
当期純利益	123億円	141億円	＋18億円	4.7%
ROA（総資産経常利益率）	8.4%	8.4%	―	―
ROE（自己資本純利益率）	7.4%	8.0%	＋0.6%	―
EBITDA（営業利益＋減価償却費）	375億円	446億円	＋71億円	6.0%

売上高5,600億円，営業利益265億円へ

（注）　海外には，日本からの輸出を含む。
（出所）　キユーピー［2013］p.8.

　では日本企業はなぜこのような中期経営計画を公表するのでしょうか。この点に関して，生命保険協会の調査は大変興味ある結果を示しています（生命保険協会［2014］pp.4-6；図表2-8）。
　中期経営計画は，激しく変化する環境の下で必ず達成できる訳ではありません。計画と実績とが大きく外れてしまうことも珍しくありません。それでも，株主・投資家と従業員との関係にメリットを感じるとともに，経営者自身も歓迎しているように感じ取れます。

● 図表2-8　中期経営計画の公表に関するアンケート結果（生命保険協会調べ）

1. 中期経営計画の公表状況：		
公表75.3%　　非公表23.0%　　無回答1.7%		
2. 中期経営計画を公表するメリット：		
a．株主・投資家との対話の活性化につながる		77.4%
b．より緊張感のある経営につながる		67.0%
c．従業員の士気が向上する		39.0%
d．中長期保有を前提とした株主が増加する		42.5%
e．その他		1.2%
f．無回答		12.7%
3. 中期経営計画における数値情報の公表：		
公表94.2%　　非公表5.8%		

（出所）　生命保険協会［2014］(pp.4-6) をもとに作成。

●●●●●　ケース2の問題を考える　●●●●●

　1992年，トヨタ自動車では，その間に共有・伝承されてきた経営理念を取りまとめて「トヨタ基本理念」(1997年改正) が制定されました。2001年には，基本理念を実践するうえで共有すべき価値観や手法をまとめて「トヨタウエイ」が制定されました。2006年3月には，ルールを守り誠意ある行動を行うための基本的な心構えをわかりやすくまとめた「トヨタ行動指針」が制定されました。2011年3月9日，リーマンショックによる赤字転落さらにはリコール問題の発生による顧客の信頼失墜を回復するため，豊田章男社長自ら今後のトヨタ自動車の経営姿勢を示した「トヨタグローバルビジョン」が発表されました。「トヨタグローバルビジョン」は「お客様に選ばれる企業でありたい。トヨタを選んでいただいたと客様に笑顔になっていただきたい」という想いを込めて制定されました。

　この「トヨタグローバルビジョン」は，今後トヨタ自動車が目指すべき方向を示したものであり，経営目標とも言えるでしょう。2011年4月

以降，日本，北米，欧州，中国，中南米・アフリカ・中近東，アジア・オセアニアなどの各地域のメンバーと検討を重ねて，「地域別目標・経営計画」が地域主導で策定されます。この「地域別目標・経営計画」を策定する際に達成すべきグローバル基本戦略が「グローバルでの取組み」として示されています。

　ここに提示された「取組み」には，トヨタ自動車が目指すグローバル基本戦略が示されています。ぜひとも読者の皆さんがトヨタ自動車のHPを訪問されて，同社の経営目標や全社戦略を確認して下さい。

引用文献

Anthony, R. N. [1964], *Management Accounting : Text and Case*, Third Edition, Richard D. Irwin, Homewood, Illinois.

Anthony, R. N. and Vijay Govindarajan [2001], *Management Control Systems*, 10th Edition, McGraw-Hill/Irwin, New York.

Garrison, Ray H. and Eric W. Noreen [1997], *Managerial Accounting*, 8th Edition, Richard D. Irwin, Boston.

上總康行［1993］『管理会計論』新世社。

キユーピー［2013］「事業基盤の強化と，新たな展開への挑戦—3rd Stage 報告—」12.11期決算説明会資料2012年1月11日。

櫻井通晴［1991］『CIM 構築　企業環境の変化と管理会計』同文舘出版。

櫻井通晴［2009］『管理会計』第四版，同文舘出版。

生命保険協会［2014］『株式価値向上に向けた取り組みに関するアンケート（平成25年度版）』（企業様向け），平成25年度一般社団法人生命保険協会調査。

トヨタ自動車［2005］『障子をあけてみよ　外は広い』第2版，トヨタ自動車。

トヨタ自動車［2011］『トヨタグローバルビジョン』説明会資料2011年3月9日。

トヨタ自動車 HP「企業理念」http://www.toyota.co.jp/jpn/company/vision/philosophy/

西澤脩［1995］『日本企業の管理会計—主要229社の実態分析—』中央経済社。

福留民夫［1978］「日本化薬株式会社」河野豊弘編『最新長期経営計画の実例』同文舘出版。

3 戦略分析会計

●本章のポイント●

❶ 経営学で議論されている経営戦略論の二大潮流を理解したうえで，経営戦略の設定プロセスで展開される環境分析と自社分析について学びます。

❷ 環境分析と自社分析で利用される主要な分析方法について学びます。具体的には，PPM，SWOT 分析，価値連鎖分析を取り上げます。

ケース3　三菱重工業のポートフォリオマネジメント

　2012年4月27日，三菱重工業株式会社（本社：東京都港区，以下，三菱重工と略記します）は，それまでの「2010事業計画」の総括をしたうえで，新しく「2012事業計画」を発表しました。三菱重工の資料（三菱重工 [2012]，以下，この資料に基づいて記述します）によれば，2010事業計画は順調に進捗し，成果としては，①為替の影響を克服した収益体質の強化，③柔軟で機動的な事業運営体制への移行，③企業価値向上に向けた経営管理指標（SBU別戦略的付加価値）の導入開始などが得られました。課題としては，①事業規模の伸び悩み，②投資資本効率の低さと純利益の低迷が指摘されていました。

　新しい「2012事業計画」は，まず①2010事業計画の継承と課題への対応強化という位置づけをしたローリングプランであり，目標1「事業規模の拡大」と目標2「資本効率及び純利益水準の向上」を掲げていました。さらに②事業規模5兆円の高収益企業への第一歩という位置づけもなされました。経営数値目標としては，受注2012年度3兆4,000億円から2014年度4兆円へ，同様に売上3兆円から3兆7,000億円へ，営業利益1,200億円から2,500億円へ，純利益400億円から1,300億円，ROE3.1%から8.9%へと大幅アップの目標値が設定されました。この経営数値目標を達成するため，5つの戦略が策定されました。戦略1＝事業本部の集約・再編（4ドメイン化）による強みとシナジー発揮，戦略2＝グローバル展開の加速，戦略3＝戦略的事業評価によるポートフォリオマネジメント，戦略4＝コーポレート改革・効率化（共通資源の最適活用），戦略5＝企業統治・業務執行における経営革新の継続でした。このうち，とくに戦略3＝戦略的事業評価によるポートフォリオマネジメントは管理会計学の

視点から大変興味があります。図3-1は三菱重工のポートフォリオマネジメントを示したものです。

● 図表3-1　三菱重工のポートフォリオマネジメント

戦略3　戦略的事業評価によるポートフォリオマネジメント

64のSBUの戦略ポジションに基づく
要求リターン（SAV）・投下資本配分

ライフステージ　　　　　SAV（Strategic Added Value）
幼年期（Ⅰ）　壮年期（Ⅱ）　熟年期（Ⅲ）　＝純利益＋税金調整後支払利息－資本コスト

高(H)

収益・財務健全性

低(L)

伸長・維持
熟年期
壮年期
変革
幼年期
縮小・撤退

事業のライフステージ別に
　（幼年期，壮年期，熟年期）
収益・財務健全性に応じて，
　（高，中，低）
事業ポジションに分類
　（伸長・維持，変革，縮小・撤退）

事業ポジション別に
要求リターン（SAV）と投下資本を
割り付け・コントロール

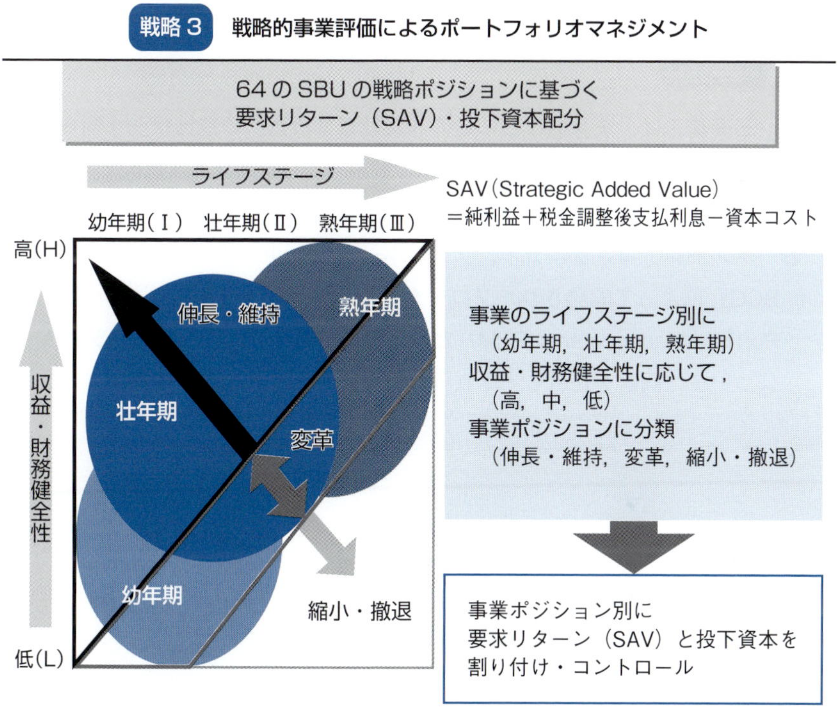

（注）　●●●：事業の存在領域
（出所）　三菱重工［2012］p.44.

　この図では，縦軸に収益・財務健全性，横軸に幼年期（Ⅰ），壮年期（Ⅱ），熟年期（Ⅲ）というライフステージが示されています。64のSBU（Strategic Business Unit：戦略事業単位）について，①事業のライフステージ（幼年期，壮年期，熟年期）別に，②収益・財務健全性（高，中，低）に応じて，③事業ポジション（伸長・維持，変革，縮小・徹退）に分類します。次にこの事業ポジション別に要求リターンSAV（Strategic Added

Value：戦略付加価値）と投下資本が割り付けられます。この結果，64の SBU は戦略的事業評価によるポートフォリオマネジメントを通じてコントロールされます。なお SAV は，純利益＋税金調整後支払利息－資本コストで計算されます。

> 問題
>
> ❶ 三菱重工は，決算期ごとにこの「2012事業計画」の進捗状況を明らかにしています。同社の HP を訪問して資料「2012事業計画推進状況」を入手して，三菱重工の中期経営計画の進捗状況を明らかにして下さい。
> ❷ ボストン・コンサルティング・グループ（Boston Consulting Group：BCG）によって開発されたプロダクト・ポートフォリオ経営（Products Portfolio Management：PPM）と三菱重工によって実践されている PPM について，両者を比較してそれぞれの特徴を明らかにして下さい。

3.1 経営戦略

経営戦略論の二大潮流

戦略（strategy）という概念は，もともと軍事用語でした。経営学では，経営史研究で著名なチャンドラー（A. D. Chandler, Jr.）が「組織は戦略に従う」という命題の下で，戦略という用語を最初に使用しました。1965年，多角化戦略を強調するアンゾフ（J. L. Ansoff）の『企業戦略論』が出版され，その後，**経営戦略論は経営学の領域で急速に発展を遂げていきました**。1970年代にはボストン・コンサルティング・グループ（BCG）によって開発された**プロダクト・ポートフォリオ経営（PPM）**に代表される**戦略分析手法**が次々に開発

され，**分析型戦略論**の全盛時代が到来しました。

分析型戦略論では企業の**競争優位性**を環境（市場）の中で位置づけることが強調されますが，この考え方はポーター（M. E. Porter）に代表される**ポジショニング・アプローチ**としてさらに展開されました。これと対峙して，企業の知識（能力）の蓄積と展開に関わる**組織学習**こそが優位性の源泉であると主張する**資源ベースアプローチ**が提唱されました。これは**プロセス型戦略論**とも呼ばれ，マイルズ=スノウ（1978年），ミンツバーグ（1979年），バーニー（1986年），ハメル=プラハラッド（1994年）などの研究を経て注目を浴びてきました。環境（市場）を重視する分析型戦略論と組織資源を重視するプロセス型戦略論は，表面的には対立した様相を示しつつ戦略論研究の二大潮流をなしています（大滝他［2008］pp. 10-12）。

環境分析と自社分析

(1) 環境分析

経営戦略の策定には，環境分析と自社分析が不可欠です。環境分析では，**マクロ環境**と**製品・市場環境**が分析されます。マクロ環境とは，広い意味での企業を取り巻く環境を意味していて，一般経済，人口統計，技術，社会・文化，政治・法律などです。たとえば日本においては，原油輸入に依存する産業では，原油価格と安定供給に影響を及ぼす産油国の動向を把握したり，為替変動を考慮しなければなりません。また，輸出に依存する自動車産業では，貿易摩擦を回避するため，米国の経済，政治，国民感情などを分析する必要があります。

次に，製品・市場環境とは，現在または将来において企業が競争する特定の製品分野ないし事業分野のことです。ここでは，市場，取引関係，技術変化，そして法規制などの要因を分析します。市場ごとに**競争ダイナミクス**が異なりますので，製品・市場分析では，市場に固有の**成功主要因**（Key Factor for Success：KFS）を探ることが大切です。どんな製品や市場でも，**導入期**，**成長期**，**成熟期**，そして**衰退期**という**ライフサイクル**を辿りますが，そのス

ピードは市場によって異なります。このため，市場の予測には，**市場の成長率とライフサイクルに関する判断**が大変重要です。市場のライフサイクルの考え方は，目標とする市場がどの段階にあるかを見極めることによって，各段階で，さらには次の段階への移行期に必要とされる経営戦略を検討するのに役立ちます。

　市場の分析だけではなく，市場で直接競争する競争企業の分析も重要です。競争企業の分析では，①競争企業の戦略上の「くせ」を読み取り，②その競争企業が保有する経営資源の強みと弱みを識別します。競争企業の分析には**能力プロフィールを一覧表示したSWOT分析**などが利用されます（3.4参照）。これにより，競争企業とは差別化された競争戦略を策定できます。

(2)　**自社分析**

　自社分析は，上述した競争企業の分析と基本的には同じ内容を自社について調べます。すなわちSWOT分析などを利用して，自社能力の強みと弱みを識別します。自社分析では，**シナジー**（synergy）ないし**相乗効果**（joint effect）が重要視されます。シナジーとは，複数の経営資源を有機的に結合して，単純総和以上の能力が発揮されることを意味していますが，アンゾフは，ずばり「2＋2＝5」の効果と呼んでいました（Ansoff [1965] p.79）。シナジーは，通常，4つに分類されます。

ⓐ　販売シナジー……流通経路，販売組織，倉庫などの共同利用。
ⓑ　生産シナジー……施設と人員の高度な活用，間接費の分散，習熟曲線の共同利用，一括大量仕入など。
ⓒ　投資シナジー……工場，原材料，工具，機械などの共同利用，類似製品の共同研究開発。
ⓓ　経営シナジー……経営者の習熟した経営能力の転用。

　このようなシナジーの効果を分析すれば，売上高の増加，原価引下げ，重複投資の回避などを予測できますので，より現実的な経営戦略を展開できます。**図表3-2**は，シナジー効果を視野に入れた**経営戦略マトリックス**です。

　この表では，シナジー効果との関連で4つの経営戦略が示されています。

● 図表3-2　経営戦略マトリックス

市場＼製品	既存製品	新製品
既存市場	市場浸透	製品開発
新市場	市場開発	多角化

（出所）　Ansoff［1965］p.109.

　具体的には，①既存の市場と製品でシェア拡大を目指す**市場浸透戦略**，②既存市場に新製品を投入する**製品開発戦略**，③既存製品で新しい市場を開拓する**市場開発戦略**，④製品も市場も新しい分野に進出する**多角化戦略**の4つです。いずれを選ぶかは，まさに経営戦略ですが，企業の命運を賭けるだけに，自社分析はきわめて重要です。

　なお経営戦略には，全社的かつ長期的な視点から決定される企業戦略（corporate strategy），この下位概念として，生産戦略，マーケティング戦略，研究開発戦略，財務戦略，人事戦略などの**機能別戦略**（functional strategy），そして事業分野ごとに策定される**事業別戦略**（business strategy）が含まれています。

経営戦略の分析手法

　これまで，経営戦略を分析するさまざまな手法が開発されてきました。図表3-3は，経営戦略の分析手法を一覧表にしたものです。

　この表によれば，戦略分析手法，競争及び顧客分析手法，環境分析手法，成長分析手法，財務分析手法の5つのグループに分けられ，全部で24の分析手法が紹介されています。しかも横軸には，未来指向性（future），正確性（accurate），資源効率性（resource efficiency），客観性（objective），有用性（useful），適時性（timely）という評価項目が示され，各分析手法の5段階評価が行われています。これらの分析手法を使用する際には，この評価を参考としながら，採用する企業の事情に合わせていくつか適切な分析手法を選択するとよいでしょう。

図表3-3　経営戦略の分析手法

	分析方法	未来志向性	正確性	資源効率性	客観性	有用性	適時性
	1. 戦略分析手法						
1	BCGのPPM	3	2	4	3	3	4
2	GEのビジネス・スクリーン・マトリックス	2	3	3	3	3	4
3	産業別分析	3	3	4	3	4	3
4	戦略グループ分析	5	2	3	3	5	3
5	SWOT分析	2	3	4	3	4	4
6	価値連鎖分析	2	3	2	4	5	1
	2. 競争及び顧客分析手法						
7	盲点分析	3	4	5	3	5	5
8	競争企業分析	4	4	1	5	5	2
9	顧客セグメンテーション分析	2	3	2	3	5	1
10	顧客価値分析	5	3	1	5	5	1
11	機能能力及び資源分析	4	2	5	5	4	5
12	経営プロファイリング	4	2	5	3	5	2
	3. 環境分析手法						
13	問題分析	4	3	2	3	4	2
14	マクロ環境分析	4	2	3	2	3	2
15	シナリオ分析	5	4	2	3	4	2
16	ステークホルダー分析	2	2	3	1	3	3
	4. 成長分析手法						
17	経験曲線分析	3	1	3	3	4	3
18	成長ベクトル分析	3	3	3	3	4	3
19	特許分析	5	4	2	4	5	1
20	製品ライフサイクル分析	2	2	3	3	3	4
21	S曲線分析	5	3	1	2	5	1
	5. 財務分析手法						
22	財務比率及び財務諸表分析	1	3	5	5	2	5
23	戦略的資金計画	5	3	3	3	4	2
24	持続的成長率分析	4	4	5	4	4	5

（備考）　分析方法は各評価項目について5段階の評価尺度で評価されています。
　　　　各技法は，低（1）から高（5）まで5段階で評価されます。評価項目は，未来志向性，正確性，資源効率性，客観性，有用性，適時性の6項目です。
（出所）　Fleisher and Bensoussan［2002］p.27.

以下，二大潮流が生み出した代表的な経営戦略の分析手法の中から，環境分析と自社分析に利用される基本的な手法について紹介します。なお，これらの手法は，戦略分析会計と戦略支援会計の両方で利用されますので，本章でまとめて記述します。

3.2 財務諸表分析

環境分析と自社分析で利用される分析方法の中で，もっとも一般的に利用されるのは**財務諸表分析**です。財務諸表分析は，競争企業と自社の財務諸表に記載された項目について，金額，比率，時系列（趨勢）などを比較分析して，競争企業と自社の競争力を会計上の数値を利用して評価します。ここでは，主要な比率分析を紹介します。

収益性分析

収益性分析とは，売上高や利益などを中心として，会社の経営成績はどの程度であるのかについて分析します。収益性分析で利用される主な比率は，次の通りです。

$$経営資本営業利益率 = \frac{営業利益}{総資本 - 建設仮勘定 - 投資その他の資産 - 繰延資産}$$

$$売上高総利益率 = \frac{売上総利益}{売上高}$$

$$売上高営業利益率 = \frac{営業利益}{売上高}$$

$$売上高経常利益率 = \frac{経常利益}{売上高}$$

$$売上高販管費比率 = \frac{販売費及び一般管理費}{売上高}$$

$$売上高支払利息比率 = \frac{支払利息割引料}{売上高}$$

$$総資本経常利益率 = \frac{経常利益}{総資本}$$

$$自己資本経常利益率 = \frac{経常利益}{自己資本}$$

活動性分析

　経営活動のために投下された資本は，売上によって回収されます。**活動性分析**ではこの投下された資本がどれほどの速さで回収されたかについて分析します。通常，売上高に対していくつかの資産を対応させて**回転率**を分析しますが，**回転期間**を分析する方法もあります。

$$経営資本回転率 = \frac{売上高}{経営資本}$$

$$固定資産回転率 = \frac{売上高}{固定資産}$$

$$棚卸資産回転率 = \frac{売上高}{棚卸資産}$$

$$受取勘定回転率 = \frac{売上高}{受取手形 + 売掛金}$$

安全性分析

　安全性とは，会社の財政状態の健全性を意味しており，**会社の支払能力の適否を判断するための分析**です。赤字が続けば倒産に至るというのはよく知られていますが，利益を計上している会社であっても資金繰りに行き詰まれば，不本意ながら「黒字倒産」に至ることもあります。

$$流動比率 = \frac{流動資産}{流動負債}$$

$$当座比率 = \frac{当座資産}{流動負債}$$

$$自己資本固定資産比率 = \frac{固定資産}{自己資本}$$

$$固定長期適合率 = \frac{固定資産}{自己資本 + 固定負債}$$

$$自己資本比率 = \frac{自己資本}{総資本}$$

　このような財務諸表分析を通じて，競争企業と自社の収益性，活動性，安全性について分析を行うことができます。分析に際しては，多数の比率の特徴を熟知したうえで，主要な比率を選択し，会計数値を用いて比率を計算します。数値の大小，趨勢，変化などに注目した**会計情報の分析**を通じて，その向こうに存在する企業の実態に迫ります。残念ながら，比率を選択する基準，その組合せの基準，計算された比率の良否を決める明確な基準がありませんので，財務諸表分析では経験と勘による判断が欠かせません。

資料3-1　企業の倒産を予知する倒産指数

　地震発生をできるだけ正確に予知する方法が研究されていますが，それと同様に，**企業倒産**を予知できないかという問題意識を持って，1994年6月，公認会計士と会計研究者が10名ばかり集まって現代会計カンファランス（代表：上總康行）という研究会を立ち上げました。毎月開催した研究会では，従来の財務諸表分析の難点を克服するため，①類似の計算式を極力整理すること，②種々の倒産要因を単一の計算式に盛り込むこと，③判断を容易にするために単一の基準値を設けること，④限られた資料や1期分の財務諸表によってもある程度の信頼性をもった数値を計算できることの4点をつねに念頭におきながら，長時間の議論と思考実験，そして実証分析を積み重ねて，1997年3月，**倒産指数**と称する計算式を開発しました。倒産指数は次の通りです（現代会計カンファランス［1997］p.77）。

$$倒産指数 = (収益力 + 支払能力 + 活力 + 持久力 + 成長力) \div 5$$
$$= \left(\frac{売上高}{営業費用 + 支払利息} + \frac{流動資産}{負債} + \frac{売上高}{総資本} + \frac{自己資本}{負債} + \frac{自己資本}{自己資本 - 当期純利益} \right) \div 5$$

　1期分の会計数値を8つ使って倒産指数を簡単に計算できます。倒産指数を構成する5つの要素（収益力，支払能力，活力，持久力，成長力）がすべて100%を割り込むと倒産の可能性が高まっていると判断しますが，5つの要素が同時に悪化することもあれば，特定の要素だけが顕著に悪化する場合もあります。実証分析の結果，倒産指数が60%を割り込む場合には，きわめて高い確率で倒産に至ることがわかっています。これとは逆に，倒産指数が100%を大きく超えるほど倒産にはほど遠い優良企業と言えます。つまり，倒産指数は倒産予知だけではなく，優良企業の評価にも使える訳です。

　日本経済新聞社から現代会計カンファランス編『倒産指数』(1997年)を公刊して以来，多くの企業に関心を持っていただきました。倒産指数という名称がリアル過ぎるというお叱りを受けてはいますが，現在もなお，大手企業や金融機関などで使っていただいています。この倒産指数をさらに改良して，**企業力指数**や**改良型企業力指数**として論じている著書や論文もあります（松本・富田［1999］，松本［2005］）。倒産指数の詳細に関しては，是非とも『倒産指数』を読んで下さい。

3.3 プロダクト・ポートフォリオ経営（PPM）

BCGのPPM

競争企業や自社の分析には，プロダクト・ポートフォリオ経営（PPM）という手法がよく利用されます。このPPMはボストン・コンサルティング・グループ（BCG）によって最初に開発されました。PPMは，現金流入を決定する**相対的市場占有率**と資金流出入を決定づける**事業成長率**のマトリックスを作ることによって，多数の事業を相対的に評価して，資金の有効配分を行うための手法です。図表3-4は，BCGの典型的なプロダクト・ポートフォリオ・マトリックスを示したものです。

● 図表3-4　BCGのプロダクト・ポートフォリオ・マトリックス

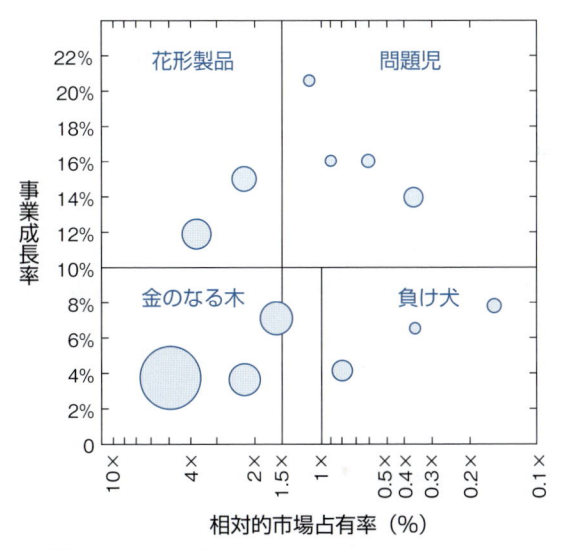

（出所）Hedley [1977] p.12.

この図の縦軸には事業成長率——企業が競争している産業の成長率——が示され，横軸には相対的市場占有率——その産業における最大競争企業の市

場占有率に対する自社占有率の比率——が示されています。事業（ないし製品）が2つの指標（事業成長率と相対的市場占有率）で決まる位置に円として描かれますが，円の大きさ（面積）は当該事業の規模に比例しています。このため，各事業の基本的な特徴がマトリックス上で明瞭に示されます。4つのセルには，事業の特徴を明瞭に示すため，それぞれユニークな名前が付けられています。

花形製品（Stars）……この事業では，市場占有率の維持ないし拡大が至上命令です。

金のなる木（Cash Cows）……この事業は，市場占有率の維持に必要な資金をはるかに超える現金流入をもたらしますので，企業の資金源であり，その企業を支える大黒柱です。

問題児（Question Marks）……この事業は，ほとんどの場合，現金流入量をはるかに超える多額の投資資金（現金流出）を必要とします。成長する市場で高い占有率を確保できるかどうかはかなり不確実ですので，この「問題児」に対する投資をいかに決定するかが経営戦略上，大変重要となります。

負け犬（Dogs）……この事業では，現金流入量が少なく，景気変動などの外的要因によっても大きく影響を受けます。また，長期的には，市場の成長や市場占有率の拡大をほとんど期待できません。このため，この事業に多額の投資を行うのは得策ではなく，むしろ撤退を早急に検討する必要があります。

このようなプロダクト・ポートフォリオ・マトリックスを作成すれば，各事業の基本的な特徴が視覚的に明らかになり，経営戦略上の課題や目標が明示できます。

事業ポートフォリオの分析

多くの製品や事業を持つ企業にとって，もっとも重要な意思決定は，限られた経営資源，とくに資金を有効に配分することです。プロダクト・ポートフォリオ・マトリックスを利用すれば，多数の製品や事業の中から，どの製品や事業に資金を重点配分すればよいかが明らかになります。

簡単に説明しておきましょう。「金のなる木」は，不況期にも確実に現金流入をもたらす事業であり，企業の**主力製品**や**基幹事業**と呼ばれているものです。そこでの**余剰資金**は，他事業の投資需要をまかなうだけではなく，この事業の収益力を担保として外部資金を調達することもできます。トップ・マネジメントにとって，この「金のなる木」をできるだけ多く持ち，そこから生じる資金を有効に配分して，さらに多くの「金のなる木」を育成することが戦略上の重大な課題です。

この課題を実現するには，基本的には，2つの方法があります。1つは，「金のなる木」から生じる余剰資金を「問題児」に投資して，市場成長率（事業成長率）が高く，市場での競争が比較的流動的なうちに，「花形製品」にまで育成することです。もう1つは，余剰資金を研究開発に投資して，直接，新しい「花形製品」を誕生させることです。**図表3-5**は，資金の配分戦略を示したものです。

● 図表3-5　資金の配分戦略

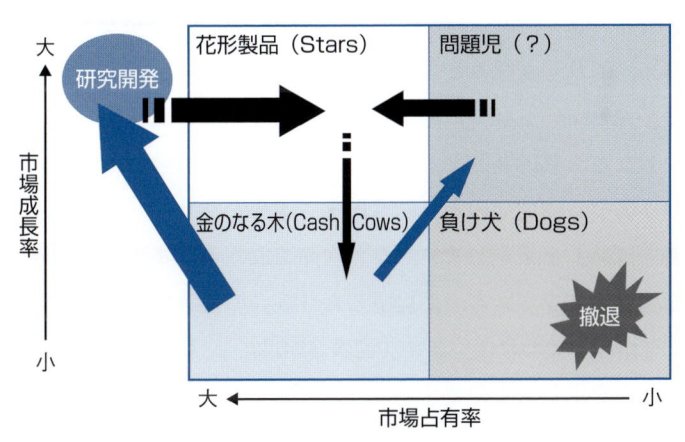

(出所) 上總［1993］p.102. 一部加筆修正．

どんな製品や事業でも，ライフサイクルがありますので，やがて成長が鈍化して成長期→成熟期→衰退期を迎えます。「金のなる木」を育てるためには，市場成長率が高いうちに，できるだけ高い市場占有率を確保しておく必要が

あります。このため，研究開発から直接誕生した製品であれ，「問題児」から育成された製品であれ，「花形製品」は，相対的市場占有率の維持が至上命令となると同時に，市場成長率と同等以上の資金配分が必要になります。「花形製品」と「問題児」はいずれも**企業の将来収益力**を決定づけますので，この戦略決定は企業の命運を賭けたものになります。

3.4 SWOT 分析

　戦略策定に際しては，外部環境から生じる**機会**（opportunity）と**脅威**（threat）に対して自社の**強み**（strength）と**弱み**（weakness）を適合させることが重要になります。この適合方法は，**SWOT 分析**（SWOT analysis）と呼ばれ，戦略策定の重要なアプローチの一つです。

　SWOT 分析では，通常，「企業」の経営資源，評判，歴史などを**内的要因**としてとらえ，これらが強みと弱みに分類されます。他方，「業界」の規模，魅力度，セグメンテーション，競争企業などと「マクロ環境」の経済，技術，政治，社会などを**外的要因**としてとらえ，これらが機会と脅威に分類されます。そのうえで，内的要因と外的要因を「適合」させて，競争優位を確認したうえで「戦略」を策定します。なお次節で取り上げますが，業界の分析には，戦略論で著名なポーターが提唱した「5つの競争要因」という分析フレームワークが多く使われています。**図表 3−6** は，一般的に利用される SWOT 分析のモデルを示したものです。

　SWOT 分析では，まず「A. 草案」として戦略的な環境問題の識別，分析及び順位づけが行われます。ついで「B. 第2案」として SWOT 変数の明細と適合性を向上するための戦略の構築が行われます。強みと弱み，機会と脅威を「適合」させて，競争優位上の優位性を確認します。そして最終的に戦略が策定されます。

● 図表3-6　SWOT分析の一般的モデル

A. 草案：戦略的な環境問題の識別，分析及び順位づけ

内部の強み	内部の弱み
1. ＿＿＿＿＿＿＿＿ 2. ＿＿＿＿＿＿＿＿ 3. ＿＿＿＿＿＿＿＿ 4. ＿＿＿＿＿＿＿＿ など	1. ＿＿＿＿＿＿＿＿ 2. ＿＿＿＿＿＿＿＿ 3. ＿＿＿＿＿＿＿＿ 4. ＿＿＿＿＿＿＿＿ など
外部の機会	外部の脅威
1. ＿＿＿＿＿＿＿＿ 2. ＿＿＿＿＿＿＿＿ 3. ＿＿＿＿＿＿＿＿ 4. ＿＿＿＿＿＿＿＿ など	1. ＿＿＿＿＿＿＿＿ 2. ＿＿＿＿＿＿＿＿ 3. ＿＿＿＿＿＿＿＿ 4. ＿＿＿＿＿＿＿＿ など

B. 第2案：SWOT変数の明細と適合性を向上するための戦略の構築

		内部要因	
		強み	弱み
外部要因	機会	1. 外部機会と適合した内部の強み	2. 外部機会と関連した内部の弱み
	脅威	4. 外部の脅威と適合した内部の強み	3. 外部の脅威と関連した内部の弱み

↓
競争優位性

（出所）Fleisher and Bensoussan［2002］p.94.

3.5　価値連鎖分析

　通常，企業は，資金調達→購買→生産→販売→代金回収→利潤分配というサイクルを繰り返して製品やサービスを提供していますが，ポーターは，こ

れらの企業活動を垂直的に連鎖する事業によって製品やサービスが提供されていると再定義し，有名な**価値連鎖モデル**を提唱しました。**価値連鎖**（value chain）とは事業活動の総価値を表し，価値をつくる活動とマージン（利益）からなっています。価値をつくる活動は主要活動と支援活動に分けられます。主活動には，①購買物流，②製造，③出荷物流，④販売・マーケティング，⑤サービスが含まれ，支援活動には，①全般管理，②人事・労務管理，③技術開発，④調達活動が含まれています。**図表3-7**は，ポーターの価値連鎖モデルを図示したものです。

● 図表3-7　ポーターの価値連鎖モデル

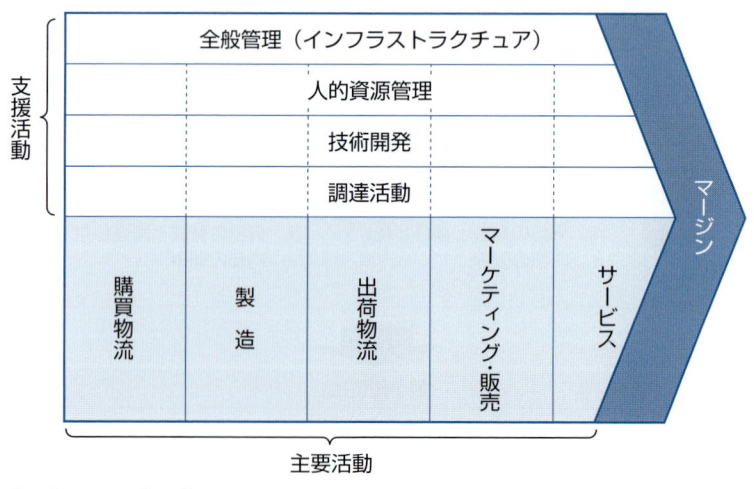

支援活動	全般管理（インフラストラクチュア）				マージン
	人的資源管理				
	技術開発				
	調達活動				
	購買物流	製造	出荷物流	マーケティング・販売	サービス

主要活動

（出所）　Porter [1985] p.37.

　価値連鎖分析では，事業活動を5つの主要活動に分解し，どの活動で付加価値が生み出されているか，どの活動に改善の余地があるかを分析することにより，競争優位（もしくは競争劣位）の源泉を明確にできます（横山［2011］p.32）。このため，価値連鎖分析は，企業の視点から見れば，企業の強みと弱みを適切に理解する便利な方法ですが，業界の視点から見れば，主要な顧客やサプライヤーの強みと弱みを比較して，自社の競争上のポジションをより

よく理解できる方法でもあります。通常，価値連鎖分析は，次の手順で展開されます（Fleisher and Bensoussan［2002］pp.113-117）。

(1) 企業の戦略事業単位（SBU）の決定
(2) 企業にとって重要な価値創造活動の識別
(3) 内部コスト分析

　　価値創造活動のコストを分析します。**内部コスト分析**では，競争企業の原価構造を比較することが重要です。分析には，戦略的コストマネジメントが展開されます。

(4) 内部差別化分析

　　顧客価値を見つけ出し，これに対応して競争企業にはない競争優位性をもつ製品やサービス提供する基本戦略を検討します。基本戦略には，**コスト・リーダーシップ戦略，差別化戦略，集中戦略**（コスト集中，差別化集中）の3つがあります。コスト・リーダーシップ戦略はコストで競争優位性を獲得すること，差別化戦略は競争企業にはない独自の製品やサービスを提供して競争優位性を獲得すること，集中戦略は競争の範囲を絞り込んでコストまたは差別化を展開することを意味しています。

(5) 業界の利益分布図の作成

　　業界内の競争企業に対する外部分析を行い，業界における売上高比率と営業利益率の視点から業界の**利益分布図**（profit pool）を明らかにします。図表3-8は，パソコン業界の利益分布図を示したものです。

　　この図によれば，中央付近に位置するパソコン製造企業は，売上高比率が相当大きいにもかかわらず，激しい競争のために営業利益率が極端に少ない。その左に位置する企業，つまりマイクロプロセッサ（MPU）以外の部品を製造する企業も利益は少ない。他方では，売上高比率が低いにもかかわらず，営業利益率が際立って高い企業，つまりマイクロプロセッサ，ソフトウェア，サービスという事業活動が存在していることが明確にわかります。

● 図表3-8　パソコン業界の利益分布図

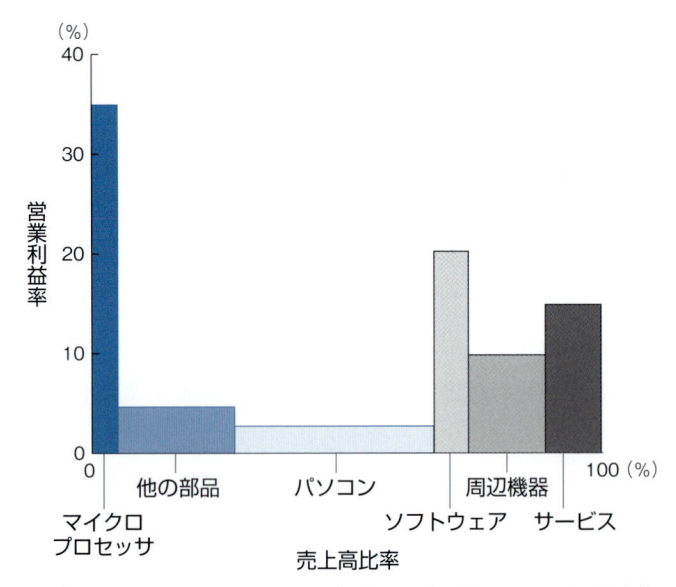

(注)　パソコン業界の価値連鎖には，収益性が大きく異なる6つの主要な事業活動が含まれています。製造会社はもっとも激しく競争していますが，価値連鎖では最低の利益率に甘んじる事業活動です。
(出所)　Gadiesh and Gilbert［1998］p.145.

(6)　垂直リンク分析

　　これまでの分析は，企業の価値連鎖に対する分析でしたが，視点を業界の価値連鎖に転じて，自社のポジショニングを利益分布図で見て，営業利益率の高い事業活動へ移動する競争戦略を検討します。**垂直リンク分析**の結果，事業の撤退，統合，新規参入などの競争戦略が展開されます。

　このような価値連鎖分析の結果，企業のトップ・マネジメントは競争優位性を確保できる競争戦略を決定します。

● 資料 3-2　セーレンによる旧カネボウ工場の買収戦略

　2005年5月12日，東京証券取引所はカネボウ株式会社（本社：東京都港区，以下，カネボウと略記します）の株式を監理ポストから上場廃止を前提として整理ポストに割り当てる措置を決定しました。この措置以降，セーレン株式会社（本社：福井県福井市，以下，セーレンと略記します）よりも2年前（1887年）に創業し，一時代を築いたカネボウの倒産は決定的となりました。それより10日前の5月2日，セーレンはカネボウの繊維事業の一部を譲り受ける受皿会社としてKBセーレン株式会社を設立し，6月1日，カネボウとの間で繊維素材事業の営業譲渡契約（出資：セーレン51％，カネボウ49％。ただし持分譲渡，譲受のオプション付）が締結され，10月14日，この営業譲渡契約に基づいて，カネボウが所有するKBセーレンの株式譲渡に関するオプションが行使され，KBセーレンはセーレンの完全子会社となりました。セーレンの川田社長は，「今回の旧カネボウ（株）繊維事業の営業譲受により，当社グループは『原糸製造機能』『天然繊維事業』を持つことになり名実ともに『総合繊維メーカー』となることができました」（セーレン［2005］）と述べている。図表3-9は，セーレンの総合繊維メーカー化戦略の展開（自動車内装材）を示したものです。

● 図表 3-9　セーレンの総合繊維メーカー化戦略の展開（自動車内装材）

		1977〜	1984〜	1989〜	2005〜
商品企画		○	○	○	○
糸 (Yarn)	糸（Yarn Making）				○
	糸加工（Texturing）			○	○
	糸染（Yarn Dyeing）			○	○
編立 (Knitting)	整経（Warping）		○	○	○
	編立（Knitting）		○	○	○
仕上加工 (Finishing)	染色（Piece Dyeing）	○	○	○	○
	起毛（Napping）	○	○	○	○
	プリント（Printing）	○	○	○	○
	融着（Laminating）		○	○	○
	バッキング（Back Coating）	○	○	○	○
	特殊加工（Special Treating）	○	○	○	○
縫製 (Sewing)	裁断（Cutting）			○	○
	縫製（Sewing）			○	○

（出所）　上總他［2008］p.40.

この表によれば，繊維産業の「川中事業」である「仕上加工」を担っていたセーレンは，1977年以降，「商品企画」を追加し，さらに1984年以降には「編立」，1989年以降には「糸加工と糸染」，さらに「縫製」も追加され，残すは糸事業のうち「糸」製造（Yarn Making）のみでした。2005年，カネボウから「原糸製造機能」と「天然繊維事業」を譲り受けることにより，繊維事業の川上から川下までの完全な価値連鎖が完成しました（上總他［2008］p.41）。

　セーレンの主活動はもちろん繊維製品の生産です。より優位な競争力を実現するため，懸案であった「原糸製造機能」と「天然繊維事業」を旧カネボウ工場の買収により獲得し，総合繊維メーカー化戦略が完遂されました。

●●●●● ケース3の問題を考える ●●●●●

　三菱重工のホームページから「2012事業計画推進状況」(2013年4月26日付) の資料を入手することができます。この資料によれば，2012年度実績の総括として，利益は2010事業計画目標及び2012事業計画策定時の期初見通しを達成したものの，受注は"課題あり"とされていました（三菱重工［2013］p.3）。さらに，2012事業計画の初年度推進状況に関して，「順調に進捗中」であったのは目標2＝資本効率及び純利益水準の向上，戦略3＝戦略的事業評価によるポートフォリオマネジメント，戦略4＝コーポレート改革・効率化，戦略5＝企業統治・業務執行における経営革新の継続でした。他方，「課題あり」と評価されていたのは，目標1＝事業規模の拡大であり，戦略1＝事業本部の集約・再編による強みとシナジー発揮と戦略2＝グローバル展開の加速については「対策を加速する」と示されていました。戦略3＝戦略的事業評価によるポートフォリオマネジメントについては，「順調に進捗中」ということでしたので，現時点では，2014年度以降の進捗を見守りたいと思います。

引用文献

Ansoff, H. Igor [1965], *Corporate Strategy: An Analytic Approach to Business Policy for Growth and Expansion*, McGraw-Hill, New York. 広田寿亮訳 [1969]『企業戦略論』産業能率短期大学出版部。

Fleisher, Craig S. and Babettle E. Bensoussan [2002], *Strategic and Competitive Analysis: Methods and Techniques for Analyzing Business Competition*, Upper Saddle River, Pearson Education, New Jersey. 菅澤善男監訳　岡村亮・藤澤哲雄訳 [2005]『戦略と競争分析—ビジネスの競争分析方法とテクニック—』コロナ社。

Gadiesh, Orit and James L. Gilbert [1998], "Profit Pools : A Fresh Look at Strategy," *Harvard Business Review*, May–June, pp. 139-147. 森本博行訳 [1998]「事業再構築への収益構造分析—プロフィットプール—」『Daiamond ハーバード・ビジネス』pp. 124-134.

Hedley, B. [1977] "Strategy and the 'Business Portfolio'," *Long Range Planning*, Vol. 10 -1, pp. 9-15.

Porter, Michael F. [1985], *Competitive Advantage : Creating and Sustaining Superior Performance*, The Free Press, New York. 土岐坤・中辻萬治・小野寺武夫訳 [1985]『競争優位の戦略—いかに高業績を持続させるか—』ダイヤモンド社。

大滝精一・金井一頼・山田英夫・岩田智 [2006]『経営戦略—論理性・創造性・社会性の追求—新版』有斐閣。

上總康行 [1993]『管理会計論』新世社。

上總康行・足立洋・篠原巨司馬 [2008]「総合繊維メーカー『セーレン』の戦略目標管理システム」『福井県立大学経済経営研究』第20号, pp. 31-55.

現代会計カンファランス編 [1997]『倒産指数—危ない会社ズバリ判別法—』[代表：上總康行] 日本経済新聞社。

セーレン [2005]「KBセーレン株式会社の完全子会社化についてのお知らせ」『News 2005』：2005年10月14日付。http://www.seiren.com/news/2005_109/より入手。

松本敏史 [2005]「中小企業の平均企業推計—改良型企業力指数の応用—」『産業経営研究』日本大学, 第27号, pp. 49-72.

松本敏史・富田知嗣 [1999]『あなたの会社の偏差値診断—資料：全上場2211社企業力ランキング—』税務経理協会。

三菱重工業 [2012]「2012事業計画（FY 2012〜2014）」2012年4月27日資料。

三菱重工業 [2013]「2012事業計画推進状況」2013年4月26日資料。

4 中期個別会計
―個別戦略の実行を支援する会計―

●本章のポイント●

1. 経営戦略を具体化するため，戦略計画（中期経営計画）が策定されます。この戦略計画に含まれる個別戦略の実行を支援するための会計が中期個別会計です。本章では，代表的な中期個別会計について学びます。
2. 新製品の企画開発を実現する原価企画について学びます。
3. 事業戦略の実行を支援するバランスト・スコアカード（BSC）について学びます。
4. 経営戦略を実行する戦略経営システムとして，日本企業でごく一般的に利用されている目標管理と方針管理について学びます。

ケース4 「カシオミニ」の衝撃と原価企画

　カシオ計算機株式会社（本社：東京都渋谷区，以下，カシオと略記します）は，高性能小型低価格の電卓「カシオミニ」の発売を契機に大きく成長しましたが，そこでは，原価企画の果たした役割も少なくありませんでした。以下，高橋史安氏（日本大学）[1995]の論文をベースにして，原価企画が登場する経緯を見てみましょう。

　1964年3月，シャープは世界初のオールトランジスタによる電子式卓上計算機（電卓）「コンペット」〈CS–10A〉を発売しました。重さは何と25kgで，価格は日産ブルーバード1,300cc（価格54万円）とほぼ同じ53万5,000円でした。さらにシャープは1968年，トランジスタに代わってMOSIC（集積回路）を採用した電卓〈CS–16A〉を発売しました。1号機と比べて，価格は半分以下の23万円，重さは1/6の4kgでした。1969年，世界初のLSI化電卓シャープ〈QT–8D〉が9万9,800円と10万円を切って発売されました。重量は1.4kgと軽くなり，「電子ソロバン」と呼ばれて普及していきました。当時，激しい競争によって電卓の最普及価格帯は4万円台まで下がっていましたが，それでも個人が手軽に買える価格ではありませんでした。

　1972年，カシオから「カシオミニ」が発売されました。サイズはそのころ主流であった電卓の4分の1以下，価格は3分の1以下の1万2,800円を実現して，ライバルメーカー陣に衝撃を与えました。「答え一発！カシオミニ」のTVコマーシャルでも有名になった「カシオミニ」は爆発的にヒットし，発売後10カ月で100万台を販売しました。最盛期の参入企業は50社以上を数えていましたが，「カシオミニ」の登場で激しさを増した「電卓戦争」の中で，多くのメーカーが市場から撤退していきました。

1975年には，4,800円という低価格を実現した「パーソナルミニ」が発売され，シリーズ累計の販売台数は1,000万台を突破しました。最終的に「電卓戦争」に勝ち残った電卓メーカーはカシオとシャープの2社だけでした。

　さて，「カシオミニ」の開発はさまざまな点で画期的でしたが，管理会計という視点からは，目標原価を決めてそれを達成する原価管理システムを作り上げたことでした。当時の最普及価格帯4万円の約4分の1という驚異的な販売価格を設定し，1万円電卓の開発に着手したことです。そのスペックは，6桁の加減算，12桁の掛け算・割り算，入出力制御を1個のMOS/LSIで駆動，単三乾電池4本で連続使用10時間，目標原価4,500円という高いレベルにありました。この目標原価を決め，企画開発段階から原価管理を実施するシステムは，今日でいう「原価企画」を意味しています。カシオにおける原価企画は「カシオミニ」の開発にその萌芽を見出すことができます。

> **問題**

❶　電卓で使われていた電子部品が集積化，小型化，低価格化を実現していきます。この要因が製造原価の引下げを可能にします。公表された文献・資料を使って，カシオで展開された原価企画の特徴を明らかにして下さい。

❷　同じく原価企画という場合でも，自動車と電卓では異なります。両者の相違点を明らかにして下さい。

4.1 戦略実行のフレームワーク

　経営戦略（企業戦略，事業戦略，職能戦略）を実現するため，戦略計画が策定されます。戦略計画は，具体的には，2～3年の中期経営計画として策定されますが，この中期経営計画には，中期事業計画に加えて，特定の**個別戦略**を実行するための**中期個別計画**も含まれています。中期個別計画の実行を支援するための会計が中期個別会計に他なりません。**図表4-1**は，戦略実行のフレームワークを示したものです。

● 図表4-1　戦略実行のフレームワーク

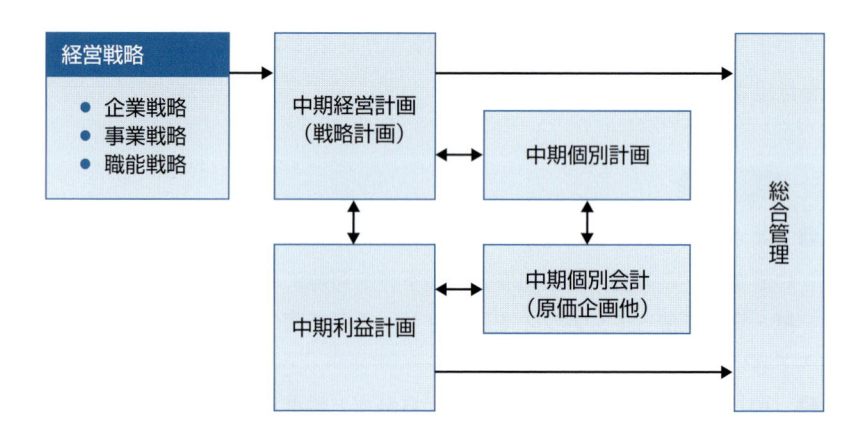

　この図によれば，中期経営計画に対応して中期利益計画が設定され，特定の個別戦略を実行するための中期個別計画には**中期個別会計**が対応しています。これらの要素は相互に役割分担を果たしつつ経営戦略を実行します。

　本章では，中期個別会計を主として取り扱いますが，そこには，新製品の企画設計を支援する原価企画，戦略マップを利用して戦略の具現化を目指すバランスト・スコアカード（BSC），日本企業が得意としてきた方針管理や目

標管理，さらに章を改めて第5章では，将来収益力を決定する投資計画で威力を発揮する資本予算（投資経済計算）を説明します。以下，順次解説しましょう。

4.2　原価企画―新製品頻発投入戦略のための管理会計―

新製品頻発投入戦略の展開

　競争戦略とは，各事業分野に蓄積・配分された経営資源を利用して，競争優位性を確立する経営戦略を意味しています。いま市場に1社しか存在しないとすれば，市場での競争はありません。この独占企業は最大の利益を獲得できますが，現実には，完全な独占はほとんど存在しません。しかし，市場で競争する企業が少なければ，それだけ業界全体の平均利益率が高くなりますので，市場での寡占化がしだいに進みます。ここから，競争戦略は市場での競争優位性を確保して非競争を目指す企業戦略と見ることもできます。

　競争優位性を確保するためには，顧客のニーズを満たす価値連鎖プロセスのどこかで競争企業との間に優位な差を作り出す必要があります。**差別化戦略**とは，この優位な差を創出する戦略ですが，競争戦略の中でもっとも重要なものとされています。差別化戦略は，顧客ニーズを満たす製品そのもの（価格，性能・品質・デザイン・付帯ソフトなど），サービス，イメージなどに対して展開されます。

　また競争戦略は**製品ライフサイクルの局面**によって異なる競争戦略が展開されます。製品ライフサイクルは，通常，導入期→成長期→成熟期→衰退期の4つに区分されますが，このライフサイクルに対応して，導入期と成長期には，成長戦略が強力に推し進められ，成熟期と衰退期には，維持戦略→収穫戦略→撤退戦略という戦略の転換が迫られます。

　寡占企業は，このような競争の変化に対応するため，生産・販売システム

を柔軟に対応させるとともに，**価格競争**（その基礎にあるコスト）に十分耐えうる新製品を市場に頻繁に投入する必要に迫られます。差別化戦略は**新製品開発計画**のいかんにかかっています。

大幅コストダウンを可能にする新製品開発

価格競争も**非価格競争**もその優劣は製品のコストに依存しますので，企業の経営者は，**製品原価の引下げ**に努力してきました。作業の機械化，工場の省力化，NC（Numerical Control：数値制御）工作機械や産業用ロボットなどのME（Micro-Electronics）機器の導入による**FA化**が行われ，製品原価の引下げが行われてきました。同時に，製品ライフサイクルの短縮化と顧客ニーズに合わせた新製品を市場に頻発投入するため，工場全体としては高い操業度を維持しながら，規模の経済性をも可能にする**多品種少量生産**を実現してきました。

FA化により，日本企業は世界に誇る品質と生産性を実現しました。工場には高価なME機器が据付けられ，労働者が1人もいない**無人化工場**までも登場しました。工場で働く直接工が激減しましたので，製品原価に占める直接労務費の割合が極限近くまで引き下げられました。他方，高価なME機器の減価償却費のみならず，このME機器の運転に必要なソフトウェア開発費や間接工の増大など，製造間接部門の固定費が増大しました。**小集団活動**や**提案制度**を活用した**改善活動**も行われましたが，作業現場では，提示された図面を大きく変更するような改善活動ができませんので，原価を引き下げる余地はほとんどなくなりました。その結果，製造原価の引下げは，作業現場ではなく，より上流の製造間接部門へ，さらには図面を大きく変更できる**新製品の企画・設計部門**へと重点移動していきました。図表4-2は，製造原価の管理可能性を示したものです。

この表によれば，明らかに，製品企画，基本設計，詳細設計の3段階での管理可能性が重視されており，とくに組立生産では，その値が70％近くにも達しています。これに対して，製造段階（製造準備と製造）での製造管理の

● 図表4-2　製造原価の管理可能性

	製品企画	基本設計	詳細設計	製造準備	製　造
組立生産	24.22%	25.08%	19.27%	14.78%	16.65%
機械的進行生産	23.05	19.17	17.09	14.72	25.97
化学的進行生産	24.82	17.23	15.31	18.66	23.98
その他	26.54	15.40	16.21	17.44	24.40
全　体	24.24	21.23	17.70	15.71	21.11

（備考）　数値は，調査票の構成比を合計して回答企業数で除したパーセントです。
（出所）　三浦他［1988］p.24.

可能性は著しく低下していることがわかります。

　このようにして，一方では，競争戦略とりわけ差別化戦略を実践する手段として新製品計画が重要視され，製品ライフサイクルの短縮化と多品種少量生産が展開されましたが，他方では，FA化の進展により，製造原価の管理可能性は製品の開発・企画・設計段階に移行しました。いずれも，その舞台は，**新製品計画**であり，ターゲットとなった新製品は，差別化戦略を体現しているとともに，**製品原価の大幅コストダウン**を目指して計画されることになりました。これが**原価企画**です。

　原価企画は，トヨタ自動車で最初に考案されたとされていますが，日本の製造業を中心に原価企画の採用が進んでいます。**図表4-3**は，原価企画の業種別導入状況に関する調査結果を示したものです。

　この表によれば，2009年現在，回答会社127社のうち，71社（55.9%）の企業が原価企画を導入していました。とくに機械（63.6%），電気機器（83.3%），輸送用機器（86.6%），精密機器（80%）などの業種では原価企画が多く導入されていました。

● 図表4-3　原価企画の業種別導入率（2009年）

業種 \ 導入状況	未導入（会社数）	導入会社 会社数	導入会社 導入率	合計	構成割合
食料品	9社	2社	18.18%	11社	8.66%
繊維製品	3	3	50.00	6	4.72
パルプ・紙	1	1	50.00	2	1.57
化　学	14	3	17.65	17	13.39
医薬品	3	1	25.00	4	3.15
石油・石炭製品	3	0	0.00	3	2.36
ゴム製品	0	2	100.00	2	1.57
ガラス・土石製品	0	1	100.00	1	0.79
鉄　鋼	0	0	0.00	0	0.00
非鉄金属	4	2	3.33	6	4.72
金属製品	0	2	100.00	2	1.57
機　械	8	14	63.64	22	17.32
電気機器	4	20	83.33	24	18.90
輸送用機器	2	13	86.67	15	11.81
精密機器	1	4	80.00	5	3.94
その他製品	4	3	42.86	7	5.51
合　計	56社	71社	55.91%	127社	100%

（出所）　西居他［2010］p.70.「導入率」欄は筆者が加筆．

原価企画のプロセス

　原価企画は，新製品の企画設計段階において設計技術者によるVE（Value Engineering）活動を通じて，目標原価を新製品に作り込むことです。図表4-4は，原価企画のプロセスを示したものです。

　この図によれば，経営戦略を実現する製品戦略と中期利益計画を体現して，原価企画は2つの側面を持っています。一つは，製品戦略を具現化する新製品の企画開発設計という物的な側面です（図の下部）。もう一つは，中期利益計画を実現する新製品別利益計画という会計的な側面です（図の上部）。新製品別利益計画では，「目標販売価格－目標利益＝許容原価」として算定された

● 図表4-4　原価企画のプロセス

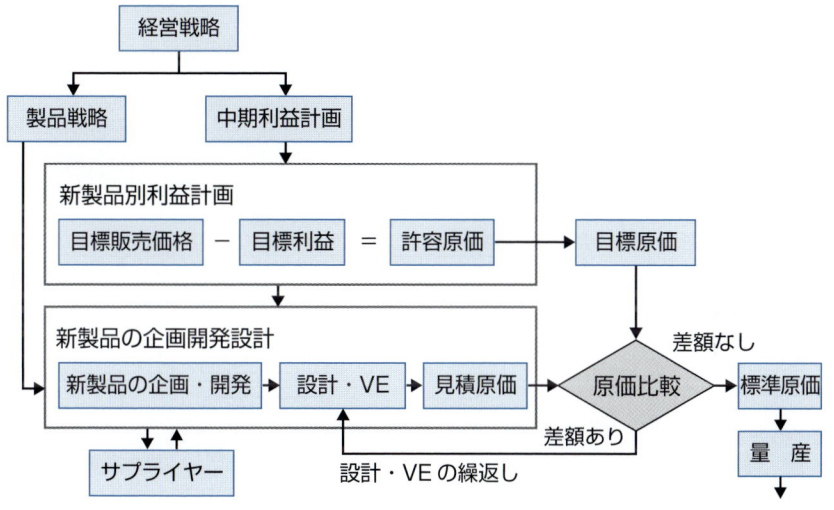

```
                    経営戦略
                   ┌───┴───┐
               製品戦略   中期利益計画
          ┌─────────────────────┐
          │  新製品別利益計画                     │
          │  目標販売価格 － 目標利益 ＝ 許容原価 → 目標原価
          └─────────────────────┘                        │
          ┌─────────────────────┐                        ↓
          │  新製品の企画開発設計                                          差額なし
          │  新製品の企画・開発 → 設計・VE → 見積原価 → 原価比較 → 標準原価
          └─────────────────────┘                差額あり        ↓
                    ↓                                                量産
               サプライヤー ←── 設計・VE の繰返し
```

（出所）上總［1999］p.114．一部加筆。

　許容原価を新製品の目標原価として設定します。新製品の企画開発設計では，この目標原価の実現を目指して技術者による VE 活動が何度も繰り返され，**サプライヤー（協力企業・下請企業）** の協力も得て設計図が作成されます。設計図に基づいて新製品の**見積原価**が算定され，目標原価と比較されます。見積原価が目標原価を上回っている場合には，VE 活動を駆使して，新製品の再設計が行われます。目標原価を満たすまで，何度も何度も設計・VE が繰り返されます。原価差額がなくなれば，はじめて新製品の量産へ移ります。

　新製品の企画設計に際しては，目標原価を機能部品ごとに割り付けが行われます。たとえば，自動車はおよそ 2 万点の部品から構成されています。機能部品の一つひとつを吟味して目標原価を満たすように新製品の設計が行われます。完成図はまさに技術者の汗と涙の結晶です。

資料4-1　コマツのデザインレビュー体制

建設機械のトップメーカーである株式会社小松製作所（本社：東京都港区，以下，

図表4-5　コマツにおける品質保証活動の運営の仕組み

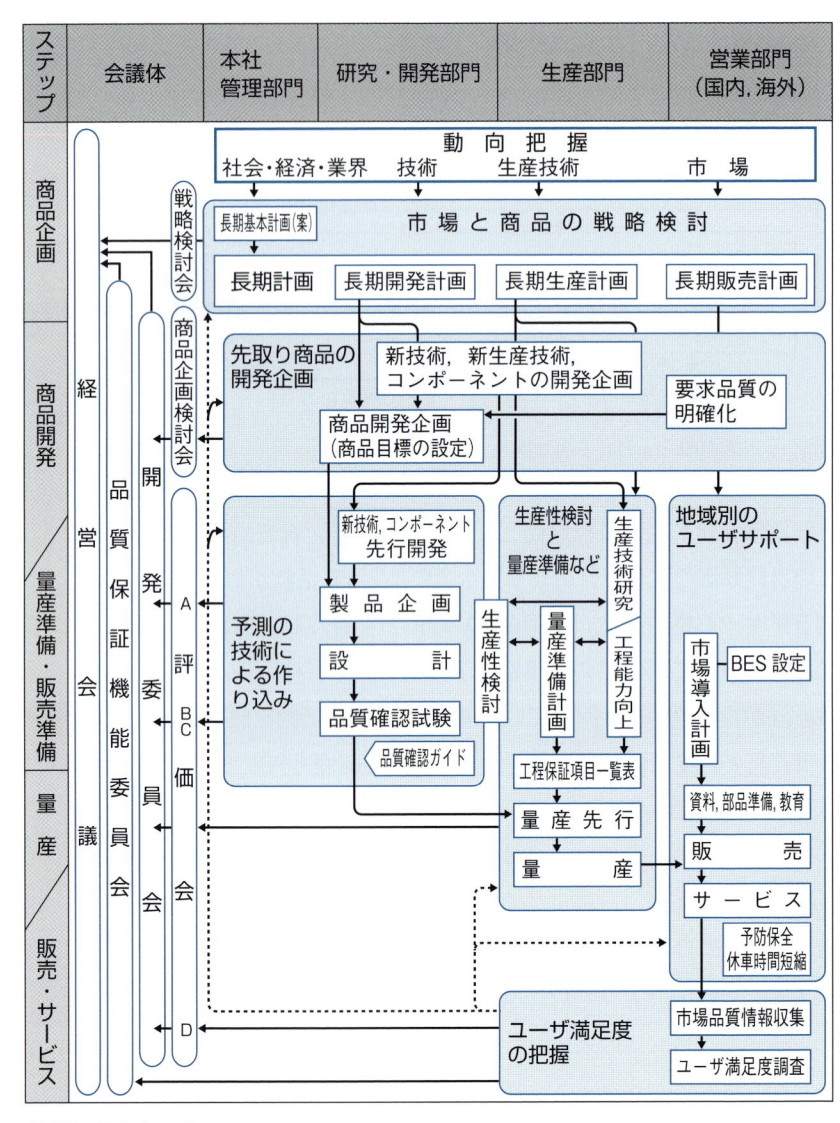

（出所）　猪苗［1993］p.154.

コマツと略記します）では，1962年の建設機械の資本の自由化に対応して，自社の主力製品であった中型ブルドーザの品質向上を目指して，社運を賭けて戦略的全社活動として「マルA対策」が展開されました。このとき，品質管理（QC）の考え方や手法を導入し，この活動を通じて開発段階から全社の力を結集して品質保証に取り組む開発システムが確立されました（猪苗［1993］p.151）。以後，永年にわたる品質保証活動の改善の積み重ねを集大成してコマツの**デザインレビュー**の体系が構築されました。コマツでは，デザインレビューを広義にとらえ，開発の重要な節目におけるQ（品質），C（コスト），D（納期）の目標と，その達成度を評価することと定義されています。**図表4-5**は，品質保証活動の運営の仕組みを示したものです。

この図によれば，上から下に向けて，商品企画→商品開発→量産準備・販売準備→量産→販売・サービスという開発ステップが展開されます。開発ステップに対応して，会議体と関係部門が示されています。会議体には，経営会議，品質保証機能委員会，開発委員会，戦略検討会，商品企画検討会，3つの評価会（A，BC，D）が含まれており，次の開発ステップへ進む前に，各種の「評価」が行われます。とくに商品評価会では，開発目標のQ（品質），C（コスト），D（納期）の妥当性が評価されます。コマツでは，このようなデザインレビュー体制の下で，新製品の企画設計段階で，コストと品質が作り込まれていました。機能的に見れば，これらの仕組みは十分に原価企画と呼ぶことができます。

4.3　バランスト・スコアカード（BSC）

BSCの提唱

1992年，キャプランとノートン（R. S. Kaplan and D. P. Norton）によってバランスト・スコアカード（Balanced Scorecard：BSC）が提唱されました。当初，BSCは非財務指標を強調する業績評価方法として提唱されましたが，現在では，トップ・マネジメントが策定した競争戦略を現業管理者が担当する業務レベルへ落し込み，戦略の策定と実行を担う**戦略マネジメントシステ**

ムとしての役割が強調されています。

BSCでは，財務，顧客，内部プロセス，学習と成長という4つの視点（perspectives）が強調されます（Kaplan and Norton［2004］pp.36-52）。

(1) 財務の視点

最上位の財務目標として株主価値の増大を維持することが明示され，これを実現するため，長期の収益増大戦略と短期の生産性向上戦略が展開されます。また財務の視点は，顧客の視点，内部プロセスの視点及び学習と成長の視点において具体的に展開されます。

(2) 顧客の視点

顧客と市場セグメントを識別し，顧客満足を高める差別化した価値提案（value proposition）として競争戦略が提示されます。主要な業績指標には，顧客満足，顧客維持，顧客獲得，顧客収益性，市場占有率，支払額占有率などが含まれます。

(3) 内部プロセスの視点

①顧客満足を高める価値提案を創造・提案するために，さらに②財務の視点における生産性向上，したがって原価低減を実現するために，企業の内部プロセスが改革されます。内部プロセスには，業務管理，顧客管理，イノベーション（技術革新），規制と社会が含まれています。

(4) 学習と成長の視点

無形資産を戦略に方向づけることが強調されます。無形資産には，人的資本，情報資本，組織資本が含まれています。これらの無形資産には戦略の実現に向けて貢献することが求められます。

戦略マップ──因果関係の可視化

BSCでは，「統計的な厳密性をもつわけではないが，明示的な因果関係は2つの箇所──4つの視点の間と，パフォーマンス・ドライバーと成果との間──にみられる」（櫻井［2003］p.36）とされます。BSCは，この因果関係を前提として，まさに4つの視点に対応する戦略テーマ，戦略目標，目標値，

実施項目を一覧表にした「カード」にしか過ぎません。キャプラン＝ノートンは，この「カード」に示された戦略目標と因果関係を**可視化**するため，**戦略マップ**（strategic map）を提唱しました。**図表4-6**は，BSCの戦略マップを示したものです。

戦略マップは，4つの視点ごとに戦略目標あるいは戦略テーマを記述して，戦略目標間の因果関係を線で結んで作成されます。戦略マップの最上位には，財務の視点で財務目標である「長期の株主価値」が記入されます。さらにこ

●図表4-6　BSCの戦略マップ

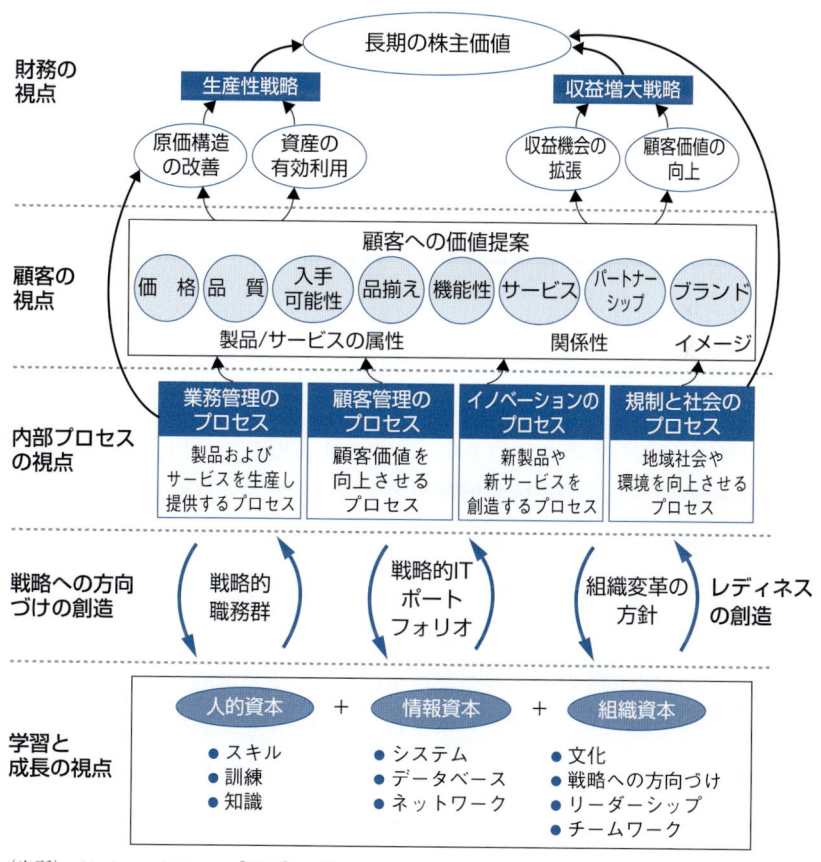

財務の視点	長期の株主価値 生産性戦略：原価構造の改善／資産の有効利用 収益増大戦略：収益機会の拡張／顧客価値の向上
顧客の視点	顧客への価値提案 価格・品質・入手可能性・品揃え・機能性・サービス・パートナーシップ・ブランド 製品/サービスの属性／関係性／イメージ
内部プロセスの視点	業務管理のプロセス（製品およびサービスを生産し提供するプロセス） 顧客管理のプロセス（顧客価値を向上させるプロセス） イノベーションのプロセス（新製品や新サービスを創造するプロセス） 規制と社会のプロセス（地域社会や環境を向上させるプロセス）
学習と成長の視点	戦略への方向づけの創造／レディネスの創造 戦略的職務群／戦略的ITポートフォリオ／組織変革の方針 人的資本（スキル・訓練・知識）＋情報資本（システム・データベース・ネットワーク）＋組織資本（文化・戦略への方向づけ・リーダーシップ・チームワーク）

（出所）　Kaplan and Norton［2004］p.51.

の財務目標を実現する戦略目標の「生産性戦略」と「収益増大戦略」が設定されます。次に顧客の視点では、財務目標と戦略目標を考慮しながら「顧客への価値提案」が設定されます。さらに内部プロセスの視点では、財務目標と顧客視点の戦略テーマを考慮しながら、社内プロセスの戦略テーマが設定されます。同様にして学習と成長の視点でも人的資本、情報資本、組織資本について戦略テーマが設定されます。また内部プロセスの視点と学習と成長の視点とをスムーズに結ぶために、戦略への方向づけの創造が展開されます。かくして、戦略マップでは、仮説である戦略と戦略テーマ間の因果関係が可視化できます。

戦略経営システムとしてのBSC

さらにBSCの成功には、**報酬制度とのリンク**が重要であると強調されます。BSCで多数の**業績評価指標**が使用される場合には、業績評価指標ごとのウエイト付けが考慮されます。たとえば、Pioneer Petroleum社では、財務的視点60%、顧客の視点10%、社内プロセスの視点10%、そして学習と成長の視点20%とウエイト付けされました。この結果、「バランスト・スコアカードの目標達成に対する個人の貢献が、表彰・昇進および報酬制度にリンクしているとき、団結とアクティビティは、確実に高揚することになる」(Kaplan and Norton [1996] p.222) とされています。もちろん、BSCで使用する業績評価指標として何を選択し、どの程度のウエイト付けを行うかに関しては、企業実践の試行錯誤の中で決まります。

BSCでは、戦略マップを利用して、財務の視点で設定した財務目標である長期株主価値とそれを具体化した競争戦略を実現するため、顧客の視点、内部プロセスの視点、学習と成長の視点を通じて、より組織下位の管理者や従業員の「戦略目標」として落とし込まれ、4つの視点に対応する戦略目標、業績尺度、目標値、実施項目、さらには予算を含めて一覧表にまとめられます。BSCは、報酬制度と連携することにより、競争戦略を策定し、かつ実行することを可能にする戦略経営システムの一つです。

資料4-2　相模原協同病院のBSC

　相模原協同病院は，病床数約400床，従業員約800名の急性期病院ですが，2003年にBSCが導入され始め，2005年10月から2006年度の戦略策定と実行が開始されました。しかし外部コンサルタントを使わずに社内だけで「マネジメントシート」と呼ぶBSCが構築されましたので，必ずしもキャプランやノートンが提唱しているBSCと同じではありませんでした。

　その後，伊藤和憲氏（専修大学）によって**アクション・リサーチ**が行われ，現状のBSCの問題点が整理され，改善策が提案されました。戦略テーマの改善提案に従って，修正後の戦略マップが作成され，続いて戦略テーマごとのBSCが構築されました。図表4-7は，相模原協同病院のBSCを示したものです。

図表4-7　相模原協同病院のBSC

視点	戦略目標	業績評価指標	現在値	目標値	アクションプログラム
顧客の視点	患者満足度の向上	患者満足度調査「待ち時間に不満」の比率	72%	65%↓	外来運営の見直し
		病棟施設クレーム件数 患者対応　〃	40件 50件	30件↓ 40件↓	病棟改修の実施 Dr.Ns.クラークの接遇教育
業務プロセスの視点	安全性の向上	インシデント報告数 アクシデント　〃	520件 90件	600件 100件	情報共有・フィードバック
	退院支援の強化 クリニカルパスの推進	DPC対応パスの件数	12件	81件	各科DPC対応パス作成
		急性期・平均在院日数 逆紹介＋転院数	14.7日 1150人	13.5日↓ 1500人	MSWの増員 他病院訪問，懇親会実施
学習と成長の視点	教育（接遇・技術）の充実	職員意識調査「評価,人材育成について」	44ポイント	50ポイント	評価者訓練の実施 人事評価制度の見直し
	適正な人材評価	看護部教育専任者数 研修予算の利用率	1人 69%	2人 100%	教育専任者の確保 認定資格取得の支援
	職員コミュニケーション	職員意識調査「職場の雰囲気について」	53ポイント	60ポイント	NST, ICT, パスの取組み

（出所）　伊藤［2007］p.211.

相模原協同病院の BSC に関して，伊藤氏は，次のように今後の課題を指摘されています。

「戦略テーマ別 BSC を実行に移すには，それぞれの戦略テーマと関わりのある部門へとカスケードが行われなければならない。このような戦略目標と指標，戦略実施項目の落し込みはこれから行われる予定である。そのため，適応段階での促進要因と阻害要因は，同病院ではまだ明らかとはなっていない」(伊藤［2007］pp. 212-213)。

今後も相模原協同病院では，BSC の改善が続くことでしょう。

4.4　方針管理と目標管理

日本企業が実践する戦略経営システム

BSC は，戦略の策定と実行のための**経営システム**の一つです。BSC が提唱されてから20年近く立ちますが，日本企業では BSC を採用する企業はそれほど多くありません。じつは日本企業では，これまで BSC とほぼ同様に機能する経営システムが利用されてきました。それらは**目標管理**や**方針管理**などです。日本企業は，これらの目標管理や方針管理を駆使して，品質とコストに優れた製品を生産し，世界の市場を席巻してきました。そこで，日本企業で普及している戦略経営システムの目標管理と方針管理を簡単に紹介しておきましょう。

目標管理

目標管理（Management by Objectives：MBO）は，1954年，著名な経営学者ドラッカー（P. F. Drucker）が著書『現代の経営（*The Practice of Management*)』で提唱したのが始まりです。1960年，マクレガー（D. M. McGregor）が著書『企業の人間的側面』で **XY 理論**を提唱しました。X 理論は，性悪説に

立ち，命令と統制を行うのに対して，「Y理論では，性善説に立ち，人は産まれながらにして仕事が嫌いだということはなく，自らが設定した目標には進んで打ち込み，自己の欲求や自己実現の欲求を満たそうとする。そして，適当な条件下では，進んで責任をもち，企業内の問題を解決しようと努力する。このマクレガー理論は，目標管理の理論づけに役立ち，目標管理を普及されるのに大いに貢献した」(長田［1996］p.3) とされています。目標管理は目標設定への参画と自己統制の二面性を持ち，自己啓発や動機づけ，さらに組織力の向上という点で人事管理や組織管理に大きなインパクトを与えました。

目標管理の普及は主として**産業能率大学グループ**によって促進され，1960年代後半には**目標管理ブーム**が到来しました。現在も目標管理を採用する企業はきわめて多く，「2000年代中頃には7割を越える企業で導入され，また従業員数が3,000人 (2006年より〔区分変更で〕1,000人) を越える大規模な企業においては9割を越える企業で導入されるまでになっているが，その後，〔80%程度に〕若干減少傾向にある」(森口［2012］p.48) とされています。

● 資料 4-3　セーレンの戦略目標管理システム

セーレン (本社：福井県福井市) には，経営戦略とそれを実現する目標管理制度を連携した**戦略目標管理システム**が導入されています。以下，簡単に紹介します (上總他［2008］参照)。

セーレンでは，それまでの年功序列型賃金制度や能力主義賃金制度に代わって，成果主義制度の導入の一環として1993年に目標管理制度が導入されました。導入当時の対象者は管理職のみでしたが，2004年には，全社員が対象とされました。

セーレンの目標管理制度では，全社の中期計画に基づいて組織と個人の役割・責任が明確化され，その達成度をポイント化して賞与や人事考課の基準とすることにより，人事評価基準の明確化と成果の人事評価への反映が実現する仕組みになっています。目標に焦点を当てれば，経営戦略→中期計画→年次計画→部門年次計画→事業部・部の目標→課・係の目標→個人目標へと厳密に上位目標が下位目標へと展開されます。このうち，セーレンの組織目標と個人目標の設定に関してはとくに注目すべきものがあります。

まず組織目標の細部展開 (事業部目標→課・係目標) を見てみましょう。事業部目

標は，利益目標をはじめとする数値目標（財務的計画・非財務的計画）と重点施策（活動計画）から構成されています。これらの事業部目標は，同様の形でより下位の組織に展開されていきます。たとえば，管理や製造の課・係であれば原価目標及び数値目標と重点施策，販売の課・係であれば売上高目標及び数値目標と重点施策に展開されます。展開された数値目標と重点施策は，具体性を伴ったものにすることが求められ，各項目について納期や責任者が設定されます。また，目標の展開に際しては，上下双方の合意が得られるように面談などによる調整が行われます。

次に組織目標から個人目標への展開（課・係目標→個人目標）を見てみましょう。数値目標と重点施策を伴った形で展開される点，及び面談などによる調整がなされる点は，組織目標の細部展開と同様です。個人目標は，目標管理計画書と呼ばれるフォ

● 図表4-8　セーレンの戦略目標管理システム

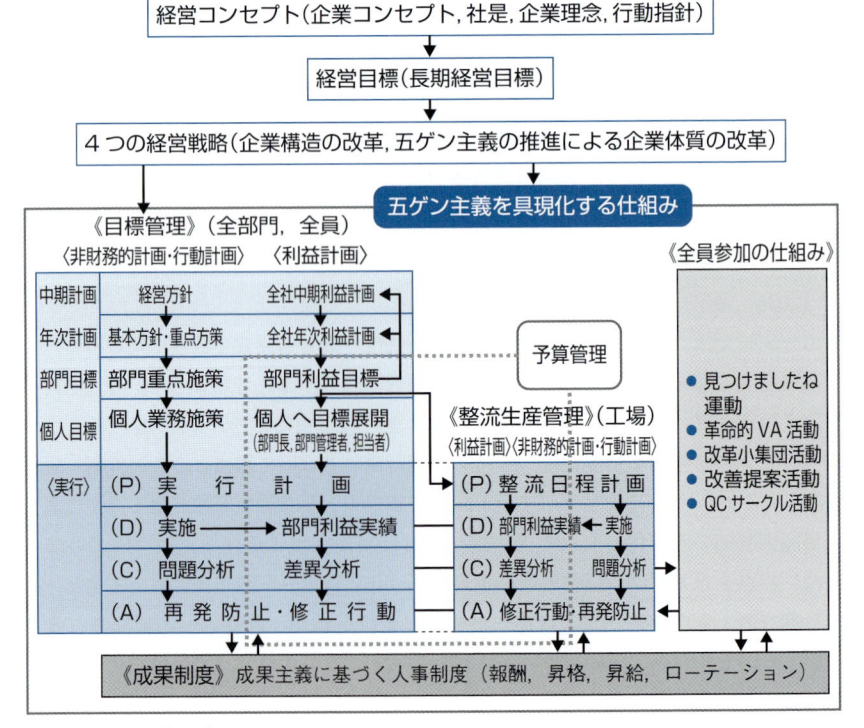

（出所）上總他［2008］p.53.

ーマットに従って設定され，その内容は期間計画とチャレンジ目標の2つに大別されます。前者は年次目標であり，後者は第2年度以降にも関わる中長期的な目標です。たとえば，期間計画では，年次の課目標や係目標を受けて，売上高・利益率・在庫率などについて，前年同期に対する伸び率が設定され，その達成のための施策が設定されます。またチャレンジ目標は，上司から指示される上司目標（下位従業員には設定されない）と当人が自主的に設定する自主目標とに大別されます。

つまり，セーレンでは，管理者や従業員という個人に対して，行動計画と予算（売上高，原価，利益など）とが同時に設定され，それが「目標」と総称されています。このようにして設定された目標を出発点としてセグメントの戦略目標管理が展開されます。図表4-8は，セーレンの戦略目標管理システムを示したものです。

詳細な説明は省略しますが，セーレンでは，経営戦略，五ゲン主義，整流生産管理，全員参加経営，見つけましたね運動，目標管理制度が有機的に機能する1つの戦略経営システムとして運営されてきました。やや誇張して言うことが許されるならば，セーレンの戦略目標管理システムは，BSCをはるかに超える管理会計システムであると言えるでしょう。

方針管理

1960年代の**日本科学技術連盟**（以下，日科技連と略記します）と**日本規格協会**によるQC推進活動を通じて，**方針管理**は，**総合品質管理**（Total Quality Control：TQC）の重要なツールとして普及していきました。日本企業で実践された**TQC**は，顧客志向，全員参加，継続的な改善，標準化の重視，特定の問題解決ツールの利用という特徴を持っていました（梶原［1999］pp. 187-188）。TQCは日本企業の競争力の源泉となりましたが，日本のTQCに注目した米国企業では，全体最適化，顧客満足と改善活動の統合，改善活動の加速化，戦略的な品質概念，形式主義と官僚化の排除，顧客以外の利害関係者の配慮などの革新を付加して，新たに**TQM**（Total Quality Management）として普及していきました。

1996年，日科技連は，TQCをTQMに変更し，「新たなTQMは，TQCの基本的な概念・方法論を継承する」としたうえで，「TQMは，企業・組織の経

営の『質』の向上に貢献する経営科学・管理技術である」(TQM 委員会［1998］p.34) と TQM の理念を規定しました。さらに，TQM のビジョン，方法論，構成要素を詳細に規定しました。現在でも多くの日本企業が TQM を実践しています。

　他方，目標管理との関連については，「方針管理は，目標管理のもつ 2 つのコンセプトである目標設定への参画と目標の自己統制をベースにし，目標を QC 手法，つまり QC 的問題解決法により達成するという，目標管理に欠けていたプロセス（How to do）を付与した管理手法といえる」(長田［1996］p.4)，あるいは，「方針管理は〔目標管理と〕同じ目的をもっているが，実現可能性も考慮した目標の展開，目標達成の方策・手段への展開，実施過程における『プロセス管理』の原則の適用，年度末の大々的な『反省（振り返り）』に特徴がある。方針管理の影響を受けて，いまでは目標管理も変身している」(TQM 委員会［1998］p.68) とされています。

　トップダウンで行われる方針管理も個人の自主性を尊重する目標管理も企業での実践の中で相互に影響されて，改善・改良が進んできました。方針管理では，目標の種類として「目標と方策が対になり方針を形成する」とされていますが，目標管理では明示されていません（長田［1996］p.10)。しかし，目標を達成する手段がなければ，目標管理を展開できませんので，目標には方策を含んでいると解釈できます。ここから，方針管理と目標管理の違いは，方針を強調するか，目標を強調するかによって生じるとも言えます。**図表 4 － 9** は，アイシン化工で実践された方針管理を示したものです。

　方針管理では，文言上，戦略が展開される訳ではありませんが，「長期経営計画」に含まれる経営方針，経営目標，機能別の目標と活動の方向づけを「戦略」と読み替えることは可能です。図の点線（………）はフィードバックを意味していますので，年度会社方針や長期経営計画も策定する際には，事前に計画や方針の再検討が行われることを示しています。この図をじっくり見ていただければ，方針管理もまた BSC と同様に「戦略」を策定・実行するための戦略経営システムであることが理解できるでしょう。

図表 4−9　アイシン化工で実践された方針管理

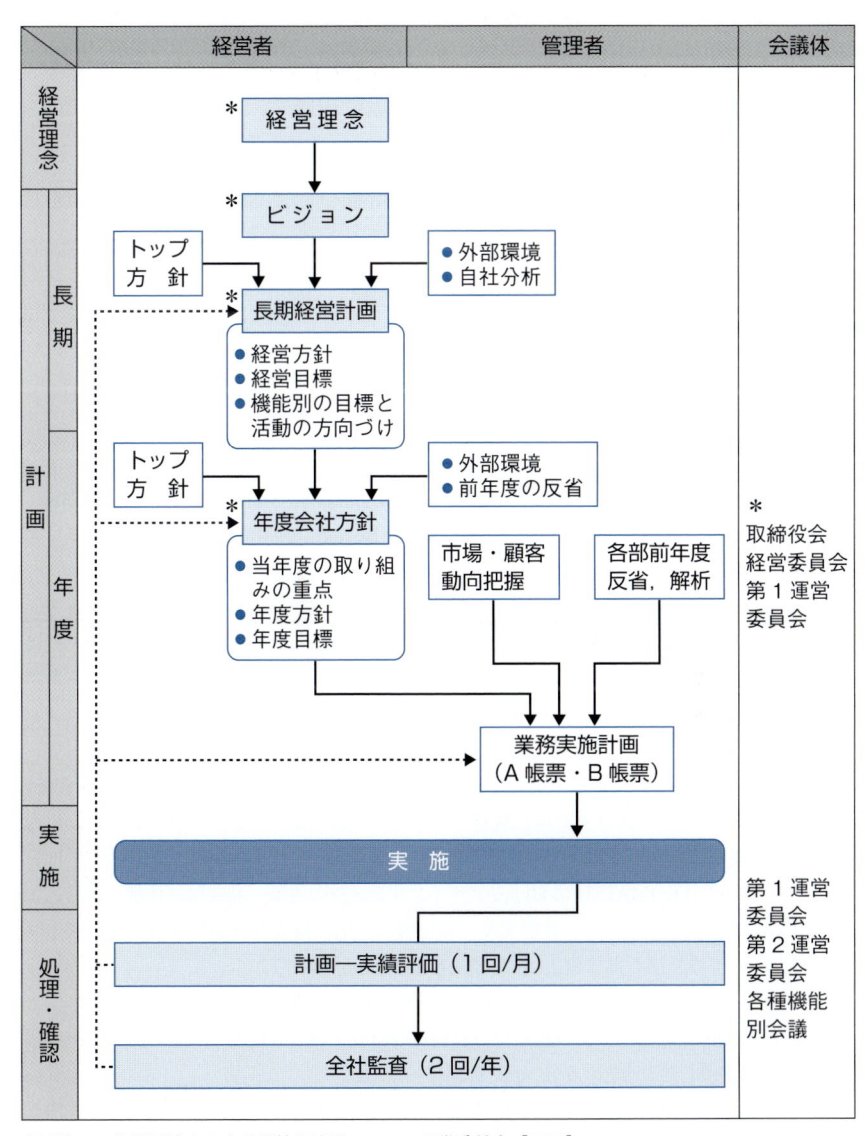

	経営者	管理者	会議体
経営理念	＊ 経営理念		
長期	＊ ビジョン トップ方針 ＊ 長期経営計画 ・経営方針 ・経営目標 ・機能別の目標と活動の方向づけ	・外部環境 ・自社分析	＊ 取締役会 経営委員会 第1運営委員会
計画／年度	トップ方針 ＊ 年度会社方針 ・当年度の取り組みの重点 ・年度方針 ・年度目標	・外部環境 ・前年度の反省 市場・顧客動向把握　各部前年度反省，解析 業務実施計画（A帳票・B帳票）	
実施	実　施		第1運営委員会 第2運営委員会 各種機能別会議
処理・確認	計画−実績評価（1回/月） 全社監査（2回/年）		

（出所）　一般財団法人日本科学技術連盟・デミング賞委員会［1992］

●●●● **ケース4の問題を考える** ●●●●

　カシオ電卓事業本部における原価企画の特徴は，第1に電子部品の技術革新が急速だったため，新製品の企画設計段階で，材料，部品，加工方法に対するVE活動を通じて，製品原価を引き下げる可能性が大きかったことです。第2に，中期計画→単年度計画→商品企画開発→設計→生産（量産）というステップの中で，目標原価と限界原価を利用して，原価のチェックが行われていたことです（高橋［1995］pp.140-145）。より詳しくは，公表論文などで調べて下さい。

引用文献

Kaplan, Robert S. and David P. Norton［1996］, *The Balanced Scorecard : Translation Strategy Into Action*, Harvard Business School Press, Boston. 吉川武男訳［1997］『バランス・スコアカード―新しい経営指標による企業改革―』生産性出版。

Kaplan, R. S. and D. P. Norton［2004］, *Strategy Maps : Converting Intangible Assets into Tangible Outcomes*, Harvard Business School Press, Boston. 櫻井通晴・伊藤和憲・長谷川恵一監訳［2005］『戦略マップ―バランスト・スコアカードの新・戦略実行フレームワーク―』ランダムハウス講談社。

TQM委員会編著［1998］『TQM―21世紀の総合「質」経営―』日科技連出版社。

一般財団法人日本科学技術連盟・デミング賞委員会［1992］『日本品質管理賞受賞報告要旨』。

伊藤和憲［2007］『ケーススタディ　戦略の管理会計―新たなマネジメント・システムの構築―』中央経済社。

猪苗亮祐［1993］「KOMATSUにおけるデザインレビューの実際―品質保証体制に組み込まれたデザインのレビュー―」菅野文友・額田啓三・山田雄愛共同編集『日本的デザインレビューの実際』第Ⅱ部事例2，日科技連出版社，pp.151-177.

長田洋編著［1996］『TQM時代の戦略的方針管理』日科技連出版社。

上總康行［1999］「戦略的計画設定と予算管理との結合―戦略の管理会計論に関する一考察―」『経済論叢』第164巻第6号，pp.103-124.

上總康行・足立洋・篠原巨司馬［2008］「総合繊維メーカー「セーレン」の戦略目標管理システム」『福井県立大学経済経営研究』第20号，pp.31-55.

梶原武久［1999］「米国企業によるTQM実践の意義―日本的TQCの再構築に向けて―」『商学討究』（小樽商科大学），第49巻第4号，pp.185-207.

櫻井通晴［2003］『バランスト・スコアカード―理論とケース・スタディ―』同文舘出版．
高橋史安［1995］「カシオ〈電卓事業本部〉の原価企画」田中隆雄・小林啓孝編著『原価企画戦略―競争優位に立つ原価管理―』第7章，中央経済社，pp.131-148．
高橋史安［2003］「原価計算・管理会計実践の総合的データ・ベースの構築―平成13・14年度共同研究成果報告―」『会計学研究』日本大学商学部会計学研究所，第16号，pp.1-158。
西居豪・窪田祐一・山本浩二［2010］「原価企画活動の展開と課題」『大阪府立大学経済研究』第56巻第3号，pp.67-89．
三浦和夫・田中嘉穂・井上信一［1988］「生産方式と原価管理の最近の動向―昭和61年調査の概要―」『香川大学経済学部研究年報』第27号，pp.1-66．
森口毅彦［2012］「わが国企業における戦略マネジメント・システムと目標管理制度の機能」『富山大学紀要・富大経済論集』第57巻第3号，pp.261-304．

5 資本予算

●本章のポイント●

❶ 投資決定では，投資経済計算だけに注目が集まっていますが，それは投資決定プロセスの一部にしかすぎません。投資決定がいくつかの局面を持つ循環プロセスであることを学びます。

❷ 投資経済計算には，計算が簡単で理解しやすい方法から大がかりな計算を必要とするものまで含まれています。企業で実際に利用されている投資経済計算を詳細に学びます。

ケース5 新日鐵住金の設備投資決定と投資経済計算

　2012年10月，新日本製鐵株式会社（本社：東京都千代田区，1857年創業，設立1970年）と住友金属工業株式会社（本社：大阪府大阪市と東京都中央区，1897年創業，設立1949年）とが合併し，厳しいグローバル競争環境の中で「総合力世界No.1の鉄鋼メーカー」を目指して粗鉱生産量世界第2位の新日鐵住金株式会社（本社：東京都千代田区，以下，新日鐵住金と略記します）が誕生しました。合併直後の2013年3月期決算では，世界経済が減速する中でしたが，連結ベースで，売上高4兆3,899億円，営業利益201億円，特別損益－2,139億円を含んで当期純損益－1,235億円，総資産7兆894億円，純資産2兆9,382億円でした（新日鐵住金［2013b］）。

　この巨大鉄鋼会社は，主力の製鉄事業（売上高の約84％）をはじめ，エンジニアリング事業，化学事業，新素材事業，システムソリューション事業を行っています。中期経営計画では，「総合力世界No.1の鉄鋼メーカーへ」の早期実現に向けた施策を強力に進めるとされています。とりわけ財務体質と成長投資を両立させるとして，統合効果年率2,000億円以上，D/Eを現状1.2から早期に1.01，資産圧縮3,000億円，設備投資を償却費の80％程度，成長に向けた戦略投資年額1,000億円程度という基本方針が提示されています（新日鐵住金［2013a］p.26）。

　新日鐵住金が公表した「2013年度決算説明会」によれば，同社では，2006年以降，おおむね4,000億円を越える高い水準の設備投資が続いてきました。しかし2011年度には3,800億円，2012年度4,200億円，2013年度2,570億円と設備投資額が減少しており，減価償却費の80％程度に抑えるという基本方針が定着しつつあります（新日鐵住金［2014］p.13）。それでも，3,000億円近い設備投資額が毎年続く訳ですから，新日鐵住金にとって，財務

体質の改善と成長投資の両立を実現し、さらにグローバル戦略を推進するためには、投資決定が決定的に重要であることは言を待ちません。

> **問題**
>
> 設備投資3,000億円といえば、かなり巨額な投資です。新日鐵住金にとって投資決定が決定的に重要であることは言を待ちません。では、新日鐵住金では、年間3,000億円もの設備投資をどのようにして決定しているのでしょうか。公表論文や公表資料を用いて新日鐵住金で実施されている設備投資の実態と投資経済計算について明らかにして下さい。

5.1 投資決定プロセス

　経営戦略を実現するために中期個別計画が策定され、これらを調整統合して中期経営計画が設定されます。この中期個別計画を策定するプロセスでは、いくつかの**代替案**が探究され、**収益性の評価基準**に基づいて相互に評価が行われ、最終的に1つの代替案が選択されます。このような代替案を評価・選択する場合、もっとも重要なものは多額の資金を必要とする**投資計画**です。

　投資計画といえば、かつては新規投資、拡張投資、合理化投資などの設備投資計画や研究開発投資が重要でした。最近では、自前で一から投資するよりも、時間の短縮とリスク軽減を見込めることが高く評価されて、ベンチャー企業や経営不振に陥った大手企業をまるごと買収する**M&A投資計画**（mergers and acquisitions projects）が多くなっています。

　トップ・マネジメントは、経営戦略の下で**将来の経営構造**を変革するため、さまざまな投資決定を行います。通常、投資決定は循環プロセスとして展開されます。**図表5-1**は、投資決定プロセスを示したものです。

● 図表5-1　投資決定プロセス

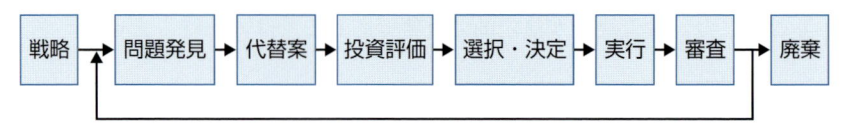

戦略 → 問題発見 → 代替案 → 投資評価 → 選択・決定 → 実行 → 審査 → 廃棄

　この図によれば，**投資決定プロセス**は，①問題発見から⑥審査までのプロセスを繰り返す循環プロセスとして展開されます。以下，簡単に各プロセスを説明しましょう（Northcott［1998］pp. 9-22）。

① **問題発見**……経営戦略（全社戦略や事業戦略）を実行するプロセスでは，外部環境の変化やそれに対応する内部環境や経営資源の変化によって，大きな経営問題が生じることがあります。通常，トップ・マネジメントは，本社スタッフからの報告に基づいて経営問題を発見します。

② **代替案の探索**……重大な問題点があると判断された場合には，問題解決のための代替案が探索されます。代替案には，認識した問題点，解決する課題（目標），問題解決に要する期間，問題解決の方法，問題解決に必要とする経営資源，とくに設備，人員，費用などが含まれています。通常，2つ以上の代替案が探索されます。

③ **投資評価**……代替案が探索されたならば，この代替案の**投資評価**が行われます。投資評価は，代替案を実行するプロセスに関する評価と結果に対する評価に二分されます。また投資評価には，技術的評価，マーケティング的評価，経営的評価，政治的評価，社会的評価などが含まれていますが，通常，営利企業では会社利益への貢献度を測定する**収益性評価**が重視されます。**投資経済計算**ないし**資本予算**（capital budgeting）は収益性評価のための管理会計手法です。

④ **選択・決定**……投資評価を受けた代替案の中から，通常，1つの代替案が選択され，経営委員会や取締役会などで最終決定されます。2つ以上の代替案が存在する場合には，代替案間で生じる干渉問題を十分考慮したうえで，最良の代替案が選択・決定されます。

　なお，分権的経営では，トップ・マネジメントの管轄の下で，組織下部に

おいて，問題発見→代替案→経済性評価が行われています。

⑤　実　行……代替案が最終決定されれば，それが投資計画となります。直ちに投資計画を実行する部門に連絡されます。担当部門は，計画の実行に際しては，実行計画の目標，期間，費用などの決定事項を十分配慮しなければなりません。

⑥　審　査……投資計画が実行された後，一定期間ごとに，または計画終了後に投資計画の良否について審査が行われます。審査結果はトップ・マネジメントに報告され，問題点がある場合には，対応策が検討されます。通常，次の投資計画の代替案を探索，評価する際に審査結果が参照されます。

5.2　日本企業における投資経済計算の利用実態

　トップ・マネジメントは，投資決定プロセスを通じて，最適な投資計画を探索し，決定し，実行します。このプロセスのうち，管理会計の視点からは，代替案の収益性評価がもっとも重要です。代替案の収益性は投資経済計算（または資本予算）によって評価されますが，現在，多数の投資経済計算が提唱されています。**図表5-2**は，代表的な投資経済計算を示したものです。

● 図表5-2　代表的な投資経済計算

収益性評価基準	貨幣の時間価値	
	考慮する	考慮しない
回収期間	割引回収期間法（DPP） 割増回収期間法（PPP）	単純回収期間法（SPP）
金額	正味現在価値法（NPV）	投資損益法，現金流入法
利益率	内部利益率法（IRR）	会計的利益率法（ROI）
比率	収益性指数法（PI）	

（出所）　上總［2003a］p.7．一部加筆。

この表では，多数の投資経済計算が収益性と**貨幣の時間価値**の視点から整理されています。収益性の評価基準として，**回収期間，金額，利益率，比率**の4つがあり，これに対応して貨幣の時間価値を考慮する技法と考慮しない技法が整理されています。

　特筆すべき点は，**3種類の回収期間法**が示されていることです。多くの教科書では，単純回収期間法（SPP）と比較しながら，**正味現在価値法（NPV）**や**内部利益率法（IRR）**が理論的に適切な方法であることが強調され，貨幣の時間価値を考慮した**割引回収期間法（DPP）**や**割増回収期間法（PPP）**はほとんど紹介されません。**図表5-3**は，最近実施された投資経済計算のアンケート結果を示したものです。

● 図表5-3　日本企業の投資経済計算（2010年実施）

（単位：社）

評価方法	利用しない	稀に利用	しばしば利用	大抵利用	常に利用	利用しない	利用する	比率(%)
SPP	49	23	38	52	59	49	172	78
DPP	116	36	24	22	23	116	105	48
PPP	177	18	13	7	6	177	44	20
ROI	90	23	41	29	38	90	131	59
NPV	74	35	44	29	38	74	146	66
IRR	117	28	21	22	32	117	103	47
MCDCF*	202	11	6	1	1	202	19	9
RO**	206	12	2	1	0	206	15	7

（注）　*はモンテカルロ法などを用いたシミュレーション分析による割引現在価値法，**は，リアル・オプション法を意味しています。
（出所）　篠田［2010］p.92.

　この調査結果によれば，単純回収期間法（SPP；172社）78％，割引回収期間法（DPP；105社）48％，割増回収期間法（PPP；44社）20％に達しています。回収期間法が広く日本企業で使われていることがわかります。それにも増して興味深いのは，「常に利用」と回答した会社には，貨幣の時間価値を考慮した割引回収期間法と割増回収期間法と回答した会社23社と6社がそれぞれ含まれていたことです。これは，日本の研究者の常識を覆す事実でした。

5.3　簡単な投資経済計算

投資損益法と現金流入法

　あまり注目されませんが，原理的には，投資計画の収益性を評価するために，**投資損益法**や**現金流入法**が存在します。

(1) 投資損益法

　ごく普通の損益計算を投資経済計算に適用したものです。ある投資計画から獲得できる利益が大きいほど有利な投資とみなす方法ですが，本書では「投資損益法」と呼びます。投資損益法は，次の計算式で示されます。

$$\text{投資損益} = \text{投資からの売上高総額} - \text{投資額} - \text{操業費総額} \quad (5-1)$$

　いま**投資額**1,000万円，**投資の経済命数**5年，投資から得られる売上高の年額1,000万円，投資案件を運転するために必要な**操業費**を年額750万円とすれば，**投資損益**は，

$$\begin{aligned}\text{投資損益} &= (1{,}000万円 \times 5年) - 1{,}000万円 - (750万円 \times 5年) \\ &= 250万円\end{aligned}$$

として計算できます。トップ・マネジメントはこの投資利益250万円によって投資計画の収益性を評価します。

　別の視点から投資損益を考えてみましょう。会計上，投資額は**減価償却費**を通じて回収されます。いま定額法，償却期間5年，残存価額0円で減価償却を行うとすれば，投資損益は，次のように計算できます。

> 投資損益 ＝ 売上高総額 － 投資額 － 操業費総額
> 　　　　＝（売上高 － 減価償却費 － 操業費）× 経済命数
> 　　　　＝（売上高 － 売上原価）× 経済命数 ＝ 営業利益 × 経済命数
> 　　　　＝（1,000万円 － 200万円 － 750万円）× 5 年
> 　　　　＝（1,000万円 － 950万円）× 5 年 ＝ 50万円 × 5 年 ＝ 250万円

簡単に言えば，投資損益は，「この投資によっていくら儲かるか」を計算する方法であって，一般に行われている期間損益計算を投資計画の損益計算に応用したものに過ぎません。このため，教科書でわざわざ取り上げることはほとんどありません。

(2) 現金流入法

会計上，投資額は減価償却費を通じて回収されますが，減価償却に際して現金支出を必要としません。この点に着目して，投資額を上回って回収される現金流出入差額が大きいほど有利な投資であると評価できます。このような投資計画の評価方法を現金流出入差額法，略して現金流入法と呼ぶことにします。現金流入法は，次の式で示すことができます。

> 現金流出入差額 ＝ 現金流入総額 － 現金流出総額
> 　　　　　　　＝（営業利益 ＋ 減価償却費）× 経済命数 － 投資額
> 　　　　　　　＝（50万円 ＋ 200万円）× 5 年 － 1,000万円 ＝ 250万円

トップ・マネジメントは，ここで計算された現金流出入差額に満足できるならば，他の条件を加味して，最終的な投資決定を行います。

単純回収期間法

回収期間法（payback period method）とは，投資額の回収期間を計算し，

この期間が短いものほど有利な投資とみなす方法です。回収期間法には，単純回収期間法，割引回収期間法，割増回収期間法の3種類がありますが（後二者は次節で説明します），これまでは，回収期間法といえば，単純回収期間法（SPP）を意味していました。単純回収期間は，次の式で計算されます。

$$単純回収期間 = \frac{投資額}{現金流入額} \quad (年) \qquad (5-2)$$

いま投資額1,000万円，投資によって回収される現金流入額が1年当たり250万円であろうと予測できるならば，単純回収期間は，

$$単純回収期間 = \frac{投資額}{現金流入額} = \frac{1,000万円}{250万円} = 4 年$$

と計算できます。トップ・マネジメントが**目標回収期間**と比較して，それよりも**計算した単純回収期間**が短ければ，この投資計画は収益性ありと評価されます。トップ・マネジメントは，この収益性評価の結果を重視しながら最終決定を行います。

なお，年々の現金流入額が均一でない場合には，上に示した単純回収期間の公式を利用することはできませんので，投資額と年々の現金流入額の累計額が等しくなる時点をもって単純回収期間とします（詳しくは**図表5-6　投資損益分岐図**で説明します）。

会計的利益率法

会計的利益率法（accounting rate of return method）は，**投資利益率法**（return on investment method）とも呼ばれていますが，投資計画の経済命数にわたって得られる平均利益と投資額との関係比率を求め，これによって投資計画案を評価する方法です。会計的利益率ないし投資利益率の計算式は，次の

2つの式で示されます。

$$総投資利益率 = \frac{平均年間利益}{投資額} = \frac{\frac{現金流入額計 - 減価償却費}{年数}}{投資額} \quad (5-3)$$

$$平均投資利益率 = \frac{平均年間利益}{平均投資額} = \frac{\frac{現金流入額計 - 減価償却費}{年数}}{投資額 \times 1/2} \quad (5-4)$$

このうち、5-4式の平均投資利益率法では、投下資本が毎年の減価償却によって回収されますので、投資の全期間を通じてみれば、投下資本の平均有高は、投資額の半分とみなすことができます。このため、分母には「1/2」の係数が掛けられています。

いま上述した設例を利用して、現金流入額計1,250万円、減価償却費1,000万円、耐用年数5年、償却資産の残存価額ゼロと仮定して投資利益率を計算すれば、次のようになります。

$$総投資利益率 = \frac{\frac{1,250万円 - 1,000万円}{5年}}{1,000万円} = \frac{50万円}{1,000万円} = 5\%$$

$$平均投資利益率 = \frac{\frac{1,250万円 - 1,000万円}{5年}}{1,000万円 \times 1/2} = \frac{50万円}{500万円} = 10\%$$

投資利益率（ないし会計的利益率）の計算方法には2つありますが、実際には、総投資利益率か平均投資利益率かのどちらか1つを統一して利用すれば、いずれを用いても収益性の評価結果は同じです。

ここまで、簡単な投資経済計算の方法を説明してきましたが、これらの方

法には，共通して，時間の経過とともに貨幣の価値が変化するにもかかわらず，無視されているという欠陥があると指摘されています。

5.4　貨幣の時間価値を考慮した投資経済計算

割引現金流入法（割引キャッシュフロー法）
(1) 貨幣の時間価値

　よく知られているように，資金は，ある利子率で運用されるならば，将来の一定時点で利子相当額だけ増加します。しかし，何もしないで資金が放置された場合には，利子を獲得できませんので，利子相当分だけ資金が減価したとみなされます。このような視点から見れば，**貨幣の時間価値**（time value）は，将来への期間が長いほど減価し，また利子率が高いほどより減価します。投資計画では，投資時点で多額の資金が支出され，投資の経済命数を通じて投下資金が少しずつ長期的に回収されます。当然，現在の投資時点と将来の回収時点での貨幣の時間価値はそれぞれ異なります。そこで，**貨幣の将来価値**（future value）を**現在価値**（present value）に割り引いて投資計画を評価する方法が考案されています。現在価値法，正味現在価値法，内部利益率法，収益性指数法などの評価方法であり，総称して**割引現金流入法**ないし**割引キャッシュフロー法**（Discounted Cash Flow method：DCF法）と呼ばれています。

(2) 現在価値法

　現在価値法（Present Value method：PV法）は，現在価値概念を利用して投資の収益性を評価する方法です。具体的には，投資による現金流出額と回収による現金流入額の現在価値とを比較して，後者が前者を上回っている場合には，その投資計画は収益性があると評価されます。いま投資額 I，t 年の現金流入額 CF_t，**割引率** r，期間 n とすれば，現在価値 PV は次の式で示すこ

とができます。

$$PV = \sum_{t=1}^{n} \frac{CF_t}{(1+r)^t} \qquad (5-5)$$

現在価値法では，投資計画の収益性は，次のように評価されます。

投資額 I ＜現金流入額の現在価値合計 PV　　収益性あり
投資額 I ≧現金流入額の現在価値合計 PV　　収益性なし

(3) 正味現在価値法

現金流入額の現在価値合計 PV から投資額 I を差し引いた残りを**正味現在価値**（Net Present Value：NPV）と呼んでいますが，正味現在価値 NPV によっても，同じく投資計画の収益性を評価できます。

$$NPV = PV - I = \sum_{t=1}^{n} \frac{CF_t}{(1+r)^t} - I \qquad (5-6)$$

正味現在価値 NPV に注目して，投資計画の収益性は，次のように評価されます。

正味現在価値 NPV ＞ 0　　収益性あり
正味現在価値 NPV ≦ 0　　収益性なし

このように，投資額 I を現金流入額の現在価値合計 PV が上回るか，同じことを意味していますが，正味現在価値 NPV が正の数字であれば，投資計画は収益性があると評価されます。さらに複数の投資計画案に対して，正味現在価値の金額によって投資計画案に優先順位をつけることもできます。

現在価値法も正味現在価値法も貨幣の時間価値を考慮した投資計画の収益性評価法であり，このうち正味現在価値法はもっとも優れた評価方法であるとされています。

(4) 内部利益率法

正味現在価値法では，将来価値を現在価値に割り引くための割引率 r をある値に仮定して，投資額を超える現金流入額の現在価値合計，つまり正味現在価値 NPV を求めました。**内部利益率**（Internal Rate of Return：IRR）**法**は，これとは逆に，正味現在価値 NPV がゼロとなる割引率 r を求める方法です。あるいは，投資額と現金流入額の現在価値合計が等しくなる割引率を求める方法と言い換えても構いません。

$$NPV = 0 \rightarrow 割引率 r を求める$$

$$I = PV = \sum_{t=1}^{n} \frac{CF_t}{(1+r)^t} \qquad (5-7)$$

この5-7式から計算した割引率 r が内部利益率です。割引率 r と**目標利益率**あるいは**資本コスト率**と比較して，これを割引率 r が上回っていれば，この投資計画の収益性は妥当であると判断できます。

つい最近まで，割引率 r を求めるのは大変手間の掛かる作業でしたが，高性能パソコンと表計算ソフトの普及によって，誰でも比較的簡単に内部利益率を計算できるようになりました。ここ10年の間に内部利益率法を利用する企業が増えてきたのはこれも一因のようです。

(5) 収益性指数法

　正味現在価値法では，投資額 I を現金流入額の現在価値合計 PV を上回る金額，つまり正味現在価値 NPV を計算して，これが正の値であること，さらには正味現在価値の金額の大小で投資計画の収益性が評価されました。しかし，**投資規模**が著しく異なる投資計画を比較する場合には，正味現在価値の金額の大小だけで投資計画を評価することはできません。そうした場合には，すでに指摘した内部利益率法が利用されますが，**収益性指数**（Profitability Index：PI）**法**も適切な評価方法の1つです。収益性指数法は，次の式で示すことができます。

$$\text{収益性指数 } PI = \frac{\text{現金流入額の現在価値合計 } PV}{\text{投資額 } I}$$

$$= \frac{\sum_{t=1}^{n} \frac{CF_t}{(1+r)^t}}{I} \qquad (5-8)$$

　収益性指数 PI は，現金流入額の現在価値合計 PV を投資額 I と対比して，その比率が1より大きいほど収益性が高い投資計画であると評価されます。収益性指数法を利用している企業はそれほど多くありませんが，三井住友銀行では，**プロジェクトファイナンス**の評価を行う際に収益性指数法が利用されています（詳しくは，太田・上總［2012］を参照して下さい）。

割増回収期間法と割引回収期間法（割引現金流入法の一種）

　すでにアンケート調査結果（図表5-3）で確認しましたように，回収期間法は，多くの日本企業で利用されています。しかし回収期間法は貨幣の時間価値を考慮していないという理由から，内外を問わず多くの研究者から著しく低い評価を受けてきました。しかし，筆者の研究によれば，日本企業では**合理的な理由**によって回収期間法が選好されてきました（上總［2003a］）。

　1960年代の高度成長期を通じて旺盛な需要に対応して日本企業は積極的な

設備投資を行ってきました。当時，証券市場が未成熟であったこともあって，**投資資金**は証券市場からの**直接金融**ではなく，金融機関からの**間接金融**によって調達されました。金融機関では企業から提出された投資計画に対して厳密な**企業審査**が行われました。審査プロセスでは設備投資，運転資金，資金計画，さらには**投資効果**などの検討が行われましたが，とくに投資効果の検討では，投資の良否を判断するために回収期間法が利用されました。この結果，融資を受ける企業でも回収期間法が広く利用されていきました。

　回収期間法では，何年すれば投資額を全額回収できるか，したがって何年すれば利益を獲得できるかを意味する回収期間が収益性の評価基準として利用されます。その際に，**金融機関に支払う利子相当額**を回収期間の計算式に組み込む方法が工夫されてきました。この結果，従来の単純回収期間法に新しく2種類の回収期間法が加わって回収期間法が広く日本企業で利用されてきました。**資本コスト**である利子の取り扱いにより，貨幣の時間価値を考慮した2種類の回収期間法が実践されてきました。

❶ **割増回収期間法（Premium Payback Period method：PPP法）：**

$$割増回収期間\ PPP = \frac{投資額 + 資本コスト}{現金流入額} \quad (5-9)$$

❷ **割引回収期間法（Discounted Payback Period method：DPP法）：**

$$割引増回収期間\ DPP = \frac{投資額}{現金流入額 - 資本コスト} \quad (5-10)$$

　まず①**割増回収期間法**では，資本コスト（利子）を回収すべき投資額の一部とみなすため，金融機関の融資条件が回収期間法の計算式に直接割り込んで，分子の投資総額は「投資額＋資本コスト」となります。次に②**割引回収期間法**では，資本コスト（利子）を現金流入額から直接控除するため，やはり銀行の融資条件が回収期間法の計算式に直接割り込んで，分母の現金流入額が「現金流入額－資本コスト」となります。

　当時，自己資本比率が極端に低く，配当も少額であったことから利子がほ

ぼ資本コストであると認識されていましたが，利子を資本コストと読み替えれば，紛れもなく割増回収期間法も割引回収期間法も貨幣の時間価値を考慮した割引現金流入法の一種と言えます。

ところで，内部利益率を示す 5-7 式において，正味現在価値 *NPV* が 0 となる割引率 *r* を求めて，内部利益率 *IRR* を計算しました。同じ 5-7 式で，*NPV* がゼロとなる期間 *n* を求めると，割引回収期間 *DPP* を計算できます。筆者は，このような割引回収期間法の実践事例を新日鐵住金で発見しましたが，世界的に見ても，大変貴重なケースと言えるでしょう（詳しくは，堀井・上總 [2008] を参照して下さい）。

● **資料 5-1　福井県の投資経済計算実務**

投資決定は大企業ばかりでなく，**中小企業**でも，また地方の企業でも行われていますが，その実態はよくわかっていません。そこで，筆者たちは，**福井県内の企業を対象としたアンケート調査を2011年に実施しました**。調査対象企業540社中，回答59社，回答率10.9%でした（高橋 [2012]）。回答企業のほとんどは中小企業でした。図表 5-4 は，福井県企業における投資経済計算の利用状況を示したものです。

この調査結果によれば，投資経済計算を利用される評価方法に関しては，単純回収期間（SPP）法は回答会社59社中，33社55.9%で第 1 位でした。これは，図表 5-3 で示した篠田調査（2010年）の上場企業 SPP 77.8%と同様に，福井県企業でも貨幣の時

● 図表 5-4　福井県企業における投資経済計算の利用状況

評価方法	利用しない		（利用する）		稀に		しばしば		大抵		常に		合計
SPP	26	44.1%	33	55.9%	5	8.5%	5	8.5%	15	25.4%	8	13.6%	59
DPP	49	83.1%	10	16.9%	5	8.5%	2	3.4%	3	5.1%	0	0.0%	59
PPP	47	79.7%	12	20.3%	2	3.4%	4	6.8%	5	8.5%	1	1.7%	59
ROI	37	62.7%	21	35.6%	4	6.8%	7	11.9%	6	10.2%	4	6.8%	58
NPV	51	86.4%	8	13.6%	4	6.8%	1	1.7%	3	5.1%	0	0.0%	59
IRR	55	93.2%	4	6.8%	1	1.7%	2	3.4%	1	1.7%	0	0.0%	59
MCDCF	59	100%	0	0.0%	0	0.0%	0	0.0%	0	0.0%	0	0.0%	59
RO	59	100%	0	0.0%	0	0.0%	0	0.0%	0	0.0%	0	0.0%	59

（出所）　高橋 [2012] p.13.

間価値を無視しているなどの欠陥が指摘される単純回収期間（SPP）法がもっとも利用されていることが判明しました。篠田調査（図表5-3）による上場企業では第2位に正味現在価値（NPV）法が66.1％の企業で利用されていましたが，福井県企業では貨幣の時間価値を無視した会計的利益率（ROI）法が58社中21社，35.6％で利用されていました。ちなみに福井県企業で正味現在価値法を利用していた企業は59社中8社，13.6％とごく少数でした。また筆者が提唱した割増回収期間（PPP）法は，回答会社59社中12社20.3％の企業で利用されていました。

これらの調査結果から，福井県企業も上場企業も単純回収期間（SPP）法をもっとも好んで利用している点では変わりはありませんが，上場企業では割引現金流入法（NPV，IRRなど）の利用が進展しているのに対して，福井県企業ではその利用があまり進展していないと言えるでしょう。

5.5　投資経済計算の計算例

投資経済計算の比較

それでは，以下の条件の下で，代表的な投資経済計算によって投資計画の収益性を評価してみましょう。

条件		
I：初期投資額		1,000万円
n：投資計画の経済命数		5年
CF：見積現金流入額		250万円/年
r：資本コスト率		10％
基準回収期間		5年
回収方法		毎年均等額回収
減価償却		定額法，耐用年数5年，残存価額0円

これらの条件の下で，①単純回収期間法（SPP），②割増回収期間法（PPP）〔元利均等返済〕，③割引回収期間法（DPP）〔元金均等返済〕，④正味現在価値法（NPV），そして⑤収益性指数法（PI）について，それぞれ計算を行います。図表5-5は投資経済計算の比較を示したものです。

　図表5-5によれば，各投資経済計算の計算結果は，次の通りです。

① 　単純回収期間法（SPP）　　　　　　　＝4.00年　　　　〔収益性あり〕
② 　割増回収期間法（PPP）〔元利均等返済〕＝5.20年　　　〔収益性なし〕
③ 　割引回収期間法（DPP）〔元金均等返済〕＝5.20年　　　〔収益性なし〕
④ 　正味現在価値法（NPV）　　　　　　　＝－52.3万円　〔収益性なし〕
⑤ 　収益性指数法（PI）　　　　　　　　　＝0.9477　　　　〔収益性なし〕

　簡単に計算結果を比較しておきましょう。回収期間法の場合には，基準回収期間は5年ですので，単純回収期間法のみが「収益性あり」と評価されます。割増回収期間法も割引回収期間法も「収益性なし」と評価されます。また正味現在価値法では，正味現在価値が負の値－52.3万円ですので，これまた「収益性なし」と評価されます。収益性指数法でも，収益性指数が0.9477と計算され，1より小さいので，「収益性なし」と評価されます。

　結局のところ，これらの数値例では，単純回収期間法のみが「収益性あり」と評価され，それ以外の方法はいずれも「収益性なし」と評価されます。その結果，割増回収期間法，割引回収期間法，正味現在価値法，収益性指数法は，収益性の評価基準は異なりますが，いずれも貨幣の時間価値を考慮した割引現金流入法として，より適切な投資計画の評価を行うことができます。

投資損益分岐図

　上に示した投資経済計算の計算結果を一覧表示できるようにグラフにして描くことができます。図表5-6は，投資損益分岐図を示したものです。

　この図の横軸には期間（年）が，縦軸には投資額と現金流入額（金額）が示されています。現金流入額が投資額と等しくなる点はまさに**投資計画の損益分岐点**を意味しています。そこで，この図を投資損益分岐図と呼ぶことに

● 図表 5-5　投資経済計算の比較

基礎データ	第1期期首	第1期期末	第2期	第3期	第4期	第5期	回収期間（年）
売上高		1,000	1,000	1,000	1,000	1,000	
売上原価		950	950	950	950	950	
営業利益		50	50	50	50	50	
減価償却費足し戻し		200	200	200	200	200	
現金流入額		250	250	250	250	250	
初期投資額	1,000						
未回収投資残高	1,000	800	600	400	200	0	
資本コスト率（利子率）	0.10						
資本コスト（支払利息）		100	80	60	40	20	
借入期間	5年						
①単純回収期間法（SPP）							4.00
現金流入額		250	250	250	250	250	
累積現金流入額		250	500	750	1,000	1,250	
投資損益		−750	−500	−250	0	250	
②割増回収期間法（PPP）							5.20
初期投資額＋資本コスト	1,300						
現金流入額		250	250	250	250	250	
累積現金流入額		250	500	750	1,000	1,250	
投資損益		−1,050	−800	−550	−300	−50	
③割引回収期間法（DPP）							5.20
割引現金流入額		150	170	190	210	230	
累積割引現金流入額		150	320	510	720	950	
投資損益		−850	−680	−490	−280	−50	
④正味現在価値法（NPV）							NPV
割引現金流入額		227	207	188	171	155	
累積割引現金流入額		227	434	622	792	948	
正味現在価値（NPV）		−773	−566	−378	−208	−52	−52.30
⑤収益性指数法（PI）							PI
累積割引現金流入額		227	434	622	793	948	
収益性指数（PI）		0.2273	0.4339	0.6217	0.7925	0.9477	0.9477
割引率		0.9090	0.8264	0.7513	0.6830	0.6209	
累積割引率		0.9090	1.7355	2.4868	3.1698	3.7907	

（出所）　上總［2012］p.28.

● 図表 5-6　投資損益分岐図

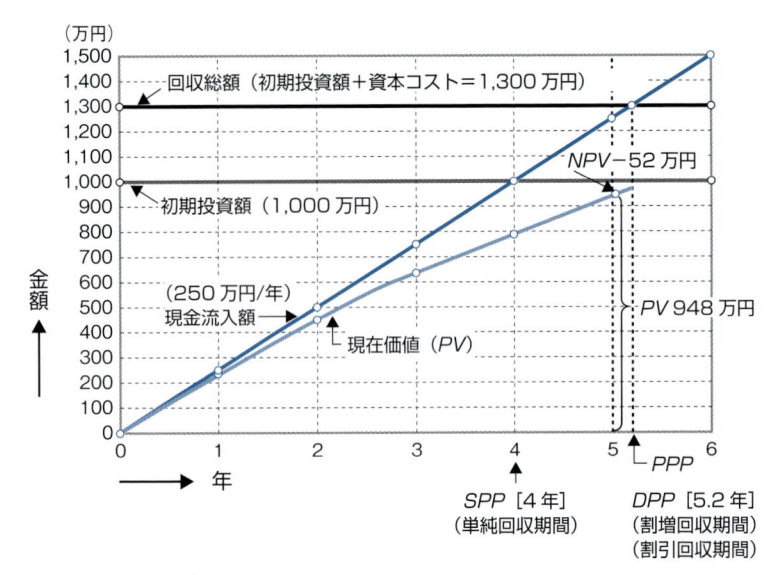

（出所）上總［2012］p.29.

します（上總［2003b］p.49）。

　投資損益分岐図によれば，単純回収期間法の場合，年間250万円の現金流入額が5年間正比例して増加しますので，4年目で初期投資額1,000万円を全額回収できます。投資損益分岐点，つまり単純回収期間 *SPP* は4年となります。資本コスト率10％を考慮する割増回収期間法の場合には，初期投資額に資本コスト300万円を上積みした回収総額1,300万円を年間250万円の現金流入額で回収することになるため，割増回収期間 *PPP* は5.20年となります。割引回収期間法では，資本コスト相当額だけ現金流入額が減少し，この割引現金流入額の累積額が初期投資額に等しくなる点で投資額を回収できます。割引回収期間 *DPP* は5.20年として示されます。いずれも投資損益分岐図から簡単に読み取ることができます。

　また正味現在価値法の場合，割引率相当額だけ現金流入額が減少し，5年経過した時点で正味現在価値 *NPV* が－52.3万円となります。収益性指数は，

PI＝累計割引現金流入額/初期投資額＝947.7万円/1,000＝0.9477として計算できます。

ここに提示した投資損益分岐図を利用すれば，3種類の回収期間法（単純回収期間法（SPP），割増回収期間法（PPP），割引回収期間法（DPP）），正味現在価値法（NPV），収益指数法（PI）を同時に一覧して評価することができます。それは，期間，金額，比率という異なる収益性の評価基準を同時に利用して投資計画案を多面的に評価できることを意味しています。

割引現金流入法は，その計算方法が複雑であることから，会計知識の少ない経営者や管理者にはやや敬遠される嫌いがあります。この投資損益分岐図を利用すれば，投資計画案の評価は一目瞭然で理解できますので，投資決定の合意が得やすくなると期待できます。

●●●●● ケース5の問題を考える ●●●●●

新日鐵住金の設備投資に関しては，同社のホームページに掲載されているIR関係資料が有用です。投資経済計算に関しては，旧新日本製鐵株式会社の詳細な事例研究が公表されています（堀井・上總［2008］；上總［2012］）。同社では「純理論型」割引回収期間法と呼びうる精緻な割引回収期間法が実践されていました。統合新会社である新日鐵住金においても，概ね旧新日鐵のものが踏襲されていますので，以下，このケースを簡単に紹介しましょう。

新日鐵住金では，中期計画策定から始まり，①設備投資の年度計画設定，②予算の令達，③実行，④投資効果のフォローに至る4つの設備投資管理プロセスが展開されていました。設備投資管理プロセスでは，全社で統一された投資経済計算の方法が適用され，個別投資案件の経済性が計算・評価されますが，技術的な観点からの評価に大きなウエイトがおかれています。図表5-7は，新日鐵住金の投資経済計算の適用領域を示したものです。

● 図表5-7　新日鐵住金の投資経済計算の適用領域

投資種類	手　法	備　考
大規模 （50億円超 or 影響大）	内部利益率法 回収期間法	
コスト改善等 （50億円未満）	簡易な回収期間法	「簡易」とは，完成後即フルアップとし，法人税を考慮しない計算方法を指します。
環境対策	必要性等を十分に検討	
設備保全	老朽度判定により評価	
その他	ニーズを十分に検討	

（出所）　堀井・上總［2008］p.111.

　この表によれば，新日鐵住金の投資には，大規模投資やコスト改善等の利益探求投資に加えて，環境対策，設備保全，その他の投資も含まれていました。個々の投資案件に関しては，「50億円超または影響大」という大規模投資には，基本的には，内部利益率法が適用され，回収期間法が補完的に利用されていました。50億円未満の「コスト改善等」の投資には，「簡易な回収期間法」で評価が行われます。ここで，「簡易な」というのは，完成後即フルアップとなると仮定して，法人税を考慮せずに現金流入額が計算されることを意味しています。

　新日鐵住金では，コスト改善等の投資決定は，割引回収期間法が利用されていました。割引回収期間法では，回収される割引流入額の合計が初期投資額と等しくなる期間，したがって正味現在価値（NPV）がゼロとなる期間が割引回収期間として計算されます。では割引回収期間法ではどのような計算を行うのでしょうか。読者の皆さんは，公表されている文献などを利用して，計算方法を研究して下さい。

引用文献

Northcott, Deryl [1998], *Capital Investment Decision-Making*, Thomson, London. 上總康行監訳 [2010]『戦略的投資決定と管理会計』中央経済社。

太田純・上總康行 [2012]「三井住友銀行のプロジェクトファイナンスと投資経済計算―収益性指数法の事例研究―」『企業会計』第72巻第8号, pp.118-128.

上總康行 [1993]『管理会計論』新世社。

上總康行 [2003a]「借入金利子を考慮した割増回収期間法―回収期間法の再検討―」『原価計算研究』第27巻第2号, pp.1-11.

上總康行 [2003b]「資本コストを考慮した回収期間法―割引回収期間法と割増回収期間法―」『管理会計学』第12巻第1号, pp.41-52.

上總康行 [2012]「日本企業の設備投資と回収期間法―割増回収期間法と投資損益分岐図の提唱とともに―」『福井県立大学経済経営研究』第26号, pp.15-31.

篠田朝也 [2010]「わが国企業の投資経済性評価の多様性と柔軟性」『原価計算研究』第34巻第2号, pp.90-102.

新日鐵住金 [2013a]「中期経営計画」2013年3月13日。

新日鐵住金 [2013b]「平成25年3月期決算短信〔日本基準〕(連結)」2013年5月10日。

新日鐵住金 [2014]「2013年度決算説明会」2014年5月9日。

高橋美穂 [2012]「福井県企業の資本予算研究―上場企業と比較して―」福井県立大学大学院経済・経営学研究科修士論文。

堀井悟志・上總康行 [2008]「新日本製鐵株式会社における設備投資管理―割引回収期間法に基づく投資経済計算―」『企業会計』第60巻第2号, pp.281-288.

6 短期利益計画

●本章のポイント●

1. 戦略計画(中期経営計画)を実現するプロセスが総合管理(management control)であることを学びます。
2. 総合管理を支援する管理会計は短期利益計画の設定と予算管理という2つのプロセスから構成されていることを理解したうえで，本章では，短期利益計画について学びます。
3. 短期利益計画の設定プロセスは，CVP分析，原価利益分析，短期利益計画の設定という順序で展開されることを学びます。

ケース6　日本電産のWPR

　日本電産株式会社（本社：京都市南区。以下，日本電産と略記します）は，精密小型モーター，車載及び家電・商業・産業用モーター，機器装置，電子・光学部品などを手がける「世界No.1の総合モーターメーカー」です。2014年3月期決算では，連結ベースで売上高8,751億円，営業利益850億円，当期利益564億円，総資産1兆1,659億円，従業員数10万394名に達しています。

　2008年9月15日，米国の巨大投資銀行であったリーマンブラザーズが負債総額約6,000億ドル（約64兆円）を抱えて倒産し，このリーマン・ショックを引き金として米国経済はもとより欧州債務問題，ギリシャ破綻危機など世界的な金融危機へと連鎖していきました。日本経済も日本企業も「対岸の火事」ではありませんでした。日本電産も大打撃を被りました。日本電産の「2008年度第3四半期報告書」は次のように訴えています。

　「平成20年度（2008年度）の第3四半期（以下当期Q3という）は，第2四半期までの経営環境が一変いたしました。これは米国でのサブプライム問題等の金融不安に端を発した世界同時不況によるものであり，当社の場合は殆どの事業分野において平成20年11月中旬より急激な販売の減少が発生しました。1ヶ月の間に販売実績が直前実績から半減するという過去に例のない事態の急変であり，グループ全体に非常事態宣言を発し，固定費削減，経費支出の大幅節減，在庫圧縮等の緊急対応を実施いたしました。基本的には売上高半減となっても赤字にならない体制作りを推進いたしましたが，短期間での急激な減産を伴う減収により業績の悪化を避けることは出来ませんでした」（日本電産［2009a］p.2）。

> かかる経済危機に直面した日本電産の永守重信社長は，独自の発想に基づくWPRプロジェクトを展開し，この経済危機に対応していきました。
>
> 問題
>
> 日本電産のホームページを訪問し，同社のIR資料を活用して，WPRプロジェクトがどのように実践されていったかを検証して下さい。

6.1 戦略計画の実現と総合管理

　戦略的計画設定では，まず企業目標が決定され，これに基づいて戦略計画（通常，中期経営計画）が設定され，さらに中期利益計画が設定されます。この戦略計画を実現するため，**総合管理**（management control）が展開されます（以下，上總［1993］第6章に基づいて記述します）。総合管理とは，主として，トップ・マネジメントが現業部門長（たとえば，事業部長，職能部門長など）に対して展開する戦略的計画の実施プロセスであり，向こう1年間の企業活動を短期的かつ総合的に計画設定・統制する経営管理プロセスです。図表6-1は，総合管理のプロセス全体を示したものです。

　この図によれば，**総合管理プロセス**では，向こう1年間の**短期経営計画**を設定するため，まず中期経営計画の次年度分が**短期基本計画**として提示され，これを受けて各現業部門では**部門計画**が検討されます。さらに各部門計画を全社的な視点から総合して次年度の**実行計画**（または事業計画）が設定されます。この実行計画は，実務では，単に短期計画や事業計画と呼ばれることもあります。そして，この実行計画を完遂するため，企業活動の**統制**が行われます。

● 図表6-1　総合管理プロセス

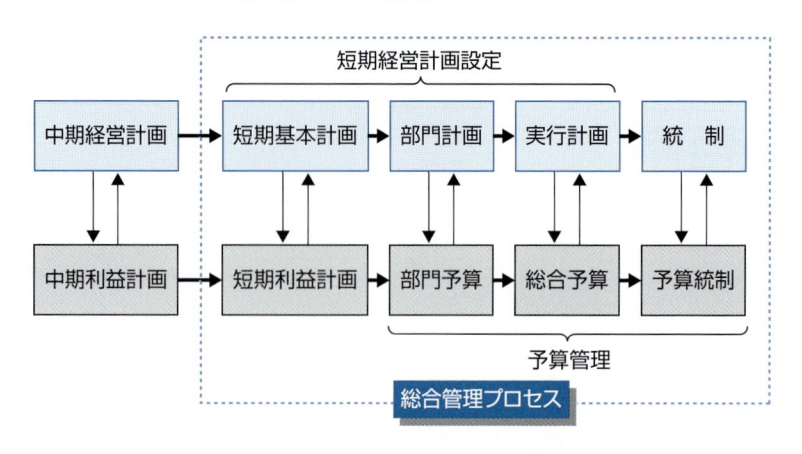

```
                    短期経営計画設定
              ┌─────────────────────┐
┌─────────┐ ┌─────────┐ ┌────────┐ ┌────────┐ ┌────────┐
│中期経営計画│→│短期基本計画│→│部門計画│→│実行計画│→│ 統　制 │
└─────────┘ └─────────┘ └────────┘ └────────┘ └────────┘
     ↕           ↕          ↕          ↕          ↕
┌─────────┐ ┌─────────┐ ┌────────┐ ┌────────┐ ┌────────┐
│中期利益計画│→│短期利益計画│→│部門予算│→│総合予算│→│予算統制│
└─────────┘ └─────────┘ └────────┘ └────────┘ └────────┘
                                └─────────予算管理─────────┘

                    総合管理プロセス
```

　このような経営管理の展開に対応して，まず中期利益計画の最初の1年分を短期利益計画として引き継ぎ，さらにこの**短期利益計画**を具体化するため，**部門予算**が編成され，これが全社的に総括・調整されて**総合予算**が編成されます。そして，この総合予算を管理基準として**予算統制**が展開されます。短期利益計画の設定から予算統制の展開へつながる一連のプロセスを**総合管理のための会計**（略して**総合管理会計**）と呼んでいます。

　言うまでもありませんが，トップ・マネジメントがいくら優れた専門経営者であっても，彼らだけで巨大企業の総合管理を遂行することは不可能です。短期経営計画が計画どおりに実現されるかどうかは，現業活動に重要な管理責任を負っている現業管理者の活躍に大きく依存しています。現業管理者は，職能部門長，事業部長，子会社社長などの現業部門長とその管轄下にいる多数の管理者集団を意味しています。総合管理では，このような重要な役割を担った現業管理者の理解を得て，トップ・マネジメントによって向こう1年間の企業活動が短期的かつ総合的に管理されます。

6.2　短期経営計画と短期利益計画

　総合管理では，向こう1年間の短期経営計画が設定され，同時に，この短期経営計画を貨幣的に総合した短期利益計画が設定され，さらに予算が編成されます。短期経営計画は目標利益を獲得するための**物的計画**であり，短期利益計画や予算はそれを貨幣的に総合・評価した**会計的計画**を意味しています。両者は密接不可分の関係にあります。もし短期経営計画がこの関係を無視して設定されることになれば，**見積貸借対照表**や**見積損益計算書**などから構成される次年度の短期利益計画や予算は単なる「数字の羅列」でしかありません。

　トップ・マネジメントは，経営戦略の実現に向けて，将来の企業環境の変化を予測し，さまざまな経営資源を合理的に活用して，目標利益の獲得を目指して短期経営計画を設定しなければなりません。その場合，典型的な目標利益である資本利益率の視点から見れば，検討されるべき短期経営計画の課題が明快に示されます。そこで，資本利益率の公式を再び示して，検討してみましょう。

$$資本利益率 = \frac{利益}{資本} = \frac{売上高 - 費用}{流動資産 + 固定資産} \quad (6-1)$$

$$= \frac{利益}{売上高} \times \frac{売上高}{資本} = 売上高利益率 \times 資本回転率 \quad (6-2)$$

　目標利益となる資本利益率を大きくするためには，6-1式から，①売上高の増大，費用（②変動費と③固定費）の引下げ，資産（④流動資産と⑤固定資産）の圧縮を可能にする計画案に焦点が当たります。また6-2式からは，⑥売上高利益率の増大と⑦資本回転率の増大といった具体策を考える必要が

● 図表6-2　資本利益率の増大に関わる具体策（6-1式の例示）

売上高の増大
1. 販売量の増加（値下げ，広告販売促進策などにより）
2. 販売価格の引上げ，差別価格政策の採用
3. 品種組合せの改善（限界利益率の利用により）
4. 有利地域への転換（限界利益率の利用により）
5. 販売組織の改善（営業部員の配置変更，教育訓練）
6. 販売チャネルの改善（たとえば消費者への直売）
7. 新市場の開拓
8. 新製品の発売

変動費の引下げ
1. 原材料購買単価の引下げ
2. 使用材料の変更
3. 消費量の節減
4. 作業時間の短縮化
5. 作業工程の単純化・短縮化・統合化
6. 販売直接費の節減
7. ロジスティクスの効率化

固定費の引下げ
1. 補助部門業務の効率化
2. 品質管理の徹底化
3. 生産計画の最適化
4. マーケティング・ミックスの最適化
5. 研究開発の効率化
6. 本社部門のスリム化
7. アウトソーシングの活用

$$資本利益率 = \frac{利益}{資本} = \frac{売上高 - 費用}{流動資産 + 固定資産} \qquad (6\text{-}1)$$

流動資産の圧縮
1. 材料の適時適量購入
2. 不要在庫の削減
3. 滞留在庫の売却処分・廃棄
4. 遊休資金の活用（有利子負債の返却）
5. 外注の効果的運用
6. 売掛債権の早期回収

固定資産の圧縮
1. 流動資産の圧縮による固定資産の圧縮・廃棄
2. 遊休資産の有効利用・転用・処分
3. 情報システムによる固定資産の活用
4. リース・外注の効果的利用
5. 本社のスリム化
6. 工場・研究所，販売拠点などのグローバル最適配置
7. 不採算投資やリスク投資の延期や中止

あります。これらの具体策は，図表6-2と図表6-3に示されます。

　企業経営では，唯一絶対の最適解はありません。トップ・マネジメントは，環境分析と自社分析の結果に基づいて，さまざまな計画案（代替案）を検討し，資本利益率がより大きくなるような代替案を優先して選択しながら，短期経営計画を設定し，これを貨幣的に総合・評価して短期利益計画を設定していくことになります。

図表6-3　資本利益率の増大に関わる具体策（6-2式の例示）

売上高利益率の増大
1. 製品の潜在的付加価値の再認識と販売促進
2. 主力製品の継続的原価引下げ
3. 国際的在庫管理の徹底
4. 市場競争力の強化と拡充
5. 事業の選択と集中
6. 販売製品と販売地域の国際的最適化
7. リードタイムの国際的短縮化
8. グローバル事業再編成

$$資本利益率 = \frac{利益}{売上高} \times \frac{売上高}{資本} = 売上高利益率 \times 資本回転率 \quad (6\text{-}2)$$

資本回転率の増大
1. 不良在庫の撲滅
2. 不要在庫の廃棄
3. 遊休資産の廃棄または売却
4. 戦略的提携の強化・拡充
5. M&Aの活用（有力事業の買収と不要事業の売却）
6. 国際的ロジスティクスの効率化
7. 事業拠点のグローバル最適配置

6.3　短期利益計画と目標利益

短期利益計画の設定プロセス

　短期利益計画は，①短期目標利益の設定，②CVP分析（広義の損益分岐点分析），③見積財務諸表の作成という3つのプロセスを経て設定されます。図表6-4は，短期利益計画の設定プロセスを示したものです。

● 図表6-4　短期利益計画の設定プロセス

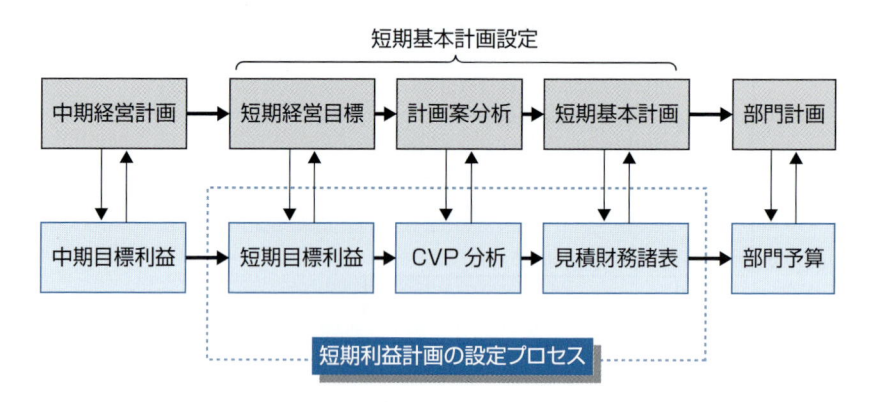

短期基本計画設定

中期経営計画 → 短期経営目標 → 計画案分析 → 短期基本計画 → 部門計画

中期目標利益 → 短期目標利益 → CVP分析 → 見積財務諸表 → 部門予算

短期利益計画の設定プロセス

　この図によれば，中期経営計画を実現する短期基本計画を設定するため，物的計画（図の上部）としては，**短期経営目標→計画案分析→短期基本計画**というプロセスが展開されます。これに対応する会計的計画（図の下部）として，①**短期目標利益**→②**CVP分析**→③**見積財務諸表**というプロセスが展開されます。点線で示した部分が短期利益計画の設定プロセスです。

　このうち，③見積財務諸表の作成では，向こう1年間の短期基本計画を貨幣的に総合・評価した見積損益計算書と見積貸借対照表，さらに見積キャッシュフロー計算書（ないし資金計算書）などの見積財務諸表が作成されます。この見積財務諸表は，通常，短期利益計画と呼ばれていますが，形式的には，

次章（第7章）で検討する総合予算と同一です。しかし総合予算のように，管理者の権限と責任に予算を割り当てた責任予算とはなっていません。短期利益計画は，基本的には，トップ・マネジメントと本社スタッフによって決定され，総合予算を編成するための**予算編成方針**として現業管理者に提示されます。

短期目標利益の決定

　中期目標利益は，**継続企業**として中期的かつ平均的に獲得すべき目標利益でした。**短期目標利益**は，この中期目標利益を実現するため，過去の実績に基づきながら，向こう1年間の諸条件を十分考慮して決定されます。短期目標利益の決定は，短期利益計画のみならず，短期経営計画を設定する出発点となりますので，大変重要です。

　短期目標利益は，**期間利益額**と**利益率**の2つに大別できます。**図表6-5**は，**短期目標利益の類型化**を示したものです。

　一般的には，企業の経営効率ないし投資効率を追求するという視点から，短期目標利益としては**総資産利益率**がもっとも望ましいとされています。よ

● 図表6-5　短期目標利益の類型化

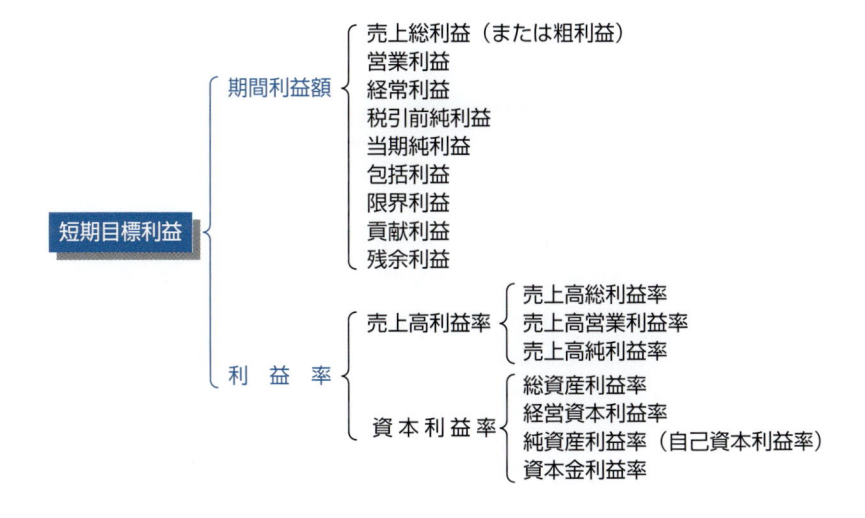

```
                    ┌ 売上総利益（または粗利益）
                    │ 営業利益
          ┌ 期間利益額 ┤ 経常利益
          │         │ 税引前純利益
          │         │ 当期純利益
          │         │ 包括利益
          │         │ 限界利益
          │         │ 貢献利益
短期目標利益 ┤         └ 残余利益
          │         ┌         ┌ 売上高総利益率
          │         │ 売上高利益率 ┤ 売上高営業利益率
          │         │         └ 売上高純利益率
          └ 利 益 率 ┤         ┌ 総資産利益率
                    │ 資本利益率 │ 経営資本利益率
                    │         ┤ 純資産利益率（自己資本利益率）
                    └         └ 資本金利益率
```

り厳密には，遊休資本を除外した**経営資本利益率**が望ましい短期目標利益ということになります。なお，最近の研究では，営業利益から資本コストを差し引いた**残余利益**が望ましいとされていますが，残余利益を採用する企業はそう多くはありません。

● **資料6-1　日本企業の短期目標利益**

短期目標利益には，多数の利益が存在します。**図表6-6**は，日本企業における短期目標利益の採用状況を示したものです。

● 図表6-6　日本企業における短期目標利益の採用状況

短期目標利益	企業数	比率
売上高	3社	2.97%
売上高の伸び率	0	0.00
利益額	94	93.07
a．売上総利益	13	9.70
b．営業利益	38	28.36
c．経常利益	49	36.57
d．限界利益	5	3.73
e．貢献利益	3	2.24
f．事業部利益	16	11.94
g．残余利益	7	5.22
h．EVA®（経済的付加価値）	2	1.49
i．その他	1	0.75
資本利益率	1	0.99
売上高利益率	1	0.99
キャッシュフロー	1	0.99
その他	1	0.99

（出所）　高橋［2003］p.116．

この表によれば，利益額と回答した会社94社93.07％と圧倒的に利用率が高く，売上高は2.97％，資本利益率0.99％，売上高利益率0.99％となっています。利益額では，経常利益36.57％，営業利益28.36％，事業部利益11.94％の順でした。残余利益やEVA®（経済的付加価値）を採用する企業はそれほど多くありません。日本企業では，短期目標利益として利益額，とりわけ経常利益と営業利益を重視する企業が多いと言えるでしょう。

さて，短期目標利益として，いずれの利益額が採用されるにしても，まずは**目標利益額**を決定する必要があります。通常，獲得した利益は配当金（優先株＋普通株），内部留保，そして法人税等として処分されます。このため，目標利益は次のような金額積上法によって決定されます。

配当金（優先株 ＋ 普通株）	100万円
内部留保（利益準備金，各種積立金他）	150
税引後純利益	250万円
法人税等引当額（税率50%）	250
年間必要利益	500万円

資本利益率＝売上高利益率×資本回転率として計算されますので，いま総資産5,000万円，売上高5,000万円とすれば，次のように計算できます。

$$資本利益率 = \frac{目標利益}{使用総資本} = \frac{500万円}{5,000万円} = 10\%$$

$$= \frac{目標利益}{売上高} \times \frac{売上高}{総資産} = \frac{500万円}{5,000万円} \times \frac{5,000万円}{5,000万円}$$

$$= 売上高利益率 \times 総資産回転率 = 0.10 \times 1.0 = 10\%$$

これらの期間利益額や資本利益率は，自社の過去データを綿密に検討するだけではなく，同業他社や業界全体の利益率などを調査分析して次年度の目標利益が吟味され，取締役会で最終決定されます。

6.4 CVP 分析

損益分岐点図

　費用を超える売上高を実現したときにはじめて利益を獲得できることはよく知られています。**損益分岐点**（break-even point）とは、まさに損失から利益に変わる点のことを意味しています。経営者が利益を獲得するためには、この損益分岐点を超えて企業活動を展開する必要があります。

　損益分岐点を求めるためには、費用を売上高に比例して発生する**変動費**（variable costs）と売上高とは無関係に発生する**固定費**（fixed costs）とに原価分解します。いま売上高 S、変動費 V、固定費 F と仮定すれば、損益分岐点は次の式で求めることができます。

$$損益分岐点(BE) = \frac{F}{1 - \dfrac{V}{S}} = \frac{F}{m} \qquad (6-3)$$

　6-3式の分母において、V/S は**変動費率**と呼ばれています。ここから、$(1 - V/S) = (1 - 変動費率) = m$ として展開できます。m は**限界利益率**と呼ばれています。いま固定費 F を限界利益率 m で割れば、損益分岐点 BE を簡単に計算できます。たとえば、売上高6,000万円、変動費3,600万円、固定費1,400万円とすれば、損益分岐点は次のように計算できます。

$$BE = \frac{1,400}{1 - \dfrac{3,600}{6,000}} = \frac{1,400}{1 - 0.6} = \frac{1,400}{0.4} = 3,500万円$$

　損益分岐点は3,500万円として求めることができます。企業はこの損益分岐点を超える売上高をあげているときには、利益を獲得できますが、これを下

回った場合には，損失に甘んじなければなりません。この関係を図解したものが**損益分岐点図**ないし**利益図表**（profit graph）です。図表6-7は，損益分岐点図を示したものです。

この図において，損益分岐点（BE）は，売上高線（S）と変動費線（V）に平行に引かれた固定費線（F）との交点で示されます。損益分岐点は，変動費と固定費，さらには売上高の関係によって大きく変化します。損益分岐点図は費用（変動費と固定費），売上高，損益の相互関係を現実的に図示することから，**企業の利益構造**を表しています。

● 図表6-7　損益分岐点図（単位：1,000万円）

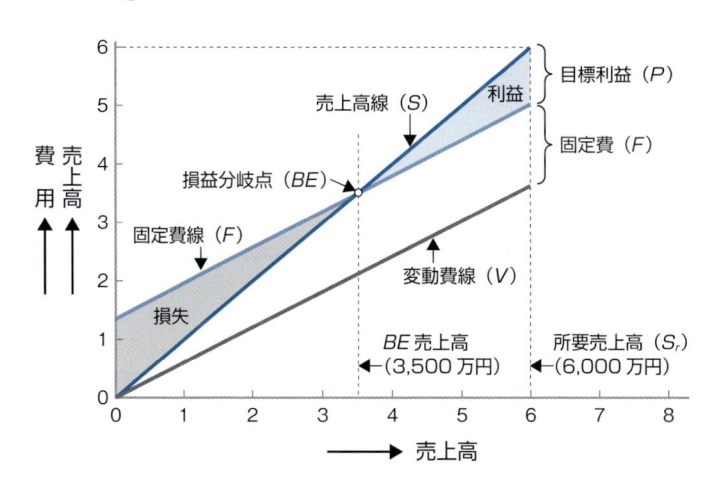

米国で著名な経営コンサルタントとして活躍したネッペル（C. E. Knoeppel）は，目標利益の確保を最優先して，有名な**利益公式**（profit formula）を提示しました。

$$\text{所要売上高} - \text{目標利益} = \text{許容原価} \qquad (6-4)$$

この利益公式では，所要売上高から最優先で目標利益が差し引かれ，残余として**許容原価**（allowed costs）が残されるだけです。経営者は許容原価とし

て示される変動費 V と固定費 F の範囲内ですべての企業活動を展開する必要があります。ネッペルの許容原価思考は，現在もなお脈々と生き続けています。1992年のバブル経済崩壊に続く「失われた20年」の期間を通じて，この許容原価思考の下で厳しい企業経営が展開されてきました。

　当初，変動費，固定費，売上高との関連で損益分岐点がどのように変化するかを分析することを**損益分岐点分析**と呼んでいました。その後，損益分岐点の分析だけではなく，あらゆる原価・営業量・利益に関する**CVP 分析**（analysis of cost-volume-profit relations）へと発展してきました。この CVP 分析（ないし広義の損益分岐点分析）もまた，今なお現代企業で広く利用されています。

限界利益図

　広義の損益分岐点分析ないし CVP 分析は，費用を営業量（操業度）との関連において，変動費と固定費とに原価分解し，売上高から変動費を差し引いた限界利益（marginal income）に着目して分析が行われます。ここから，より現実的には，**変動費・売上高・限界利益の分析**を意味しています。

　CVP 分析では，限界利益が大変重要な役割を果たしますので，この点を詳しく説明しておきましょう。通常，純利益と限界利益との関係は，次の式で示されます。

$$
\begin{aligned}
純利益 &= 売上高 - 費用 = 売上高 -（変動費 + 固定費）\\
&=（売上高 - 変動費）- 固定費 = 限界利益 - 固定費
\end{aligned}
\quad (6-5)
$$

　売上高から変動費を差し引いて**限界利益**が計算され，さらにこの限界利益から固定費を差し引いて**純利益**が計算されます。売上高から生じる限界利益が固定費を回収してやがて固定費全額を回収しますが，ここが損益分岐点に他なりません。損益分岐点を超えると，限界利益はすべて純利益の獲得に貢献します。図表6-8は，限界利益図を示したものです。なお基礎データは，

● 図表6-8　限界利益図（会社全体，単位：1,000万円）

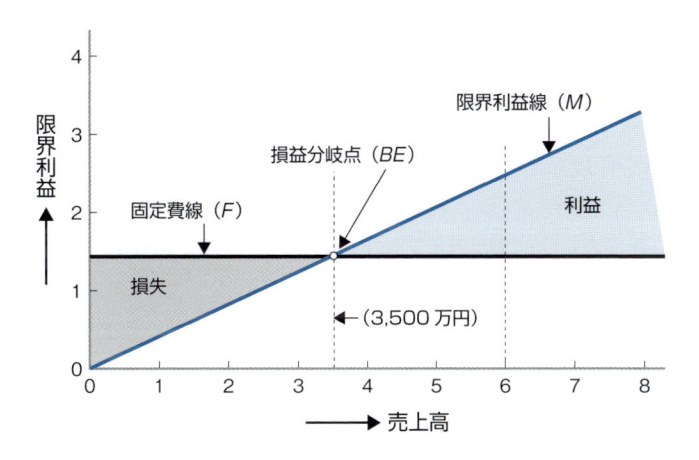

損益分岐点の計算や損益分岐点図を作成したときの数値と同じです。

　限界利益図では，限界利益によってまず固定費が回収され，次に純利益が獲得できることが明示されています。限界利益は，固定費の回収と純利益の獲得に対する**貢献額**（contribution）を意味していますので，短期利益計画の設定ではもっとも重要な利益概念とされています。

　企業全体の利益構造の分析には，上述した損益分岐点図も利用できますが，限界利益図はさらに多数の製品ラインから構成される**多角化企業の利益構造**の分析にも利用できます。**図表6-9**は，製品ライン別の損益計算書を例示したものです。

● 図表6-9　製品ライン別損益計算書（貢献利益法）

	テレビ	冷蔵庫	エアコン	全社合計
売上高	3,000万円	1,000万円	2,000万円	6,000万円
変動費	1,500	600	1,500	3,600
限界利益	1,500万円	400万円	500万円	2,400万円
（限界利益率）	（50％）	（40％）	（25％）	（40％）
固定費				1,400
営業利益（純利益）				1,000万円

このような損益計算書は，貢献利益法による損益計算書とも呼ばれていますが，この損益計算書では，製品ラインごとの限界利益が計算されています。また全社合計欄には，これまで使ってきた基礎データと同一数値が示されています。そこで，この製品ライン別損益計算書を利用して，製品ライン別の限界利益図を作成してみましょう。

● 図表 6-10 製品ライン別の限界利益図（単位：1,000万円）

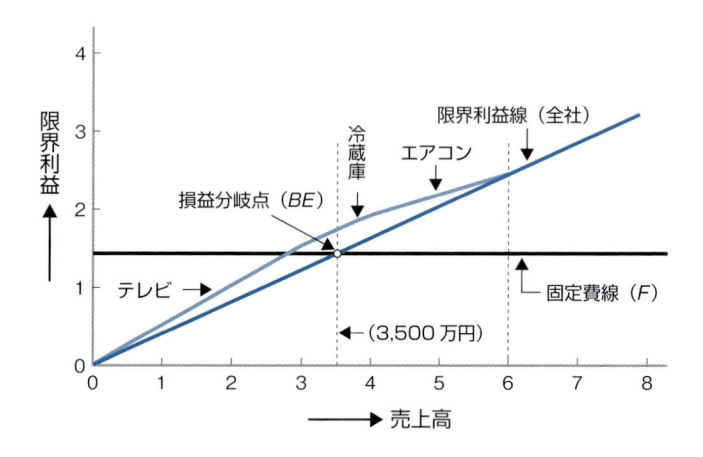

図表 6-10は**階梯式利益図**（profit-path chart）とも呼ばれています。この図には，3つの製品ライン別の限界利益線が連続して示されており，同時に企業全体の限界利益線によって損益分岐点 BE が3,500万円として示されています。各限界利益線の傾きは限界利益率を示していますので，この線の傾きが急であるほど，収益性が高いことを意味しています。このため，製品ラインごとに固定費の回収と全社利益への貢献度を視覚的に確認できますので，もっとも有利な製品ラインの組合せを検討する場合に利用されます。

6.5　限界利益分析

会計的評価の3類型

　短期経営計画では，目標利益の実現に有効と思われるさまざまな代替案が探索され，このうちもっとも収益性の大きい代替案が優先して選択・決定されます。代替案の会計的評価に際しては，固定費が代替案の選択に関係ない**無関連原価**（irrelevant costs）であり，**埋没原価**（sunk costs）である場合には，代替案から生じる**増分利益**（incremental profit）が代替案の収益性を決める評価基準となります。

　増分利益は**増分収益**（incremental revenues）から**増分原価**（incremental costs）を差し引いて計算されますが，経済学の概念である増分利益を会計システムから直接入手できません。そこで，会計システムから入手可能な限界利益を**増分利益の近似値**として，また売上高を増分収益，変動費を増分原価の近似値としてそれぞれ利用します。

　代替案は，限界利益，売上高，変動費によって会計的に評価されますが，代替案の会計的評価は3つに類型化できます。**図表6-11**は，代替案の会計的評価の3類型を示したものです。

　この図に示された会計的評価の3類型を簡単に説明しておきましょう。

(1)　第1類型——売上高：一定/変動費：変化

　代替案間の売上高が等しいため，変動費の差額によって代替案の収益性が評価されます。たとえば，原材料・加工部品の自社生産か外部購入かの決定などです。

(2)　第2類型——売上高：変化/変動費：一定

　代替案間の変動費が等しいため，売上高の差額によって代替案の収益性が評価されます。たとえば，販売促進費の重点支出地域や販促製品の決定，差別価格政策の展開，「目玉」商品の販売政策の決定などです。

● 図表6-11　代替案の会計的評価の3類型

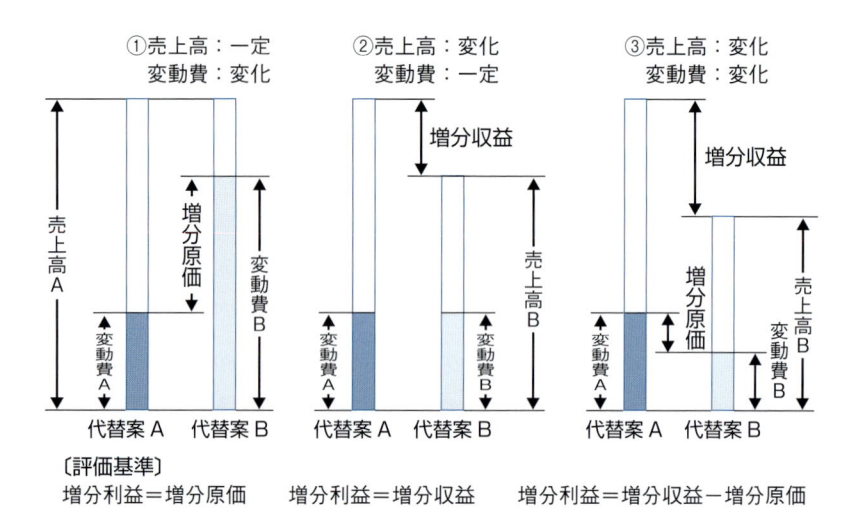

①売上高：一定　　　②売上高：変化　　　③売上高：変化
　変動費：変化　　　　変動費：一定　　　　変動費：変化

　　代替案A　代替案B　　代替案A　代替案B　　代替案A　代替案B

〔評価基準〕
　増分利益＝増分原価　　増分利益＝増分収益　　増分利益＝増分収益－増分原価

(3) 第3類型――売上高：変化/変動費：変化

　代替案間で売上高も変動費も異なる場合ですが，大部分の代替案の評価がここに分類されます。たとえば，多段階工程製品の最適販売点の決定，製品ミックスの最適決定，100％操業時の特別注文の最低受注可能価格の決定などです。

　短期経営計画の代替案は限界利益を使って収益性を評価できますが，あくまで**会計的評価**にしかすぎません。トップ・マネジメントがこの限界利益分析をもっとも重視して意思決定を行うとしても，環境分析・他社分析，自社分析，リスク評価を視野に入れた戦略的見地から，**代替案の最終決定**を行う必要があります。

自社生産か外注かの意思決定

　製造企業では，主力部品やユニットを自社で生産することが普通ですが，性能，コスト，納期などの基本条件が満たされる場合には，必ずしも自社で生産する必要はなく，外部から購入することもできます。

たとえば、1個1,000円で自社生産されている部品Aを1個800円で外部から購入できるとしましょう。一見したところ、市販部品を購入したほうが有利に見えます。この種の問題を**自社生産か外注か**（make or buy）の意思決定問題と呼んでいます。早速、この問題を検討してみましょう。

ここで部品Aの製造原価1,000円の内訳は、直接材料費300円、直接労務費300円、製造間接費400円であるとします。部品Aは毎月1万個生産され、直接材料費と直接労務費はすべて変動費であり、製造間接費400円のうち、変動費100円、固定費300円であると仮定します。部品Aを外注した場合には、1カ月当たり50万円の**外注取扱費**が余分に必要であるとします。部品Aの外注に掛かる費用よりも節約できる金額が多ければ、外注という意思決定は**経済的妥当性**を持つことになります。以下、検証してみましょう。

他社外注費	800円×10,000個＝	8,000,000円
外注取扱費		500,000
		8,500,000円
変動費（節約額）	700円×10,000個＝	7,000,000
増分原価		＋1,500,000円

部品Aの外注により850万円の費用が増加しますが、節約額700万円が見込まれます。この結果、外注すれば、期待に反して、増分原価が150万円も増加します。この限界利益分析では、部品Aの外注は不利な意思決定となります。

その原因は、製造間接費の固定費部分300万円が外注によっても**節約されない**からです。もちろん、外注によって余裕のできた工場の生産能力（キャパシティ）を他に有利な部品や製品の生産のために転用できる場合には、150万円の損失を上回る利益を期待できます。外注はいつも「有利」であるとも、「不利」であるとも決まっていません。前提条件を見直し、細部を詰めることでより実効ある限界利益分析を行う必要があります。

設備投資の意思決定

　いま組立工程の作業を手作業で行っているとしましょう。組立工程では，製品1個当たり直接材料費100円，直接労務費700円，製造間接費200円の原価が掛かります。毎月1,000個生産され，直接材料費と直接労務費はすべて変動費であり，製造間接費のうち変動費は100円であると仮定します。**人件費**が高騰してきたので，人件費の高騰を吸収できる程度の機械を導入するという**設備投資計画**が浮上してきました。直接材料費は機械化には無関係ですので，直接労務費と製造間接費について計算を行います。以下，検証してみましょう。

```
手作業の場合
  直接労務費   700円×1,000個＝    700,000円
  製造間接費   100円×1,000個＝    100,000円
  合　計                         800,000円
機械化の場合
  直接労務費   500円×1,000個＝    500,000円
  製造間接費   200円×1,000個＝    200,000円
  合　計                         700,000円
  増分原価                      －100,000円
```

　機械化案では，機械240万円（耐用年数2年，残存価額0円，定額法）を導入しますので，減価償却費は製品1単位当たり100円増加しますが，機械化の効果があるため，人件費が200円減少します。節約額を意味する増分原価が－10万円と計算されますので，この機械化案を実施すれば，月10万円，年間で120万円の節約（原価引下げ）ができることになります。なお，日本企業ではこれまで**終身雇用制**が採用されてきましたので，機械化による余剰人員を解雇するのではなく，より付加価値の高い部品や製品の生産にシフトするなどの対応策がとられてきました。

不採算事業から撤退すべきか否かの意思決定

　トップ・マネジメントは，目標利益を実現するため，できるだけ収益性の高い事業に投資しようと行動します。しかし経営資源には限りがありますので，収益性の悪化した既存の事業や製品の存廃についても意思決定を行う必要があります。

　いま事業A，事業B，事業Cを行っている企業があるとしましょう。このうち，事業Aと事業Bの業績は好調ですが，主力事業Cは**業績不振**に陥っています。図表6-12は，セグメント別損益計算書を示したものです。

● 図表6-12　セグメント別損益計算書（純利益法）

	事業A	事業B	事業C	全社合計
売上高	1,000万円	300万円	1,700万円	3,000万円
製造原価	600	150	1,400	2,150
販売費・一般管理費	100	50	500	650
営業利益	300万円	100万円	−200万円	200万円

　このセグメント別損益計算書は，すべての原価や費用を各事業に帰属させて計算する純利益法によって作成されています。これを見る限り，事業Cは200万円の「赤字」を計上する**不採算事業**です。仮に事業Cを廃止すれば，「赤字」の200万円がなくなり，その分だけ利益が増えて，全社利益が400万円になると「皮算用」できます。しかし，事業Cを廃止して，製造原価1,400万円と販売費一般管理費500円がすべてゼロとなるかどうかはきわめて疑わしい限りです。そこで，限界利益を用いて検証してみましょう。図表6-13は，貢献利益法によるセグメント別損益計算書を示したものです。

　この損益計算書では，売上高から変動費を差し引いて限界利益が計算されていますが，この限界利益は固定費の回収と全社利益への貢献度を表しています。**純利益法**の下では，変動費と固定費の区分がなく，各事業がそれぞれすべての原価や費用を負担していました。**貢献利益法**の下では，各事業は変動費のみを負担し，製造原価や販売費・一般管理費に含まれる固定費は，全

● 図表6-13　セグメント別損益計算書（貢献利益法）

	事業A	事業B	事業C	全社合計
売　上　高	1,000万円	300万円	1,700万円	3,000万円
変　動　費	400	100	1,000	1,500
限　界　利　益	600万円	200万円	700万円	1,500万円
固　定　費				650
販売費・一般管理費				650
営　業　利　益				200万円

社的に一括して負担・回収すべきものとされます。

　もし事業Cを廃止したならば，全社利益への貢献度を示す限界利益700万円が消滅しますので，全社利益は200万円－700万円＝－500万円となり，500万円の損失に陥ることは明らかです。事業Cは「赤字」事業でしたが，多額の固定費を負担することを通じて全社利益に大きな貢献をしていたことがわかります。

　貢献利益法によるセグメント別損益計算書によれば，各事業の全社利益への貢献度を簡単に知ることができます。この設例で言えば，事業A，事業B，事業Cのいずれを廃止しても，現在の200万円の利益よりも下回る結果になります。したがって，トップ・マネジメントが「事業Cの廃止」という意思決定を行うことは，会計的には，適切ではないことになります。

6.6　価格決定と限界利益分析

　短期利益計画の設定では，まず目標利益が設定され，次にCVP分析を通じて多くの代替案が会計的に評価されますが，この代替案の中には，もちろん**価格決定**も含まれています。売上高＝販売価格×販売数量として示されますので，新製品の価格決定，**セールスミックス**（販売製品の最適組合せ），会社

全体の売上高だけではなく，製品ラインや事業ごとの売上高を見積もる場合には，販売価格の検討が不可欠となります。

全部原価による価格決定

価格決定では，2種類の原価，つまり**全部原価**と**部分原価**が利用されます。まず全部原価による価格決定を見ておきましょう。**全部原価計算**は製品の生産のために費消された価値消費額を全部原価として計算します。全部原価を使って価格決定を行う方法は，通常，**コスト・プラス法**（cost plus pricing）または**全部原価法**と呼ばれています。この方法の下では，製品の総原価（＝製造原価＋販売費＋一般管理費）に一定の**マークアップ率**を加算した合計額で製品の価格が決定されます。いま総原価1万円，マークアップ率30％とすれば，製品価格は，次のように決定されます。

$$製品価格 = 総原価 + (総原価 \times マークアップ率)$$
$$= 10{,}000 + (10{,}000 \times 0.3) = 13{,}000円$$

この方法は，もともと軍部が軍需品を調弁する際に，その調弁価格の決定に用いたのが始まりで，その後，一般化していったとされています。ただ経済理論では，市場で価格が決定されると仮定されていますので，厳密に言えば，市場に製品やサービスを提供する企業が1社の場合，つまり独占企業の場合にのみこの方式を適用できます。たとえば，ある地域を限定して電力，ガス，水道，運輸，情報などのサービスを提供する公益事業会社などがその典型です。市場において2社以上の企業が激しい競争を展開している状況では，コスト・プラス法で算定した製品価格を市場に提示しても，市場がその価格を受け入れるか否かは定かではありません。市場競争が激しいほど，その確率はかなり低いでしょう。

コスト・プラス法は大変便利な方法ですが，全部原価を回収し，利益を獲

得するという企業目的の視点からは，むしろ望ましい価格決定の方法であるとされています。もちろん，コスト・プラス法にも欠点はあります。
　① 製造間接費の配賦が恣意的で，計算された全部原価が適切ではない。
　② 全部原価の回収可能性，需要の弾力性，競争関係を無視している。
　③ 原価の補償・回収が弾力的ではない。
　④ マークアップ率に適正な基準がない。
　現実的には，競争力を持つ製品やサービスを新しく開発し，コスト・アップ法によって算定した価格で市場に投入し，市場の反応を見ながら，その後の価格対応を図るという価格戦略が展開されます。その先には，大幅な価格改訂とそれに対応する大幅なコストダウンの要請が待っています。

部分原価による価格決定

　部分原価は，現実的には，変動費として計算されます。直接原価計算では，変動費と固定費が区分して計算されますので，変動費による価格決定は，限界利益を重視したCVP分析と同じ考え方となります。
　CVP分析では，限界利益が固定費を回収し，損益分岐点を超えたならば，それ以降の限界利益はすべて全社利益の獲得に貢献します。限界利益概念によれば，多数の製品ラインを持つ企業では，主力製品ラインによって固定費が回収されるならば，他の副次的な製品ラインについては，限界利益をわずかしか獲得できない価格設定であっても，その限界利益は全社利益の獲得に貢献します。つまり，固定費がすでに回収されているか，あるいは回収されることが確実である場合には，副次的な製品ラインの最低価格は変動費ぎりぎりまで許されます。
　さらに単一の製品やサービスの場合であっても，予定した固定費の回収と目標利益の獲得が確実である場合には，変動費を少し上回る価格，つまり限界利益を実現できる価格を決定することが許されます。
　このため，単一製品や主力製品ラインの収益力に「ゆとり」がある限り，あるいは会社全体として限界利益が固定費を回収して利益を獲得できる限り

では，若干の製品について部分原価による価格決定を行うことができます。現代企業では，競争戦略の一環として，差別価格，販売促進価格（おとり製品価格），大口取引価格，地域価格，輸出価格，季節価格，フルライン価格，遊休設備利用促進型価格など，**部分原価による価格決定**が行われています。飛行機やホテルの「早割価格」などは，その典型でしょう。

●●●●●● **ケース6の問題を考える** ●●●●●●

2009年1月29日，日本電産の2009年3月期第3四半期決算説明会が開催され，第3四半期の経営環境の悪化による減益減収に対応するため，グループ全体に非常事態宣言を発動し，固定費・変動費削減，在庫圧縮等緊急対応を実施しました。また需要回復時に備えた収益倍増体制への強化策を踏まえ，WPRプロジェクトを始動すると説明されました（日本電産［2009b］p.2）。

日本電産では，「収益構造の革新的改善」を目指してWPRプロジェクトが開始されましたが，WPRとは「ダブル・プロフィット・レシオ（利益率倍増）」を意味していました。WPRプロジェクトでは，次の2点，つまり連結売上高が半減しても，完全黒字化できる収益構造に転換すること，そして連結売上高が回復したとき，連結営業利益は倍増できる収益構造を実現することが強調されていました（日本電産［2009b］p.9）。

日本電産のWPRプロジェクトで提示された目標利益はきわめて明確です。日本電産は，この目標利益を時系列で示すため，**図表6-14**のようなWPRプロジェクトのガイドラインを示しました。

この図では，目標とする売上高と営業利益率がケース別で示されています。若干解説を加えておきましょう。

① 過去ピーク時の連結売上高700億円の半分を損益分岐点とする。したがって「ケース1」（連結売上高350億円）の時点で，損益分岐点を確保し，営業利益率は0％超とする。

● 図表6-14　日本電産のWPRプロジェクトのガイドライン

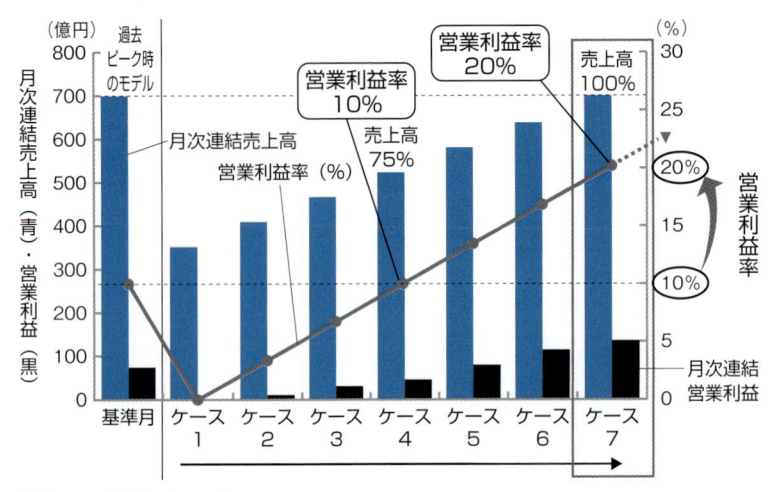

(出所)　日本電産［2009b］p.10.

② 連結売上高700億円，つまり100％に回復した「ケース7」の時点で連結営業利益率を2倍の20％とする。

③ 連結売上高が75％に回復した「ケース4」(700×75％＝525億円)の時点で，ピーク時と同じ営業利益率10％とする。

以後，日本電産ではこのWPRプロジェクトのガイドラインに沿って経営改革が大胆に展開されていきます。

引用文献

上總康行［1993］『管理会計論』新世社。
高橋史安［2003］「原価計算・管理会計実践の総合的データベースの構築」『会計学研究』日本大学商学部会計学研究所，pp.1-158.
日本電産［2009a］「平成21年3月期　第3四半期決算短信〔米国会計基準〕」2009年1月16日。
日本電産［2009b］「決算説明会2009年3月期第3四半期」2009年1月29日開催。

7 予算管理

●本章のポイント●
1. 総合管理のための管理会計である予算管理について学びます。
2. 予算管理の実行に不可欠な責任会計論について学びます。
3. 事後管理ではなく事前管理に重点をおくフィードフォワード型予算管理について学びます。

ケース7　日本航空の破綻から再建へ

　2010年1月，日本航空株式会社（本社：東京都品川区，以下JALと略記します）が会社再生法の適用を申請し，事実上，倒産しました。同年11月，東京地裁によって更生計画が認められ，12月，企業再生支援機構から3,500億円の公的資金が投入され，さらに金融機関も5,215億円の債権放棄に応じて，同機構の管轄下で本格的な再建が始まりました。当時の鳩山由紀夫首相から要請を受けて，2010年2月，京セラ名誉会長の稲盛和夫氏がJALの代表取締役会長に無給で就任し，JAL再建の陣頭指揮に当たりました。そして，2011年3月，JALは会社更生手続を終結し，2012年9月，破綻後2年7カ月という短期間で再上場を果たし，「奇跡のV字回復」と称賛されました（上總［2014］pp.14-15）。

　JALが会社更生法を申請する渦中で代表取締役社長に就任した大西賢氏（現会長）は，JAL破綻の原因を次のように整理されています（大西［2012］p.3）。

　①　民間企業という意識が低く，「公共交通機関としての使命を最優先する」という考え方が強すぎたので，結果，多くの不採算路線を抱えてしまった。

　②　永続的な経済成長，つまり右上がりの拡大主義が根強くはびこった経営を行っていた。

　③　国内大手航空会社JALとANAという限定的な競争環境からくる世間の常識から乖離した発想であった。

　④　首都圏空港発着の慢性的な不足から，航空機の大型化，拡大主義となり，しかも「当時の日本航空は（発着枠の慢性的不足から生じる……筆者挿入）安定的な競争環境を内心で歓迎していた節があります」。

⑤　国策の航空会社として設立されたという歴史ゆえに，財務的な経営規律が欠如していた。

2010年2月，JALでは稲盛会長と大西社長の下で，外科的大手術の断行，JAL経営陣の意識改革，そして部門別採算制度の導入という3大改革を柱とする経営再建が開始されました。

まず外科的大手術が断行されました（大西［2012］pp.5-6）。

①　航空機の小型化とシンプルな機種構成に再編し，もっともコスト効率の高い削減が行われました。

②　赤字路線から撤退しました。国際線は40％減，国内線は30％減，トータルで3分の2の事業規模へ縮小されました。貨物専用機事業からも撤退しました。

③　従業員の3分の1に相当する1万6,000人の人員削減が行われました。

④　地上職，運航乗務職，客室乗務職，すべての職種で30％ダウンの給与カットが行われました。

⑤　年金制度も改定し，「他に例のない，前代未聞の数字」となるOBは30％ダウン，現役社員は50％ダウンの年金制度となりました。

さらにJAL経営陣の意識改革と部門別採算制度の導入へと経営再建は展開されていきました。

> **問題**

JAL再建では経営陣の意識改革と部門別採算制度の導入が重要なポイントでした。部門別採算制度という管理会計システムが整備され，JALのV字回復に一役買いました。そこで問題です。JAL再建の概要を説明した後，部門別採算制度について公表資料を用いて明らかにして下さい。

7.1　総合管理と予算管理

　総合管理（management planning and control, management control）には，短期経営計画を設定するプロセスに加えて，この計画を実現する統制プロセスも含まれています。この総合管理では，同時に短期利益計画を設定し，これを実現する予算管理も同時に展開されます。短期利益計画については前章（第6章）で詳述しましたので，本章では，予算管理について説明します（以下，上總［1993］第7章によって記述します）。

　通常，予算を編成するプロセスは**予算編成**（budgeting），予算を利用して企業活動を統制するプロセスは**予算統制**（budgetary control）とそれぞれ呼ばれています。そして，予算編成と予算統制を含めた全体は**予算管理**（budgetary planning and control, budgetary management）と呼ばれています。図表7-1は予算管理プロセスを示したものです。

　この図に従って，予算管理プロセスを簡単に説明しておきましょう。

(1)　**短期利益計画の設定**

　中期利益計画の最初の1年分を実現するため短期利益計画が設定されます。短期利益計画は向こう1年間に会社全体で実現すべき目標利益を具体的に示したものです。これが予算編成の出発点となります。

(2)　**予算編成**

　短期利益計画が管理組織の構成員である管理者一人ひとりに割り当てられます。これが予算編成です。この予算編成では，管理者ごとの行動計画（action plans）を取りまとめた部門計画に対応する部門予算（department budget），さらに企業全体の実行計画に対応した総合予算（master budget）が編成されます。予算編成は，**天下り型予算編成**と**積上げ型予算編成**が基本型ですが，変形タイプとしての**目標利益誘導型予算編成**もあります。

● 図表7-1　予算管理プロセス

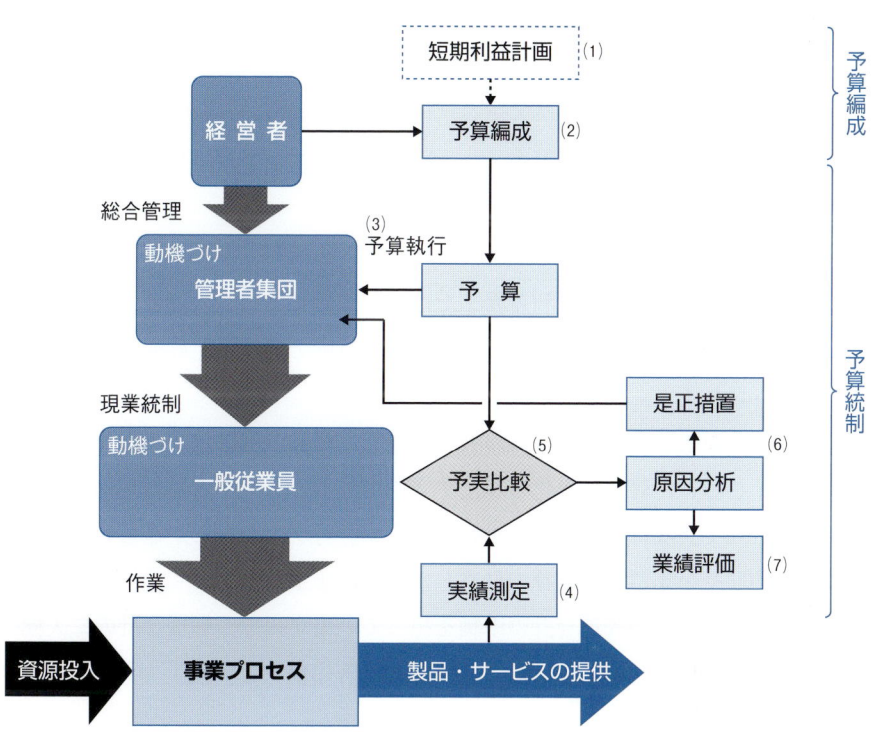

```
                         短期利益計画 (1)
                              │
  経営者 ──────────→ 予算編成 (2)
     │                        │
 総合管理│                  (3) 予算執行
     ↓                        ↓
  動機づけ                   予　算
  管理者集団 ←──────────────┘ │
     │                         │
     │                         │
 現業統制│                    是正措置
     ↓                    (5)    ↑    (6)
  動機づけ              ┌─────┐  │
  一般従業員 ─────────→│予実比較│→ 原因分析
     │                  └─────┘      ↕
     │                     ↑       業績評価 (7)
  作業│                     │
     ↓                  実績測定 (4)
  ┌──────┐                   ↑
資源投入→│事業プロセス│→製品・サービスの提供
  └──────┘
```

予算編成 ┐
予算統制 ┘

(3) 予算執行

　各管理者に割り当てられた**費用予算**を使って，営業部門ならば，マーケティング活動を通じて売上高予算の実現を目指します。製造部門ならば，原価・品質・納期の面でよりよい製品を生産します。研究開発部門であれば，競争優位を持つ製品開発を推進します。

(4) 実績測定

　一定期間の経過後に，実行計画の達成を目指して展開された実績を金額で測定します。財務会計でいう会計期間は1カ年ですが，予算管理では，通常，1カ月を会計期間としています。

(5) 予実比較

　月末または月初において，予算と実績とを比較して**差異分析**が行われます。

予算は実行計画を貨幣で表現したものですので，この差異分析を通じて実行計画の進行状況がチェックされます。

(6) **原因分析と是正措置**

多額の**不利差異**が生じている場合には，実行計画の遅れが顕著ですので，遅れの原因を追求し，実行計画の達成に向けた**是正措置**ないし**修正行動**が展開されます。

(7) **業績評価**

予算の達成度，つまり**有利差異**または**不利差異**によって管理者または**部門の業績評価**が行われます。さらに業績評価に対応して昇給，昇進などの**人事考課**も行われます。

このような予算管理プロセスの展開を通じて**経営の効率化**が実現されていきます。さらに，経営効率化の状況や実施プロセスに関する情報がフィードバックされて，次月の予算執行が行われます。月次での対応が難しい場合には，四半期や半年ごとに予算の見直しが行われます。

なお，予算管理が管理会計の中軸を担っていますので，**管理会計の二大機能**，つまり**財務管理機能**と**動機づけ機能**も顕著に現れます。

7.2　総合予算の体系と編成手順

総合予算の体系

経営者が効果的な予算管理を展開するためには，すべての企業活動に対応して企業予算が編成されている必要があります。**図表7－2**は，**総合予算の体系**を示したものです。

この総合予算の体系はあくまで標準的な例です。実際の企業では，業種，規模，業務内容，管理組織などによって，予算の名称を変更したり，必要な予算を追加するなど，その企業で運用しやすい総合予算の体系が採用されます。

● 図表 7-2 総合予算の体系

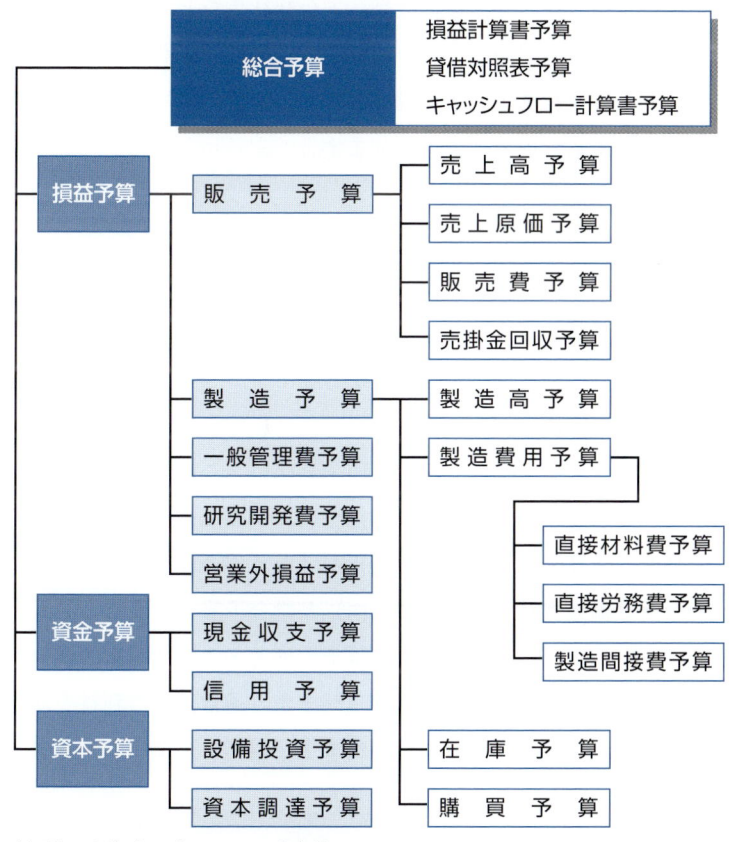

```
総合予算 ─┬─ 損益計算書予算
          ├─ 貸借対照表予算
          └─ キャッシュフロー計算書予算
```

損益予算
- 販売予算
  - 売上高予算
  - 売上原価予算
  - 販売費予算
  - 売掛金回収予算
- 製造予算
  - 製造高予算
  - 製造費用予算
    - 直接材料費予算
    - 直接労務費予算
    - 製造間接費予算
- 一般管理費予算
- 研究開発費予算
- 営業外損益予算

資金予算
- 現金収支予算
- 信用予算

資本予算
- 設備投資予算
- 資本調達予算
- 在庫予算
- 購買予算

（出所）上總［1993］p.150. 一部加筆。

　また，総合予算は，会計の計算構造を媒介して，多数の部門予算が統合されて，最終的には，最上部にある損益計算書予算，貸借対照表予算，キャッシュフロー計算書予算（資金予算）という総合予算に集約されます。

総合予算の編成プロセス

　短期目標利益を獲得するため，総合予算が編成されますが，この総合予算の編成プロセスを詳細に説明しておきましょう。

(1) 予算編成方針の下達

　現業管理者（職能部門長，事業部長，子会社社長など）が経営者の経営戦略や基本計画に基づいて部門予算を編成するように，短期利益計画が**予算編成方針**として伝達されます。予算編成方針は，通常，本社スタッフの予算課で作成され，各現業管理者へ下達されます。

(2) 部門予算の編成

　現業管理者は，予算編成方針に従って，次年度の部門個別計画を十分検討したうえで，部門期間計画に統合し，これを貨幣的に評価して部門予算を編成します。部門予算の編成に際しては，何回となく部門個別計画・部門期間計画の再検討・再々検討が行われるのが普通です。

(3) 総合予算の編成

　各現業管理者によって作成された部門予算はいったん予算課で集約され，その後，全社的な視点から調整されて総合予算が編成されます。部門予算間の**水平的調整**は予算委員会や社長を交えた「トップ会談」によって調整されます。また予算編成方針（短期利益計画）と総合予算との間に「ズレ」がある場合には，トップ・マネジメントと現業管理者との間で**垂直的調整**が行われ，部門予算の再検討・再編成が求められます。通常，目標利益を満足するまで，繰返し部門予算の再検討が行われます。現実の企業では，甘い水準に予算が編成されることは決してありません。

(4) 総合予算の決定

　このようにして編成された総合予算は，予算委員会の決定を受けて，取締役会で最終決定されます。正式決定された予算は，実行予算として，関係部門に通知されます。

　予算管理を有効に展開するためには，現業管理者が部門予算を自ら編成し，これを集約・統合し，経営者が諸般の事情に配慮しながら調整したうえで総合予算を最終決定し，これを現業管理者が十分納得・理解して受け入れることが肝要です。しかし，このことはそう簡単ではありません。

天下り型予算と積上げ型予算

(1) 天下り型予算

1950年代まで，米国企業の予算統制は，ほとんどの場合，経営者が現業管理者に対して目標利益を確保できる総合予算を一方的に通告する**天下り型予算**（top-down budgeting）でした。天下り型予算は**強制予算**（imposed budget）とも呼ばれていましたが，予算が経営者の「命令」に等しかったので，組織構成員がこれに憤慨し，軽視する傾向がありました。さらに不信感や不満がうっせきしてコンフリクトが高まり，ついには予算が無視され，否定の雰囲気（an aura of negativeness）に包まれてしまいました。

トップ・マネジメントが文字通り企業の最高権力者として**企業活動の統一性と経済性**を追求する限り，強制予算の実践は当然の帰結でしたが，その代償として**達成可能性**は保証されませんでした。予算にある種の暗いイメージがつきまとうのは，この強制予算を連想させるからでしょう。では，現代企業で天下り型予算が「絶滅した」のかと言えば，残念ながら，明確に「ノー」とは言い切れないのが実情です。

(2) 積上げ型予算

天下り型予算とはまったく逆に，現業管理者に主体的に部門予算を編成させ，これを集約・統合して総合予算を編成するという方法を**積上げ型予算**と呼んでいます。確かに現業管理者が一般従業員を指揮して実際に部門活動を監督していますので，彼らが自発的に部門計画とこれに対応する部門予算を作成すれば，達成可能な部門予算が編成されます。しかし，こうして積み上げられた総合予算は，予算の達成可能性が担保されたとしても，楽観的または悲観的な予算として作成されるのが普通ですので，目標利益を満たしているかどうかは偶然でしかありません。目標利益の達成を現実的に追求する経営者としては，積上げ型予算をそのまま承認できるはずもありません。

目標利益を実現するためには，積み上げられた総合予算を経営者が再編成する必要があります。経営者が現業管理者の意見を聞くことなく総合予算を再編成すれば，それは再び「強制予算」の編成を意味します。逆に，現業管

理者の意見を尊重すればするほど，目標利益の確保は困難になります。このままでは，いつまでたっても堂々巡りで解決しそうにありません。

(3) 参加型予算と目標利益誘導型予算

　この問題を解決するため，米国では，経営者だけで総合予算を編成するのではなく，予算の編成プロセスに現業管理者を積極的に参加させることが提唱されました。**参加型予算**（participative budgeting）がそれです。参加型予算では，予算編成に際して，現業管理者にも必要な情報が提供され，経営者との2方向コミュニケーション（two-way communication）を通じて，相互理解を深めつつ，現業管理者が自らの管理基準となる部門予算を編成するように**動機づけ**られます。参加型予算では，天下り型予算を基礎としながら，現業管理者の予算編成への参加を通じて，予算の達成可能性を担保することが目指されています。

　もちろん，参加型予算を導入しても，必ず成功するとは限りません。ある社会環境の中で多様な価値観と行動様式を持った個人が同時に企業人としても行動することが期待されていますので，個人を企業人として目標利益に向けていかに動機づけるかが問題の核心です。

　日本では，天下り型予算と積上げ型予算を折衷した折衷型予算が実践されています。折衷型予算では，短期利益計画が予算編成方針として現業管理者に提示され，この予算編成方針を満たすように部門予算が編成されますので，予算の達成可能性に加えて，総合予算の統一性と収益性が確保できます。ただし目標利益を満たすまで予算編成が繰り返されますので，実態としては，折衷型予算というよりも，天下り型予算の変形で，ずばり**目標利益誘導型予算**と言えるでしょう。

7.3　責任中心点と責任会計システム

責任会計論

　大企業では，経営者が株主や投資家の委託を受けて企業管理を代行していますが，経営者がいくら優秀な能力を持っているとしても，彼一人で大企業を管理することは不可能です。そこで，経営者は多数の管理者を雇用し，重要度が低く定型的な管理機能について，いわゆる**権限と責任の委譲**を行い，彼らに管理機能の一部を**代行**させます。管理者は，経営者に統率されながら，経営者から命令された経営計画を実行するため，一般従業員を直接指揮して現業活動を監督します。管理者は委譲された権限と責任の範囲内で管理機能を果たし，その結果を経営者に対して定期的に報告すべき報告義務があります。もちろん異常事態が発生した場合には，速やかな報告が義務づけられています。

　予算は向こう１年間の企業活動を貨幣的に表現した計画ですが，他面では，現業管理者が達成すべき責任の最重要部分，つまり**会計責任**（accountable responsibility or accountability）でもあります。この点を強調して，予算は**責任予算**（responsibility budget）とも呼ばれています。総合管理の計画設定プロセスでは，達成すべき目標として責任予算が編成され，統制プロセスでは，この責任予算が管理基準として利用されます。そこでは，管理基準である責任予算と企業活動の結果を測定した実績とが比較され，予算と実績との差異が比較して予算差異が計算されます。予算差異が分析され，差異を生じた原因を取り除く修正行動（是正措置）が展開されるとともに，予算差異に基づいて業績評価が行われます。通常，このような責任予算に基づく会計システムは，**責任会計**（responsibility accounting）と呼ばれています。

責任中心点

　責任予算はすべての管理者に対して編成されますが，責任会計論では，管理者が管轄する**組織単位**（事業部，部，課，係，組，班など）のことを**責任中心点**（responsibility center）と呼んでいます。責任中心点を管轄する管理者は委譲された権限と責任の範囲内で管理できる責任予算のみに会計責任を負います。ここから，責任中心点は，果たすべき会計責任の種類によって，**原価中心点，収益中心点，利益中心点，投資中心点**の4つに分類できます。図表7-3は，責任中心点の種類を示したものです。

● 図表7-3　責任中心点の種類

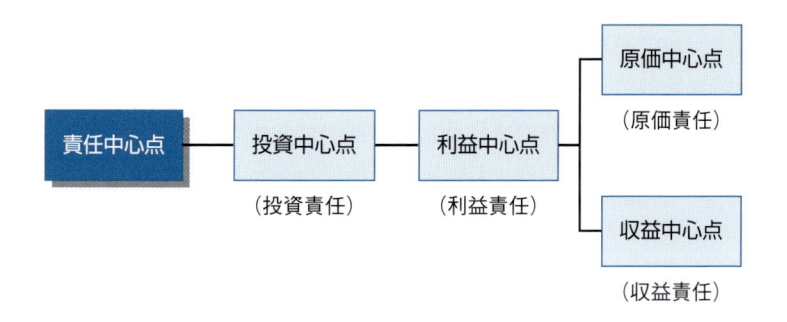

```
責任中心点 ─ 投資中心点 ─ 利益中心点 ┬ 原価中心点
            （投資責任）  （利益責任） │ （原価責任）
                                      └ 収益中心点
                                        （収益責任）
```

　以下，4つの責任中心点を簡単に説明しておきましょう。

① **原価中心点**（cost center）……**原価センター**とも呼ばれますが，管理者が管轄する組織単位で発生した原価に対する会計責任，つまり**原価責任**を負います。典型的には工場長です。工場長は工場，設備，機械，作業者，動力，保守などを組織単位に投入して，製造原価，品質，納期の基準を満たす製品を生産しますが，彼に権限と責任が委譲された範囲の中で管理可能な原価のみに責任を負っています。

② **収益中心点**（revenue center）……**収益センター**とも呼ばれますが，管理者が管轄する組織単位で発生した収益に対する会計責任，つまり**収益責任**を負います。典型的には営業部長ないし販売部長です。営業部長は，営業担当者，広告宣伝費などを投入して製品やサービスを販売しますが，彼に権限と

責任が委譲された範囲内で管理可能な収益のみに責任を負います。

③ **利益中心点**（profit center）……**利益センター**とも呼ばれますが，管理者が管轄する組織単位で発生する利益に対する会計責任，つまり**利益責任**を負います。売上高に対する収益責任と原価に対する原価責任の両方に会計責任を負っていると言うこともできます。

④ **投資中心点**（investment center）……**投資センター**とも呼ばれますが，管理者が管轄する組織単位で発生する利益と同時に投入された資産に対する会計責任，つまり**投資責任**を負います。この投資責任を測定するため，投資利益率（ROI）や残余利益（Residual Income：RI）などが利用されます。

通常，職能部門別組織では，生産部は原価中心点，販売部は収益中心点，本社スタッフは原価中心点とされ，社長が利益中心点とされています。事業部制組織では，各事業部は利益中心点とされ，社長はもちろん利益中心点とされます。京セラの**アメーバ経営**では，職能部門別組織の一種であるアメーバ組織が採用されていますが，ライン部門である生産部も販売部も利益中心点（採算部門）とみなされます。スタッフ部門である経営管理部や研究開発部は原価中心点（非採算部門）とみなされます。通常，生産部は原価中心点とみなされますが，アメーバ組織では，生産部が利益中心点として運営される点が大きく異なっています（上總［2010b］pp. 134-135）。

責任会計システム

責任会計論では，まず経営者から現業管理者に対して委譲された権限と責任に会計責任が対応されます。次に，この会計責任を管理者ごとに**管理可能性**の見地から「価格づけ」（"priced"）して責任予算が作成され，さらに各管理者に対して，予算，実績，予実差異（予算と実績との差異）を記載した**予算報告書**が作成されます。現代企業では，管理組織が階層化していますので，予算報告書を作成するための予算システムは**階層的会計報告システム**として再構築される必要があります。その場合，**管理組織の最下層に位置する管理者（工場では職長）が会計報告書を作成する出発点＝会計報告基点**として位

置づけられ，この管理者が管理可能な会計数値だけが計算・集計され，会計報告書に記載されます。このような方法により，順次上位の管理者・経営者についても，同様に管理可能な会計数値だけからなる会計報告書が作成され，最終的に，社長のための会計報告書が作成されます。図表7-4は，責任会計システムを示したものです。

🔵 図表7-4　責任会計システムの構造

管理組織

社長

(単位：円)	社　長		( )不利差異
項　目	実　績	予　算	予算差異
購買部長	32,000	30,000	(2,000)
製造部長	**49,000**	**50,000**	**1,000**
販売部長	16,500	15,000	(1,500)
社長室	5,500	5,000	(500)
合　計	103,000	100,000	(3,000)

(単位：円)	製造部長		( )不利差異
項　目	実　績	予　算	予算差異
鋳造課	16,000	15,000	(1,000)
機械課	**12,500**	**12,000**	**(500)**
組立課	18,000	20,000	2,000
工場管理費	2,500	3,000	500
合　計	49,000	50,000	1,000

(単位：円)	機械課職長		( )不利差異
項　目	実　績	予　算	予算差異
直接材料費	3,500	3,000	(500)
直接労務費	4,500	4,000	(500)
職長監督費	4,500	5,000	500
合　計	12,500	12,000	(500)

購買部長／製造部長／販売部長
鋳造課職長／機械課職長／組立課職長

（出所）　上總［1993］p.156.

　この図によれば，まず**最下層の管理者**である機械課職長宛の責任報告書（responsibility report）が作成されますが，この報告書には，機械課職長の**管理可能費のみ**が記載されています。次により上位の管理者である製造部長宛の責任報告書が作成されますが，この報告書には，職長レベルの報告書に記載さ

れていた金額がそのまま転記されています。これらの金額に工場管理費を加えた合計額は，もちろん，全額とも製造部長の管理可能費とみなされます。同様の方法で下位レベルの管理可能費がより上位に引き継がれて，最後に，社長宛の報告書が作成されています。

　この図では，説明の便宜上，原価責任のみを対象とする**責任会計システム**が示されていますが，実際の企業では，さらに収益責任，利益責任，投資責任などに対する責任会計も展開されています。

7.4　予算統制と業績評価

予算統制プロセス

　総合予算が正式決定されたならば，続いて，総合予算を管理基準とする予算統制が展開されます。予算統制は，次のプロセスで展開されます。

① 予算の伝達と動機づけ
② 予算の執行
③ 実績の記録
④ 予算差異分析
⑤ 予算報告書による分析結果の報告
⑥ 修正行動（是正措置）の実施

　これらの予算統制プロセスについては，すでに**図表7-1**（139頁）で詳しく説明しましたので，説明は省略します。

　予算統制では，現業管理者は予算報告書に動機づけられて期中において修正行動を実施しますが，時と場合によっては，期中に対応することが不可能なこともあります。大幅な修正行動や大胆な企業活動を展開するためには，経営者が短期経営計画や経営戦略をたて直す必要があるからです。そのような経営判断は予算報告書に示された**会計情報のフィードバック**によって可能

になります。「失敗は二度と繰り返さない」という意味でいえば，会計情報のフィードバックは不可欠です。

業績評価と動機づけ

現業管理者は予算報告書に示された会計情報に動機づけられて修正行動を行うと指摘しましたが，そのことが無条件で保証されている訳ではありません。このため，短期利益計画の実現に向けて現業管理者を動機づけ，有効な予算管理を展開するために，いろいろな方法が工夫されてきました。もっとも典型的な方法の一つは，現業管理者の業績評価と予算とを結合することです。図表7−5は，わが国の主要企業における部門成果業績評価の反映の程度を示したものです。

● 図表7−5　部門成果業績評価の反映の程度（2002年調査）

	かなり反映する	反映する	どちらかといえば反映する	あまり反映しない	反映しない
昇　給	0社(0.0%)	23社(28.8%)	23社(28.8%)	21社(26.3%)	13社(16.3%)
賞　与	19社(23.5%)	27社(33.3%)	18社(22.2%)	9社(11.1%)	8社(9.9%)
昇　進	0社(0.0%)	18社(22.2%)	29社(35.8%)	19社(23.5%)	15社(18.5%)
部門の統廃合	5社(6.4%)	20社(25.6%)	17社(21.8%)	19社(24.4%)	17社(21.8%)

(注)　有効回答数　昇給：80社（100%），賞与・昇進：81社（100%），部門の統廃合：78社（100%）。
(出所)　日本管理会計学会・予算管理専門委員会［2005］p.90.

この表によれば，予算実績差異分析を部門成果評価に利用する企業では，「賞与」に関して，「かなり反映する」19社（23.5%），「反映する」27社（33.3%）で「どちらかといえば反映する」18社（22.2%），合計64社（79.0%）となっていて賞与に大きく反映していることがわかります。同様の傾向は「部門の

統廃合」の場合にも見られます。「昇給」と「賞与」に関しては，過半数以上の企業が部門業績評価を反映させています。

　予算期間の終了後，他の評価基準とともに予算の達成度を考慮して現業管理者の業績評価が行われ，彼の管理能力に応じて，給料，ボーナス，昇給，昇進，役員就任，関係会社出向や定年後の再就職などの報酬が支払われます。このような業績評価と報酬システムの存在を前提として，現業管理者は予算の達成に向けて管理活動を行うよう動機づけられています。

7.5　事前管理型予算管理の登場

　予算管理では，予算編成→予算執行→予算統制という循環サイクルが繰り返されます。外部環境や市場競争が比較的安定している場合には，同じ経営管理が長期的に続くと前提できますので，予算統制を重視した**事後管理型予算管理**が展開されます。経済のグローバル化にともない，外部環境の変化や市場競争が激しくなってきましたので，環境の変化に対応した経営管理を行う必要があります。このため，経営戦略を大きく変更しない場合であっても，予算編成を重視した**事前管理型予算管理**を展開する日本企業が登場してきました。**図表7-6**は，事後管理型と事前管理型の予算管理を図解したものです。

　この図によって，2つの予算管理を説明しておきましょう。従来の事後管理型予算管理では，予算執行→実績の測定→「予算－実績＝予算差異」→予算差異の原因分析→是正措置（行動計画の修正案）→実施→実績の測定という予算統制サイクルが毎月展開されます。同じ経営状態が長期的に続くと前提されていますので，**予算差異**がゼロになるまでこの予算統制サイクルが繰り返されます。事後管理型予算管理は**フィードバック型予算管理**（Feedback-budgetary control：FB型予算管理）と呼ぶこともできます。

　新しい事前管理型予算管理では，予算編成に重点をおいた予算管理が展開

● 図表7-6　事後管理型と事前管理型の予算管理

従来の事後管理型予算管理

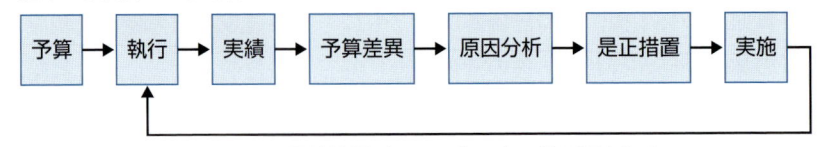

予算 → 執行 → 実績 → 予算差異 → 原因分析 → 是正措置 → 実施

予算差異がゼロになるまで繰り返される。

新しい事前管理型予算管理

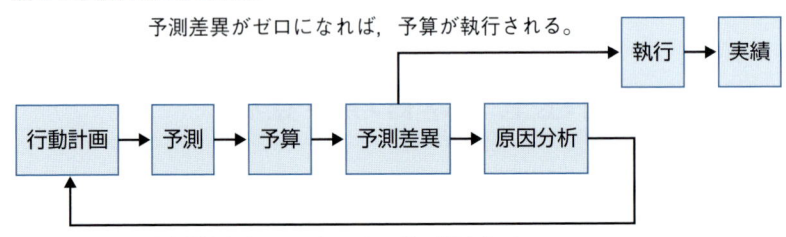

予測差異がゼロになれば，予算が執行される。

行動計画 → 予測 → 予算 → 予測差異 → 原因分析 → 執行 → 実績

予測差異がゼロになるまで繰り返される。

されます。つまり，行動計画の策定→予測の測定→「予測－予算＝予測差異」→予測差異の原因分析→行動計画の検討→予測の測定という予算編成サイクルが毎月展開されます。将来予測には不確実性がつきものですが，入念な行動計画の策定と，経験と知恵と情報で熟考を重ねて精度の高い予測が測定されます。

　予測差異がゼロになれば，予算編成を終了して，予算執行に移ります。予算が執行された後で，予算差異の差異分析が毎月行われますが，それほど重視されません。このような予算編成を重視する予算管理は**フィードフォワード型予算管理**（Feedforward-budgetarg control：FF型予算管理）と呼ぶことができます。

　筆者たちの調査によれば，**キヤノン電子株式会社**（本社：埼玉県秩父市）や**京セラ株式会社**（本社：京都市伏見区）では，紛れもなく，事前管理を重視したFF型予算管理が実践されています（上總［2010a，2010b］）。

7.5 ケース7の問題を考える

　JALでは，外科的大手術と経営陣の意識改革に続いて，京セラで開発された部門別採算制度が導入されました。京セラの子会社・KCCSマネジメントコンサルティング株式会社代表取締役会長の森田直行氏は，JAL再建のため，稲盛会長の「懐刀」としてJAL副社長に就任し，アメーバ経営の導入に尽力しました。JALにアメーバ経営を導入するため，①組織改革，②部門別採算制度，③業績報告会が実施されました。ここでは，予算管理に直接関係する②部門別採算制度について検討しましょう。

　森田副社長によれば，JALでは，「グループ全体は予算制度で運営されていて，収入の予算は販売部門と貨物部門が作成し，経費の予算はすべての部門で作成されていました。しかし……利益責任を担う部門と経営幹部がいない体制だった」(森田 [2012] p.10)。そこでは，「当事者意識，採算意識が完全に欠如していました。収支に責任を負うのではなく，どれだけ多くの予算をとってくるのかに責任を負っていました。予算は獲得してくるもので，会社がどういう状況なのかはお構いなしに，いったん獲得した予算は使い切ろうとする」(大西 [2012] p.9)，およそ民間企業では考えられない状況であった。

　新制度によって利益責任を明確にしたうえで，1便ごとの収支計算が始まった。この便別収支計算について，森田副社長は，次のように述べています。

　「航空機事業では，収入は販売チケットを合計すれば簡単に把握できます。困難であったのは，1便当たりの経費を把握することでした。これに関しては事業支援部門にお願いをして，機種と飛距離別の原価を計算していただき，その原価をベースに，1便ごとの便単価を出すようにしました。論理的に納得感のある単価が早期に示されたことで，社内売買のシステム(協力対価計算システム)も順調に立ち上がりました。さらに営業部門の収益計算システム，採算表システムを立ち上げ，2011年の

4月から，部門別採算制度を本格的にスタートすることができました。現在では，1便当たりの概算収支は翌日に算出できるようになっています」(森田［2012］p. 13)。

かくして，2011年4月，JALでは，便別収支計算を基礎として，部門別採算制度が本格的に稼働しました。

JALでは，さらに業績報告会において，予実管理が展開されますが，それらに関しては，読者の皆さんが公表資料で調べて下さい。

引用文献

大西賢［2012］「日本航空の今」『Amoeba Management Report』アメーバ経営倶楽部，Vol. 6, pp. 4-9.

上總康行［1993］『管理会計論』新世社.

上總康行［2010a］「機会損失の創出と管理会計—京セラとキヤノン電子の事例研究から—」『企業会計』第62巻第3号，pp. 4-13.

上總康行［2010b］「京セラのアメーバ経営の仕組み—機会損失の創出と全員参加経営の視点から—」『セミナー年報』関西大学経済政治研究所，pp. 131-146.

上總康行［2014］「日本的経営と機会損失の管理—アメーバ経営とトヨタ生産方式の同質性—」『企業会計』第66巻第2号，pp. 198-210.

日本管理会計学会・予算管理専門委員会編［2005］『わが国企業における予算制度の実態・調査報告書』(『産業經理』別冊　調査研究シリーズ) 産業經理協會.

森田直行［2012］「日本航空再建への取り組み—企業経営の原点を考える—」『Amoeba Management Report』，アメーバ経営倶楽部，Vol. 6, pp. 10-13.

8 直接原価計算
―限界利益による短期利益計画と予算管理―

- ●本章のポイント●

① 短期利益管理には，純利益による利益管理と限界利益による利益管理の2種類があることを学びます。

② 限界利益によるCVP分析→短期利益計画→予算管理を一気通貫で展開可能にする直接原価計算について学びます。

ケース8　村田製作所の正味利益計算

　株式会社村田製作所（本社：京都府長岡京市。以下，村田製作所と略記します）は，ファイン・セラミックスをベースとして電子デバイスの研究開発・生産・販売する世界有数の総合電子部品メーカーです。2013年3月期決算では，連結売上高6,810億円，連結当期純利益423億円，連結総資産1兆871億円，連結従業員数3万7,061名に達しています（村田製作所［2013］p.26）。

　村田製作所では，元副社長の泉谷裕氏をリーダーとして，ごく早い時期からコンピュータを積極的に利用しながら，「経営志向会計」としての管理会計システムが構築されてきました。管理会計システムは，基本的には，①予算，②部門損益と連結品種別損益，③標準原価計算，④設備投資経済計算の4つから構成されています。「損益管理は，原価部門毎の管理を基礎として，部門損益と連結品種別損益を両輪として構成」されます。この部門損益と連結品種別損益は，「実績損益および予算管理の中核を担うが，特にコストダウンの企画や実行管理の面で重要な位置づけにある。ここでの成果は，従業員の業績の評価，たとえば成果主義による賞与の支給などにも反映する」（泉谷［2001］p.63）とされ，村田製作所では損益管理と業績評価との関係が明確にされています。

　村田製作所では，部門損益及び連結品種別損益を計算するために，直接原価計算を基礎とする独自の計算方法，正味利益計算が採用されています。

> **問題**
>
> 　村田製作所では，直接原価計算を基礎とする独自の正味利益計算が採用されています。公表された文献・資料によって村田製作所の管理会計，とりわけ正味利益計算について明らかにして下さい。

8.1　直接原価計算の生成

　米国企業が1929年恐慌とそれに続く不況に苦悩していた1936年1月，化学工業会社であったデューイ・アルミー化学会社（Dewey & Almy Chemical Co.）のハリス（J. N. Harris）は，全部原価計算が売上高の増減に対応して利益が変化しないという欠陥に気付き，これを改善するため，新しい**直接原価計算**（direct costing）を提唱しました（Harris［1936］）。ハリスの論文発表直後には，若干の議論こそ展開されましたが，1930～40年代を通じて，直接原価計算に関してそれほど活発な論議も積極的な実務の展開もありませんでした。これらが本格化したのは1950年代に入ってからでした（以下，上總［1993］第8章により記述します）。

　1950年代の米国大企業では，技術革新競争の下で，**オートメーション化**と**多角化戦略**が展開されましたが，この多角的大量生産販売活動を積極的に展開するため，これに対応できる経営管理システムを構築する必要に迫られていました。このため，1950年代には米国大企業で**事業部制組織**が急速に普及し始め，同時に，この事業部制組織では事業部ごとに短期利益管理が行われますので，これに不可欠な会計手段として**予算システム**が急激に普及していきました。直接原価計算は予算システムに結合・一体化して運用されましたが，事業部制組織における**短期利益管理**を全部原価計算に比べてより合理的

に展開することができました。その結果，1950年代の米国では直接原価計算が会計人・経営者の間で急激にクローズアップされるようになりました。

たとえば，1953年3月，直接原価計算の普及に指導的な役割を果たしてきた**全米原価会計人協会**（National Association of Cost Accountants：NACA，後のNational Association of Accountants：NAA）は，その調査報告書（No.23）として『直接原価計算（*Direct Costing*）』を公刊し，さらに1961年1月にも調査報告書（No.37）として『直接原価計算の現状（*Current Application of Direct Costing*）』を公刊しました。また，直接原価計算論及び採用企業での実務の紹介に関する論文が *NACA Bulletin* や *The Accounting Review* などの雑誌にも多数発表されるようになり，一種の**直接原価計算ブーム**が起こりました。

8.2　直接原価計算の計算構造

直接原価計算では，まず諸原価（製造原価，販売費，一般管理費）を変動費と固定費とに分解し，売上高から変動費を差し引いて限界利益（marginal income）が計算され，次に限界利益から固定費を差し引いて営業利益（純利益）が計算されます。変動費は**直接原価**（direct costs），固定費は**期間原価**（period costs）とも呼ばれていますが，変動費（直接原価）のうち，**変動的製造原価**（直接材料費，直接労務費，変動的製造間接費）のみが売上原価（製品原価）を構成し，他の変動費及び固定費はすべて当期の費用として処理されます。図表8-1は，直接原価計算による損益計算書を示したものです。

直接原価計算による損益計算書は，営業利益だけではなく，限界利益をも表示するところにその最大の特徴があります。しかも，「通常の原価計算では，製品の原価を計算するまでにとどめ，それからさきの損益計算まで行わない」（田島［1976］p.250）とされるのに対して，むしろ積極的に，「直接原価計算は……1つの利益測定方式である」（Marple［1961］p.314）と主張され，直接

● 図表8-1　直接原価計算による損益計算書

売 上 高		1,000,000円
変動売上原価		300,000
製 造 差 益		700,000円
変動販売費		100,000
限 界 利 益		600,000円
固 定 費		
1．固定製造間接費	200,000	
2．固 定 販 売 費	50,000	
3．一 般 管 理 費	100,000	350,000
営 業 利 益		250,000円

原価計算論は，**損益計算の一方式**として提唱されています。

　このことは同時に，直接原価計算が**一般会計システム**と結合されて利用されることを意味しています。NACAの調査報告書（No.23）は，「……諸勘定から固定費と変動費が別々に集計できるように勘定組織が変更された。かくして，望ましい様式の計算書は……帳簿から直接つくることができた」（NACA [1953] p.187）と指摘していましたが，直接原価計算と一般会計システムとの結合は直接原価計算の必修条件でした。2つの原価計算方式を同時に採用できませんので，トップ・マネジメントはその企業の一般会計システムに結合される原価計算方式として全部原価計算を採用するか，あるいは直接原価計算を採用するかのいずれかを選択しなければなりません。

　なお，変動費を意味する直接原価（direct costs）は，特定の原価計算単位に緊密に跡づけ可能であるという意味での**直接費**（direct costs）と英語表記が同じで誤解されやすいことから，直接原価計算ではなく，**変動原価計算**（variable costing）と呼ぶべきだと主張する論者もいます。ただし日本では，直接原価と直接費について，よほどのことがない限り混同しませんので，変動原価計算を主張する人はほとんどいません。

8.3　短期利益管理の2類型

CVP分析と短期利益管理

　CVP分析では，諸原価を変動費と固定費とに**原価分解**することが必要ですが，短期的には，固定費が不変または大きく変化しないと仮定されています。このため，短期的には固定費が代替案の選択には無関係となりますので，代替案は売上高から変動費を差し引いた限界利益の大きさで評価することができます。ここから，CVP分析は，より現実的には，変動費・売上高・限界利益の分析を意味しています。短期基本計画に含まれる諸代替案は，この限界利益に着目して評価・選択されている訳です。

　そうであるとすれば，CVP分析の直後に設定される短期利益計画も，さらには予算管理であっても，論理的に矛盾なく展開するためには，3つのプロセスが限界利益に基づくものでなければなりません。しかし，現実は必ずしもそのようになってはいません。図表8-2は，短期利益管理の2類型を図解したものです。

● 図表8-2　短期利益管理の2類型

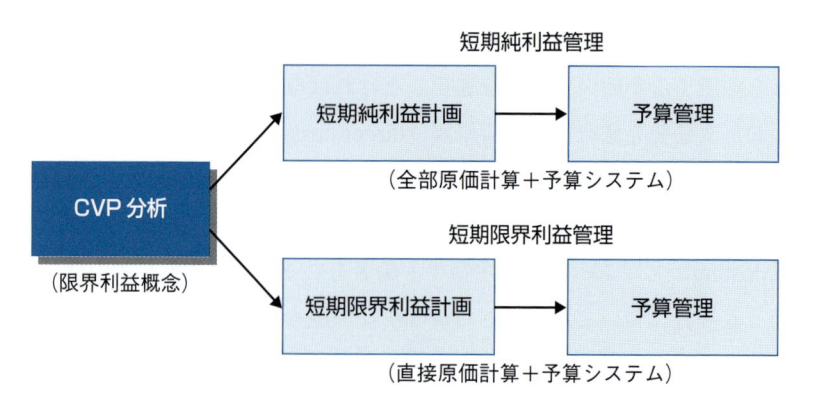

```
                          短期純利益管理
                    ┌──────────┐    ┌──────────┐
                    │ 短期純利益計画 │ →│  予算管理   │
                    └──────────┘    └──────────┘
┌──────┐  ↗       （全部原価計算＋予算システム）
│ CVP分析 │
└──────┘  ↘         短期限界利益管理
                    ┌──────────┐    ┌──────────┐
（限界利益概念）     │短期限界利益計画│ →│  予算管理   │
                    └──────────┘    └──────────┘
                       （直接原価計算＋予算システム）
```

CVP分析は，限界利益概念の下で展開されますが，短期利益管理は2つの異なる利益概念の下で展開されます。一つは，純利益概念に基づく**短期純利益管理**であり，伝統的な全部原価計算と予算システムの下で短期純利益計画の設定→純利益による予算管理として展開されます。もう一つは限界利益概念に基づく**短期限界利益管理**であり，直接原価計算と予算システムの下で，短期限界利益計画の設定→限界利益による予算管理として展開されます。全部原価計算と直接原価計算の下では，それぞれ異なる利益概念による短期利益管理が展開されていることに気づくことが肝要です。にもかかわらず，通常，この点を意識せずに直接原価計算に言及することが多いようですので，このことをごく強調しておきたいと思います。

全部原価計算による利益計算の欠陥

CVP分析は限界利益を利用して行われますが，全部原価計算を採用している場合には，これとは異なる純利益概念に基づいて短期純利益計画→総合予算→予算統制が展開されることになります。異なる利益概念によってCVP分析とその後の短期純利益管理が展開されますので，ある条件下ではトラブルが生じます。最大のトラブルは，売上高が増減したときにそれに対応して利益が増減しないという欠点，いわば**トップ・マネジメントの常識**が全部原価計算によって否定されることです。**図表8-3**は，全部原価計算に基づく利益計算を示したものです。

この図では，販売費と一般管理費などの営業費を省略して，売上高から売上原価を差し引いて営業利益が計算されています。売上高と営業利益に注目して下さい。1月には，売上高100万円に対して，25万円の営業利益が生じています。2月には，売上高が2倍の200万円に増大したにもかかわらず，営業利益は逆に減少してわずか5万円と計算されています。3月には，2月と同じ売上高200万円ですが，営業利益は80万円に急増しています。売上高に比例して営業利益が増減しないことは明らかです。

全部原価計算では，製品1個当たりの製品原価を計算するため，直接材料

● 図表8-3　全部原価計算による利益計算

	1月	2月	3月	合計
売 上 高	1,000,000円	2,000,000円	2,000,000円	5,000,000円
売 上 原 価	750,000	1,950,000	1,200,000	3,900,000
営 業 利 益	250,000円	50,000円	800,000円	1,100,000円
期首在庫量	0個	1,000個	0個	0個
生 産 量	2,000	1,000	3,000	6,000
販 売 量	1,000	2,000	2,000	5,000
期末在庫量	1,000個	0個	1,000個	1,000個
販 売 単 価	1,000円	1,000円	1,000円	
直接材料費	100	100	100	
直接労務費	200	200	200	
製造間接費	900,000	900,000	900,000	
間接費配賦額	450	900	300	
製 品 原 価	750	1,200	600	

費と直接労務費を直課した後，製造間接費を配賦します。製造間接費90万円（1カ月）がすべて固定費であると仮定すれば，各月の**製造間接費配賦額**は，製造間接費配賦額＝製造間接費/生産量として次のように計算されます。

> 1月　製造間接費配賦額 ＝ 900,000/2,000 ＝ 450円
> 2月　製造間接費配賦額 ＝ 900,000/1,000 ＝ 900円
> 3月　製造間接費配賦額 ＝ 900,000/3,000 ＝ 300円

　製造間接費の配賦額は生産量に反比例して少なくなりますので，生産量が多ければ多いほど製品原価が低くなります。このため，たとえ販売量が同一であっても，生産量の相違によって，製品原価が異なって計算され，営業利益もまた異なって計算されます。2月と3月とは，販売量が同一であるのに，営業利益が異なって計算されるのは，生産量が異なっているからです。また，

販売量が増加しても，生産量が少なければ，製品原価が高くなり，利益は少なく計算されることになります。

製造間接費に占める固定費の割合が小さい場合には，この利益計算の歪みが目立ちませんが，固定費が多額になればなるほど，誰もが目を疑うほど歪みが顕著になります。**計算期間の短縮化，原価計算単位の細分化，生産量と販売量との乖離の拡大**によって，この利益計算の歪みはさらに増大します。

直接原価計算による限界利益計算

直接原価計算では，全部原価計算が露呈した**利益計算の欠陥を改善**できますので，これを確認しておきましょう。全部原価計算の例示（**図表8-3**）で使ったデータをそのまま転用します。図表8-4は，直接原価計算による利益

図表8-4　直接原価計算による利益計算

	1月	2月	3月	合計
売　上　高	1,000,000円	2,000,000円	2,000,000円	50,000,000円
変　動　費	300,000	600,000	600,000	1,500,000
限　界　利　益	700,000円	1,400,000円	1,400,000円	3,500,000円
固　定　費	900,000	900,000	900,000	2,700,000
営　業　利　益	−200,000円	500,000円	500,000円	800,000円
期首在庫量	0個	1,000個	0個	0個
生　産　量	2,000	1,000	3,000	6,000
販　売　量	1,000	2,000	2,000	5,000
期末在庫量	1,000個	0個	1,000個	1,000個
販売単価	1,000円	1,000円	1,000円	
直接材料費	100	100	100	┐→変動費
直接労務費	200	200	200	┘
製造間接費	900,000	900,000	900,000	→固定費
製品原価	300	300	300	

計算を例示したものです。

直接原価計算では，次のような2段階の利益計算が行われます。

> 売上高 － 変動費 ＝ 売上高 －(直接材料費 ＋ 直接労務費)＝ 限界利益
> 限界利益 － 固定費 ＝ 限界利益 － 製造間接費 ＝ 営業利益

直接原価計算で計算された限界利益に注目すると，1月には，売上高100万円で限界利益70万円と計算されています。2月には，売上高は2倍の200万円に増大していますが，限界利益もまた2倍の140万円に増大しています。3月には，2月と売上高が同じですので，限界利益もまた同じ額に計算されます。このように，売上高と限界利益とは完全な正比例の関係になりますので，トップ・マネジメントが常識として描いている利益計算にピッタリ一致する訳です。このような売上高と限界利益との関係は，限界利益図によって適切に示すことができます。

営業利益に注目しても，売上高と利益の関係は同じ傾向です。1月の売上高100万円は限界利益70万円を獲得しますが，固定費90万円のうち70万円しか回収できませんので，差引20万円の損失となります。2月と3月の売上高はともに200万円ですが，これにより両月とも140万円の限界利益，この限界利益から固定費90万円を回収して営業利益50万円を獲得できます。

直接原価計算を利用すれば，限界利益を用いてCVP分析を簡単にできます。限界利益図表を利用すれば，売上高，限界利益，固定費，損益分岐点，営業利益の関係をよりよく理解できますが，ここでは，省略します。

なお，全部原価計算の利益計算（**図表8－3**）と直接原価計算のそれ（**図表8－4**）との対比で，1つだけ重要なことを付言しておきます。それは全部原価計算の営業利益合計が110万円であるのに対して，直接原価計算の営業利益合計が80万円となっていることです。この差額は次の理由で生じています。全部原価計算では，**期末在庫**が発生した場合には，製造間接費の配賦額すべ

てがこの期末在庫の中に含まれて、次年度に繰り越されますので、期末在庫1,000個に含まれた製造間接費の配賦額は30万円です。他方、直接原価計算の場合には、固定費（この場合には製造間接費全額）が当期費用として処理されますので、期末在庫の中に含まれた固定費の繰越はありません。このため、直接原価計算の営業利益総額は30万円だけ少なく計算されます。

8.4 直接原価計算による責任会計システムの展開

短期限界利益管理

　CVP分析とは、変動費と固定費の原価分解を基礎として、変動費・売上高・限界利益の関係分析を行うことです。直接原価計算もまた、変動費と固定費との原価分解をそのまま**正規の会計システム**の中にビルトインして、限界利益を計算できます。このため、直接原価計算を利用すれば、CVP分析と同様、正規の会計システムの中に変動費・売上高・限界利益の相互分析を行うことができます。その結果、「直接原価計算の採用によって、短期の利益計画や経営意思の決定に役立つ資料が会計システムを通じて求められるようになった」(NAA [1961] p.8) とされ、ここから、直接原価計算の**短期利益計画設定への有用性**が著しいと多くの論者によって主張されてきました。

　確かに、直接原価計算の下でも、短期利益計画のためのCVP分析を簡単に行うことができます。しかしながら、CVP分析それ自体は直接原価計算に固有のものとは言えそうにありません。なぜなら、全部原価計算の下でも、正規の会計システム外（帳簿外）で行われる**特殊原価調査**によってCVP分析を行うことが可能だからです。全部原価計算の正規システムから入手した会計データに基づいて、諸原価を変動費と固定費とに原価分解して、CVP分析を行うことができます。しかも、直接原価計算によるCVP分析の結果と全部原価計算によるそれとは、計算結果それ自体を比較する限り、両者の間にそれ

ほど決定的な相違はありません。そうであるとすれば，いったい何が**直接原価計算に固有の機能（役立ち）**なのでしょうか。

　直接原価計算はそれまでの全部原価計算に代わって正規の会計システムとして採用され，諸原価を変動費と固定費とに原価分解して，限界利益を計算し，さらに固定費を差し引いて営業利益が計算されます。さらにこの直接原価計算に基づく正規の会計システムの下で，短期利益計画を実現する予算管理が展開されます。直接原価計算に固有の機能（役立ち）を考える際に，この点がきわめて重要です。

　元来，全部原価計算に基づき正規の会計システムの下では，純利益概念に基づいて予算管理が展開されます。それは**短期純利益管理**と呼ぶことができます。他方，直接原価計算の下では，限界利益概念に基づいて予算管理が展開されます。それは**短期限界利益管理**と呼ぶことができます。全部原価計算から直接原価計算への転換は，実は，予算管理の下で展開される**短期利益管理の大転換**，つまり短期純利益管理から短期限界利益管理への転換に他ならなかった訳です。別の視点から言えば，全部原価計算の下でのCVP分析（変動費・売上高・限界利益の分析）は，あくまで短期純利益計画を設定するための**補助的手段**として利用されるだけでした。これに対して，直接原価計算の下でのCVP分析は，短期限界利益計画を設定するための**第一義的手段**として位置づけることができます。そればかりではありません。かかるCVP分析を通じて設定された短期限界利益計画は「机上の空論」として放置されるのではなく，予算管理を通じて短期限界利益統制のための管理基準（目標）として利用されます。誤解を恐れずに言えば，直接原価計算はかかる短期限界利益管理を可能にする管理会計に他なりません。まさに全部原価計算から直接原価計算への転換は**会計システムの根本的な変革**を意味しています。

直接原価計算の下での責任会計システムの構築

　直接原価計算では，計算の大前提として，諸原価が変動費と固定費とに原価分解されます。変動費のみが製品原価を構成し，製造間接費の大半をなす

固定費が当期費用として処理されます。製造間接費の配賦計算が行われませんので，現業管理者は現業統制を通じて製品原価である変動費を管理できます。また最高経営者（トップ・マネジメント）は，現業管理者が管理できない固定費を総合管理によって管理できます。直接原価計算では，変動費と固定費との原価分解及び**間接費配賦計算の排除**によって，現業管理者の変動費に対する原価責任とトップ・マネジメントの固定費に対する原価責任とを明確に区分できます。つまり**階層的原価責任分担**を明確にできます。さらに，売上高から変動費を差し引いて限界利益が計算されますので，同時に現業管理者が持つ変動費に対する原価責任とトップ・マネジメントが持つ限界利益に対する利益責任との**階層的会計責任分担**も明確化できます。図表8-5は，階層的会計責任分担の明確化を示したものです。

● 図表8-5　階層的会計責任分担の明確化

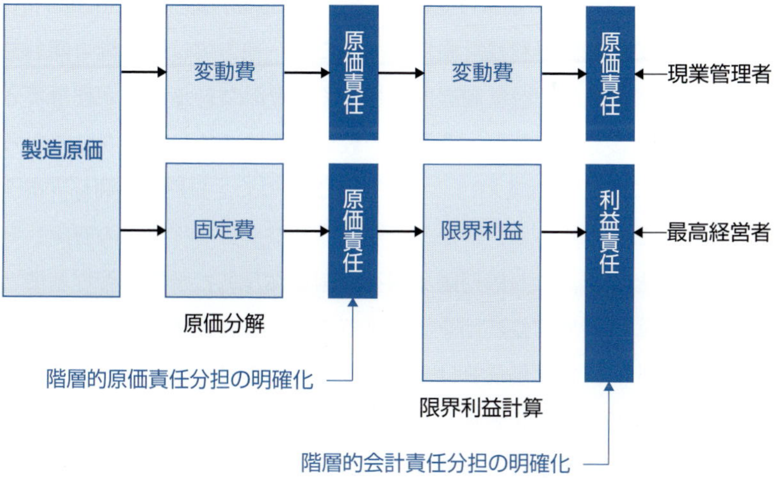

この図によれば，原価分解によって階層的原価責任分担が明確化され，さらに直接原価計算の下で，限界利益（＝売上高－変動費）が計算されることによって，階層的会計責任分担が明確化されます。

この結果，直接原価計算では階層的会計責任分担が明確化できますので，

責任会計と直接原価計算との結合が望ましいばかりでなく，直接原価計算は責任会計論で展開されていた内容を責任会計システムとして現実の管理会計実務として実現できます。

もう少し詳しく説明しておきましょう。直接原価計算の下では，変動費は現業管理者が日常的直接的な現業統制を通じてほぼ管理できる管理可能費を意味しています。このため，生産部門の現業管理者は，管理可能費である変動製造費を管理しながら生産管理を能率的に展開することになります。販売部門の現業管理者は，許容された変動販売費の枠内で所要売上高の達成を目指して効果的な販売管理を展開しなければなりません。直接原価計算の下では，階層的会計責任分担を明確化できますので，管理可能な会計情報のみを最下層の現業管理者からトップ・マネジメントに至るまで計算・報告する階層的会計報告書ないし責任報告書を作成する責任会計システムを構築することができます。

このように見てくれば，限界利益が，一方では，**増分利益**（incremental profit）の近似値として短期限界利益計画機能を果たし，他方では，**管理可能利益**の近似値として短期限界利益統制機能を等しく果たしていることが理解できると思います。直接原価計算は，それが一般会計システムに結合されていることから直接的にCVP分析を行うことができますので，短期限界利益計画を容易に設定できるのみならず，かかる短期限界利益計画を「机上の空論」として放置することなく，この短期限界利益計画を体現した予算を管理基準として，その後の短期限界利益統制を展開することにより，短期限界利益計画を現実化できます。直接原価計算は，その下で展開される短期限界利益管理の全プロセスを通じて，総合管理及び現業統制という，いわば2階層の経営管理のための会計的統制手段となりうると言えるでしょう。

責任報告書としてのセグメント別貢献利益計算書

さらに，直接原価計算の下では階層的会計責任分担が明確化されますので，トップ・マネジメント及び現業管理者は固定費の重要性と限界利益による固

定費の回収に否応なく気づくことになります。限界利益の大きさが固定費の回収能力と全社純利益への貢献度を示していますので，トップ・マネジメントは固定費の**一般的発生水準**（the general level）を戦略的計画によって長期的に管理するだけでなく，その**実際的発生水準**（the actual level）についても，総合管理を通じて，固定費の有効利用と早期回収などの**固定費管理**を強制されます（Böer［1974］p.15）。なぜなら，この固定費管理を放置すれば，トップ・マネジメントが設定した短期目標利益を獲得できないからです。

大幅な権限と責任の委譲が行われている分権的経営管理体制，すなわち事業部制組織の下では，事業部長レベルに対して，かかる固定費管理が強制されます。このため，事業部長によって短期的に管理可能とみなされる固定費がとくに**直接固定費**（non variable direct costs, direct fixed costs），**個別固定費**（separable fixed costs）などとして**事業部別損益計算書**ないし**セグメント別貢献利益計算書**に記載されます。図表8-6は，この事業部別損益計算書の一例を示したものです。

このセグメント別貢献利益計算書において，限界利益から直接固定費が差し引かれて**貢献利益**（contribution margin）が計算されています。この貢献利益に着目することによって，トップ・マネジメントは各事業部に対する固定費管理を含めて，短期的全社的な視点からの総合管理を展開できます。

かくして，直接原価計算は，予算システムに結合・統一して運用されることを通じて，限界利益概念に基づく短期限界利益管理の展開を可能にします。そこでは事業部別損益計算書ないしセグメント別貢献利益計算書を直接の媒介として現業統制と総合管理という，いわば2階層の経営管理のための会計的統制手段として利用されています。

● 図表 8 – 6　セグメント別貢献利益計算書

	全社合計	事業部 A	事業部 B	事業部 C
売　上　高	600,000ドル	300,000ドル	200,000ドル	100,000ドル
変　動　費				
売上原価	180,000	81,000	56,000	43,000
包　装　費	108,000	69,000	32,000	7,000
販　売　費	42,000	21,000	12,000	9,000
小　　計	330,000ドル	171,000ドル	100,000ドル	59,000ドル
限　界　利　益	270,000ドル	129,000ドル	100,000ドル	41,000ドル
直接固定費				
製　造　費	41,500	13,500	15,000	13,000
包　装　費	15,500	10,000	4,000	1,500
販　売　費	24,000	18,000	—	6,000
小　　計	81,000ドル	41,500ドル	19,000ドル	20,500ドル
貢　献　利　益	189,000ドル	87,500ドル	81,000ドル	20,500ドル
共通固定費				
製　造　費	25,000			
販　売　費	16,000			
管　理　費	25,000			
研究開発費	15,000			
施　設　費	27,000			
会　社　費　用	15,000			
小　　計	123,000ドル			
純　利　益	66,000ドル			

（出所）　Marple［1963］p. 8.

8.5　直接原価計算の外部報告制度化論

　少なくとも，直接原価計算の**内部報告目的**の利用については，提唱者のハリスやNACAが期待したように，しだいに会計人・経営者によって認められていきました。しかし，**外部報告目的**の利用については，その是非をめぐって，NAA（NACA）に結集する直接原価計算推進論者と全部原価計算を擁護する反対論者との間で激しい論争が繰り返されました。

　直接原価計算の**外部報告制度化論**とそれに対する**反対論**は，たとえば，1953年のハイザー（H. C. Heiser）の主張，1954年のニールセン（O. Nielsen）とヘップワース（S. R. Hepworth）との論争，1955年のクーパー（T. M. Kupfer）の主張，1956年あるいは1957年のマープル（R. P. Marple）とブラメット（R. L. Brummet）との論争などとして顕著化しました（岡本［1965］pp. 285-305）。しかし，論争の最大の契機を提供したのは，1957年の米国会計学会（AAA）の基本概念及び基準委員会の報告書の公表でした。同報告書は，直接原価計算も外部報告目的に利用できる会計理論として認めるべきであるという2人の委員（T. M. Hill and W. J. Vatter）の少数意見を付記して，「製造された製品の原価は，その製品に合理的に跡づけできる取得原価の合計であり，直接的要素と間接的要素の両方を含むべきである。いかなる製造原価の要素の除外も認めることはできない」（AAA［1957］p. 539）と規定し，多数意見としては直接原価計算を外部報告目的にも利用することに対して否定的な結論を下しました。多数意見の「意向」とは逆に，この報告書の公表は直接原価計算の推進論者を元気づける結果となりました。直接原価計算論者は，「直接原価計算は全部原価生産と同様，期間損益計算のための費用収益対応の1方法である」（NAA［1961］p. 6）という主張に典型的に表れたように，直接原価計算論が全部原価計算論に代替しうる会計理論であり，当然のこととして，外部報告目的にも利用できるという主張を積極的に展開し始めました。

直接原価計算では，伝統的な製造原価のうち，その変動費部分のみを製品原価とし，固定費部分を期間費用として処理するため，これが全部原価計算に**代替しうる**会計理論であることを主張するためには，少なくとも，第1に**棚卸資産原価**は変動的製造原価のみで構成されうること，第2に**費用収益対応の原則**に合致しうることについて，直接原価計算論者は積極的にその**理論的根拠**を提示する必要がありました。マープルやNAAの調査報告書（No.37）の主張，とりわけ，ホーグレンとソーター（C. T. Horngren and G. H. Sorter）に対するフェスとフェララ（P. E. Fess and W. L. Ferrara）の論争は，この理論的根拠をめぐって展開されたものでした（上總［1993］pp. 192-194）。これらの論争に関しては，岡本清氏，津曲直躬氏，小林健吾氏などによって詳細に検討されていますので，ここでは割愛します。しかし，この論争を通じて，直接原価計算論者の主張がつねに論理的であったとは言いがたく，また反対論者との論争もすれ違いに終わった部分もなくはありません。いずれにしても，外部報告目的にも利用しうるとする直接原価計算論者の主張は，一般的に認められないまま現在に至っています。

●●●●●　　　　ケース8の問題を考える　　　　●●●●●

　村田製作所では，部門損益及び連結品種別損益を計算するために，直接原価計算を基礎として独自の計算方法が採用されていました。図表8－7は，村田製作所の損益計算書勘定体系を示したものです。

　この図に提示された損益計算の構造は，基本的には，直接原価計算に基づいていますが，独自の原価概念と利益概念が使われています。まず製造原価が変動費，加工費，間接費の3つに区分されています。変動費は変動材料費，直接労務費や外注加工費など「生産高に比例して増減する費用」です。加工費は「生産設備の減価償却費やエネルギー費用，生産に必要な治工具等の材料費など，生産高に準比例し，生産過程に付随して発生する費用」です。「間接費は変動費と固定費に二分した場合の固

図表8-7　村田製作所の損益計算書勘定体系

売上高	
棚卸増減	
修正製造高	
商品仕入高	
変動材料費	
直接労務費	
外注加工費	
変動費	
限界利益	
加工材料費	→設備用消耗品費
減価償却費	→生産設備の償却費
その他経費	→エネルギー費，設備修繕費等
加工直接経費	
設備金利	→生産設備にかかる社内金利
棚卸金利	→棚卸資産にかかる社内金利
加工費	
正味利益	
間接材料費	→工場消耗品費
間接労務費	
減価償却費	→建物および間接部門の設備等の償却費
その他経費	
間接経費	
間接社内金利	→土地・建物および間接部門の設備等にかかる社内金利
間接費	
他勘定振替高	
売上総利益	
販売費	
一般管理費	
研究開発費	
その他社内金利	→売上債権および販売部門の資産にかかる社内金利
一般管理販売費	
営業利益	
営業外損益	→棚卸および固定資産の廃棄損等
経常利益	

（出所）　泉谷［2001］p.120.

定費のうち加工費を除いた部分である」，つまり「生産高に比例しない期間費用」を意味しています。「固定費から加工費を分離する理由は，固定費を性質に応じて区分することで，損益や原価の判断がより的確に行えるためである」(泉谷［2001］p.119) とされています。各部門では，次のような損益計算が行われます。

> 限界利益 ＝ 売上高 － 変動費
> 正味利益 ＝ 限界利益 － 加工費 ＝ 売上高 － 変動費 － 加工費
> 　　　　 ＝ 売上高 － 正味原価
> 売上総利益 ＝ 正味利益 － 製造間接費 ＝ 売上高 － 製造原価

　ここに指摘した「正味利益＝売上高－正味原価」は村田製作所が独自に採用した計算方法です。村田製作所によれば，手作業で生産する場合には，直接作業者の労務費等が発生するが，設備で生産する場合には，設備の減価償却費，エネルギー費用，設備保全要員の労務費等の固定費が発生します。「そこで，設備投資を行って機械生産に切り替わったことでコストや収支がどのように変化したかを把握し，コスト面での機械化のメリットやデメリットを的確に捕捉したうえで，その後の合理化の判断にも役立てる」(泉谷［2001］p.119) とされています。

　村田製作所の各部門では，設備投資によって増加する加工費と逆に投資効果として減少する変動費に注目し，両者の純減少額を意味する正味利益の純増加額によって投資計画の良否が判定されています。この純増加額を正味投資利益 (net return from investment) と呼ぶことにすれば，村田製作所では，部門ごとに正味投資利益計算が行われていると言えるでしょう (詳しくは，上總・浅田［2007］を参照して下さい)。

引用文献

A. A. A., Committee on Accounting Concepts and Standards［1957］, "Accounting and Reporting Standards for Corporate Financial Statements, 1957 Revision," *The Accounting Review*, Vol. 42, No. 4, pp. 536-546.

Böer, Germain［1974］, *Direct Cost and Contribution Accounting : An Integrated Management Accounting System*, John Willy & Sons, New York.

Harris, Jonathan N.［1936］, "What Did We Earn Last Month?" *N. A. C. A. Bulletin*, Vol. 17, No. 10, January 15, pp. 501-527.

Marple, Raymond P.［1961］, "There is a Fundamental Error in Absorption Costing," *The Controller*, Vol. 29, No. 7, pp. 314, 316, 318, 320.

Marple, R. P.［1963］, "The Relative Contribution Approach to Management Reporting," *N. A. A. Bulletin*, pp. 3-14.

Marple, R. P.（ed.）［1965］, *National Association of Accountants on Direct Costing : Selected Papers*, The Ronald Press Co, New York.

N. A. C. A.［1953］, "Direct Costing : Research Series No. 23," N. A. C. A. Bulletin, April, 1953, in Marple, R. P.（ed.）［1965］, *N. A. A. on Direct Costing*, pp. xx-ss.

N. A. A.［1961］, *Current Application of Direct Costing : Research Report* No. 37, N. A. A., New York.

泉谷裕編著［2001］『「利益」が見えれば会社が見える―ムラタ流「情報化マトリックス経営」のすべて―』日本経済新聞社。

岡本清［1965］「米国における直接原価計算の外部報告機能論争」『一橋論叢』第54巻第3号。

上總康行［1993］『管理会計論』新世社。

上總康行・浅田拓史［2007］「村田製作所のマトリックス経営と管理会計―正味投資利益計算と割引回収期間法―」『企業会計』第59巻第1号, pp. 150-159.

小林健吾［1981］『原価計算発達史』中央経済社。

田島四郎［1966］『原価計算―理論と実務―』国元書房。

津田直躬［1977］『管理会計論』国元書房。

村田製作所［2013］「村田製作所 平成25年3月期決算短信［米国基準］（連結）」2013年4月30日。

9 事業セグメント利益管理

・・・●本章のポイント●・・・

❶ 事業目的の遂行に必要な多様な企業組織について学びます。

❷ 多様な企業組織の中から，事業部制組織を取り上げ，そこで展開される予算管理について学びます。

❸ 事業セグメント利益管理で必要となる利益概念と利益計算を学びます。

❹ 事業部制会計で生じる二大会計問題，つまり内部振替価格と本社費配賦について学びます。

ケース9　キヤノン電子の経営改革と空間基準会計（SBA）

　キヤノン電子株式会社（本社：埼玉県秩父市，東京本社：東京都港区，以下，キヤノン電子と略記します）は，1954年5月，株式会社秩父英工舎として創業されました。1964年，社名を現在のキヤノン電子に変更し，カメラ用精密部品や磁気ヘッドを主力製品として成長していきました。

　2013年12月末現在，連結ベースで売上高980億円，経常利益108億円，総資産960億円，有利子負債がゼロ，従業員5,477名となっています。キヤノン株式会社（本社：東京都大田区）が発行済株式総数の53.3％を保有する上場子会社です。

　1999年3月，親会社キヤノンの御手洗冨士夫社長の要請を受けて，当時常務取締役であった酒巻久氏がキヤノン電子の社長に就任しました。当時，キヤノン電子は，売上高経常利益率は1％ほどで「一応黒字であったけれども，けっして褒められた財務状況，バランスシートではなかった。多額の借入や不良資産があり，実態的には赤字経営だった」（酒巻［2007］p.19，以下頁数のみ表記）とされています。

　酒巻社長は，「時間，スペース，不良品，物の移動距離，CO_2排出量などすべてにおいて，これまでの半分にしなさい」（pp.22-23）と明言され，キヤノン電子では「TSS 1/2」活動が展開されました。導入4年目の2002年には目標を達成し，利益率も大きく延びました。2003年以降，新たに「TSS 1/4」活動が展開されています。酒巻社長によれば，「これは3年ですべてを四分の一にして効率を4倍に高めようというものだ。最初の二分の一と合わせると，実にトータル8倍の経営改革，生産性向上を目指すものだ」（p.24）とされています。具体的には，Energy（エネルギー効率4倍），Failure（不良率低減4倍），Factory（工場効率4倍），Environment（資源循環効率4倍），Creativeness（開発効率4倍），Total（全体効率4倍）を意味する「EFFECT4」という目標を掲げて，現在進行中です（上總［2010］pp.9-10）。

　酒巻社長が提唱したTSS1/2運動と連携して，「スペースコスト」という概念の下でユニークな会計技法が導入されましたが，それは，事業部制会計や事業セグメント別会計で使われる本社費の配賦計算に革新をもたらすほどのものでした。

> **問題**
>
> キヤノン電子の酒巻社長が提唱した経営改革とそれを支援したユニークな本社費の配賦計算について，酒巻社長の著書や公表された論文や資料を利用して，明らかにして下さい。

9.1　企業組織の多様化

　企業組織は，単一製品戦略に適した職能部門別組織から，多製品戦略（多角化戦略）に適した事業部制へと発展を遂げてきました。さらに1994年4月，ソニー株式会社（本社：東京都品川区）が事業部制よりも独立性が強い**カンパニー制**を採用して以来，多くの日本企業でカンパニー制が採用されています。さらに1990年代以降，企業の海外進出が積極的に行われるようになり，結果として，多数の国外子会社が誕生しました。また1997年には，日本では，それまで禁止されていた純粋持株会社が解禁され，一気に**持株会社**が普及していきました。**図表9-1**は，企業組織のタイプを示したものです。

　この図によって簡単に説明しておきましょう。

● 図表9-1　企業組織のタイプ

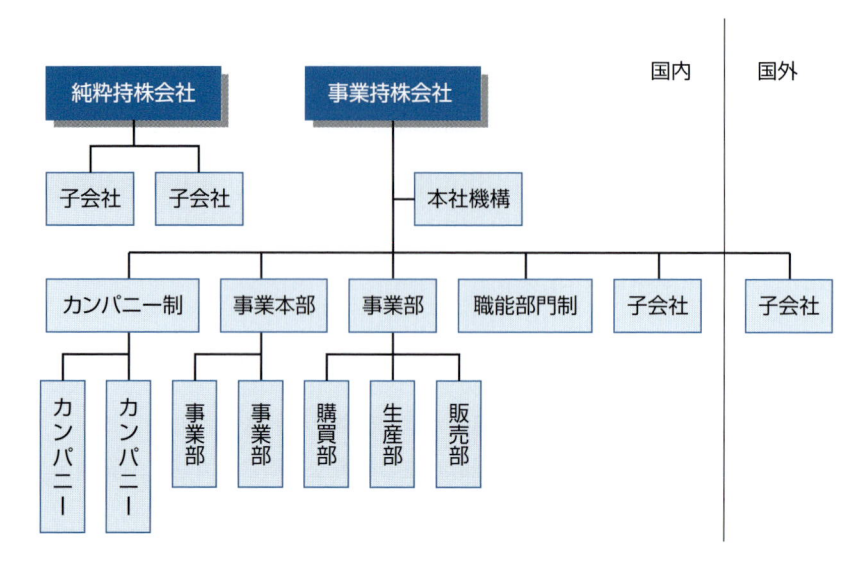

① **持株会社**……持株会社には2種類あります。本業を行いながら他の会社を支配する持株会社を**事業持株会社**，他の会社を支配することを本業とする持株会社を**純粋持株会社**と呼びます。
② **事業持株会社**……本業を行うために，職能部門，事業部，カンパニー制，さらに支配するために子会社を持っています。会社によっては，事業部，職能部門制組織，子会社がそれぞれ支配する子会社を持っている場合もあります。
③ **職能部門制組織**……単一製品戦略を展開する企業に適合しており，購買，生産，販売を担当する職能部門から編成されています。
④ **事業部制組織**……多製品戦略（多角化戦略）を展開する企業に適合しており，事業部と呼ばれる利益責任単位が設けられます。複数の事業部を管理するために，事業部の上に**事業本部**を設ける場合もあります。
⑤ **カンパニー制**……事業部制と比較して，投資決定権，人事権などのより強い権限と独立性を付与した利益責任単位であり，傘下に事業部を編成することもあります。

⑥　**子会社**……特定の事業目的やリスク回避などのために設立された会社であり，親会社が発行株式の100％を保有する**完全子会社**，過半数を保有する**子会社**，過半数未満でも実質的な支配力を持つ場合には，**連結子会社**と認定され，連結会計の対象となります。それ以外は，**非連結子会社**と呼ばれています。また，国内だけではなく，国外で設立される**海外子会社**もあります。

　以下，多様な企業組織で展開される事業セグメント別利益計算について，その典型である事業部制会計を取り上げます（以下，上總［1993］第9章に基づいて記述します）。

9.2　事業部制組織の予算管理

　事業部制組織は利益中心点である多数の事業部とこれを統括する本社機構とから構成されています。事業部制組織の下でも，短期目標利益→短期利益計画→予算管理（予算編成と予算統制）として，総合管理のための管理会計が展開されます。しかも，職能部門別組織の下では，会社全体が唯一の利益中心点であり，社長のみが利益責任を負っていたのに対して，事業部制組織では事業部もまた利益中心点となりますので，社長だけではなく，多数の事業部長も等しく利益責任を負うことになります。ここから，会社全体のみならず，すべての事業部が利益を指向して管理されますが，このことが事業部制組織における管理会計の最大の特徴です。**図表9-2**は，事業部制組織の下で展開される総合管理と予算編成のプロセスを示したものです。

　この図によれば，本社のトップ・マネジメントによって決定された全社的な短期利益計画が事業部長に対して提示されます。トップ・マネジメントの意向を伝えるのが目的ですので，短期利益計画ではなく予算編成方針であっても構いません。事業部長はこの短期利益計画をそのまま**事業部利益計画**とすることもできれば，独自に事業部利益計画を設定することもできます。

● 図表9-2　事業部制組織の下での総合管理と予算編成プロセス

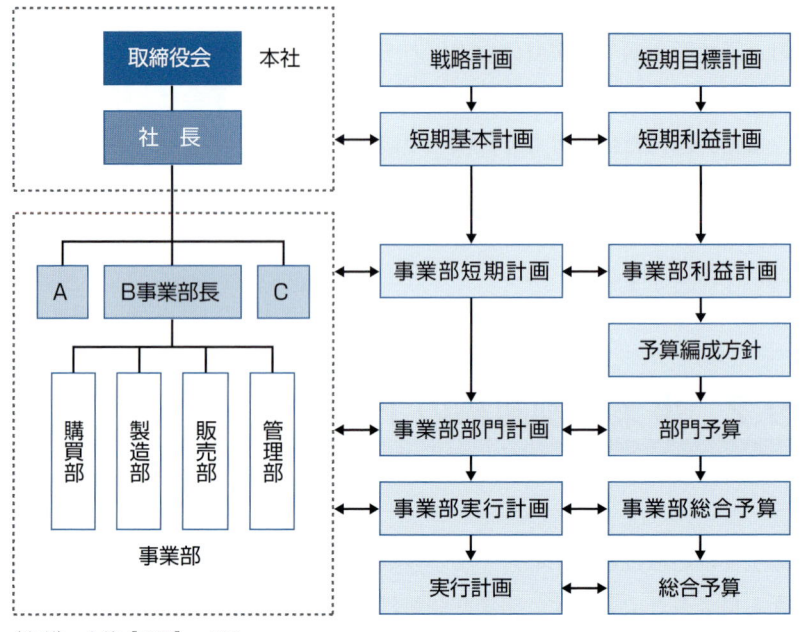

(出所)　上總［1993］p.205.

　事業部長は事業部利益計画に基づいて事業部の予算編成方針を作成し，当該事業部の職能部門長に伝達します。事業部の各職能部門長が部門計画を検討しつつ部門予算を作成し，これを事業部スタッフが集約して**事業部総合予算**が編成されます。この事業部総合予算の編成を通じて，事業部長と職能部門長との間で垂直的調整が行われ，さらに職能部門長相互間での水平的調整が行われます。すべての事業部で事業部予算が作成されたならば，これを本社スタッフが集約して会社全体の総合予算が編成されます。会社全体の総合予算は，予算委員会を経て取締役会で最終的な調整が行われ，次年度予算として正式に決定されます。

　事業部制組織では，原則的には，最終的に編成された総合予算が短期目標利益を満足している限り，本社のトップ・マネジメントが事業部の計画設定プロセスには介入する必要はありません。トップ・マネジメントが事業部長

によって設定される事業部部門計画や事業部実行計画に対してこまごま注文をつけるようであれば，**分権化**をした意味がまったくないからです。このことはまた予算統制についても同様です。事業部活動の結果が実績値として測定され，これが予算を満足している限り，トップ・マネジメントは事業部長に対して直接的な統制を行う必要はありません。まさに予算管理はトップ・マネジメントが事業部長を統制するための間接的手段です。

9.3 利益概念と事業部利益計算

　事業部制組織では，各事業部が利益責任を負った利益中心点である限り，多数の業績評価基準が利用される場合であっても，原則的には，事業部利益をもっとも重視して事業部の業績評価が行われます。さらに，事業部長に対して事業部の投資決定権が委譲されている場合には，事業部が投資中心点であるため，事業部使用資本の効率によって業績評価が行われます。しかしながら，事業部長の投資決定権が部分的にしか与えられない場合や，事業部の使用資本が短期的な視点から運用されることも多く，実際的には，事業部は利益中心点に投資中心点を加味した二重の性格を持つものとして運用されています。この点を視野に入れながら，**事業部利益計算**を検討してみましょう。

純利益

　ごく一般的には，**事業部の純利益**が計算されます。つまり**事業部売上高**から**事業部固有費**と**共通費配賦額**を差し引いて**事業部純利益**が計算されます。ここで，事業部固有費とは当該事業部で発生したすべての原価と費用であり，共通費配賦額とは，財務部，経理部，法務部，情報処理室，人事部，企画部，生産技術部，研究開発部など当該事業部以外で発生した費用，いわゆる**本社費の配賦額**を意味しています。いま，事業部純利益を計算する簡単なモデル

● 図表9-3　事業部純利益計算

	会社全体	A事業部	B事業部
売上高	4,000万円	3,000万円	1,000万円
事業部固有費			
売上原価	2,100	1,500	600
事業部販売費	450	400	50
事業部管理費	350	300	50
共通費配賦額	800	600	200
事業部純利益	300万円	200万円	100万円

を例示すれば，図表9-3の通りです。

　この図では，A事業部の純利益は200万円，B事業部の純利益は100万円と計算されていますので，この事業部純利益に着目して事業部の業績評価を行うとすれば，A事業部の業績が高く評価されます。公表財務諸表に利用される損益計算書がこの純利益概念によって作成されますので，事業部純利益による業績評価は，米国や日本の企業でごく一般的に行われています。

　事業部純利益を計算する場合，少なくとも理論的には，①**事業部ごとに事業部固有費**，とりわけ事業部販売費と事業部管理費を明確に区分できること，②**共通費の配賦基準が合理的である**ことという2つの条件を満たしている必要があります。しかし，現実的には，とりわけ②の条件を満たすことはきわめて難しい状況です。共通費がごく少額のうちは，事業部純利益の計算に大きな支障は生じませんが，これらの費用が増加するにつれて，事業部純利益を正確に計算することが困難になり，その結果，事業部の業績評価を適切に行うことができなくなります。

貢献利益

　事業部純利益を正確に計算できれば，事業部長の業績評価も合理的に行うことができると仮定されています。しかし，事業部長に事業部固有費を直接管理できる権限がすべて委譲されていなければ，彼は事業部固有費を完全に

管理できません。仮に事業部固有費を正確に計算できたとしても，そのすべてを事業部長が管理できる訳ではありません。共通費の配賦額に至っては，最初から事業部長が管理することは不可能です。

　シリングロー（G. Shillinglaw）は，直接原価計算をさらに発展させて，管理可能性の視点から**変動利益**，**管理可能利益**，**貢献差益**，**純利益**という4つの利益概念を提唱しました（Shillinglaw［1961］p. 688f）。

① **変動利益**（variable profit）……売上高から変動費を差し引いて計算されます。変動利益は限界利益と同じです。限界利益は事業部の意思決定と業績評価の両方に等しく役立ちます。

② **管理可能利益**（controllable profit）……変動利益から事業部長が短期的に管理できる事業部固定費を差し引いて計算されます。事業部長はこの管理可能利益に着目しながら，事業部活動を管理します。

③ **貢献利益**（contribution margin）……**貢献差益**と訳出されることもあります。管理可能利益から事業部長が短期的に管理できない事業部固定費を差し引いて計算されます。このような管理不能費には，たとえば，事業部長給料，減価償却費，固定資産税，保険料などが含まれますが，それらは過去の意思決定によって発生した埋没原価を意味しています。このため，貢献利益は意思決定に有効な会計情報ではありませんが，共通費配賦額の混入が排除されていますので，その限りで，事業部の業績評価に役立つとされています。

④ **純利益**（net profit）……貢献利益から共通費を差し引いて計算されます。共通費には本社の一般管理費やサービス部門費（service center costs）が含まれています。この共通費は事業部長にとっては管理不能費であり，その配賦額の計算も，配賦計算である限り，恣意的であることを免れません。このため，事業部利益の計算には使うべきではないが，事業部以外でも，多額の固定費が発生していることを事業部長に知らせるために，事業部純利益を用いる企業が多いとされています。**図表9-4**は，シリングローが提唱した4つの利益概念と事業部貢献利益計算を示したものです。

　この図によれば，まず売上高から変動費が差し引かれて，A事業部の限界利

図表9-4　4つの利益概念と事業部貢献利益計算

	会社全体	A事業部	B事業部
売 上 高	4,000万円	3,000万円	1,000万円
変 動 費	1,100	800	300
限 界 利 益	2,900万円	2,200万円	700万円
管理可能固定費			
事業部製造費	550	350	200
事業部販売費	250	200	50
事業部管理費	200	150	50
管理可能利益	1,900万円	1,500万円	400万円
管理不能固定費			
事業部製造費	450	350	100
事業部販売費	200	200	0
事業部管理費	150	150	0
貢 献 利 益	1,100万円	800万円	300万円
共 通 費	800		
全社純利益	300万円		

益2,200万円，B事業部の限界利益700万円と計算され，この限界利益から管理可能固定費が差し引かれて管理可能利益の1,500万円と400万円がそれぞれ計算されます。さらに，この管理可能利益から管理不能固定費が差し引かれて貢献利益800万円と300万円がそれぞれ計算されます。各事業部の業績評価はこの貢献利益によって行われますが，必要に応じて，管理可能利益や限界利益も利用できます。

資本利益率

　上に見た純利益も貢献利益もすべて期間利益です。期間利益が大きければ大きいほど，その事業部の業績はよいと評価されます。しかし，「元手」なしに利益を獲得することは不可能です。事業部には原材料，一般従業員や管理者，工具や機械，製造設備，工場や土地などに多額の資本が投下され，その

投下資本の効率的な運用を通じて利益が獲得できます。そうであるとすれば，期間利益が同額であっても，投下資本が少ないほど，事業部の活動が効率的に管理されたことになります。ここから，期間利益だけではなく，投下資本も視野に入れて，資本利益率（ROI）によって**事業部の業績評価を行うべき**であると主張されます。

日本では，事業部の業績評価に資本利益率を利用する企業はあまり多くありませんが，米国企業では，日本とは対照的に，かなり多くの企業で資本利益率が利用されています。図表9-5は資本利益率を利用した事業部業績評価を示したものです。

● 図表9-5　資本利益率による事業部業績評価

	会社全体	A事業部	B事業部
売　上　高	4,000万円	3,000万円	1,000万円
事業部固有費	2,900	2,200	700
共通費配賦額	800	600	200
事業部純利益	300万円	200万円	100万円
使　用　資　本	2,500万円	2,000万円	500万円
資本利益率	12%	10%	20%

いまA事業部の使用資本2,000万円，B事業部の使用資本500万円とすれば，資本利益率はA事業部の10％，B事業部の20％としてそれぞれ計算できます。この結果，資本利益率で業績評価を行うと，純利益の場合とは逆に，B事業部のほうが優れた業績をあげていることになります。他の条件が変わらないとして，ごく単純に500万円の追加投資をすれば，A事業部では50万円の利益しか獲得できないのに対して，B事業部では100万円の利益を獲得できます。ここから，事業部の業績評価にも，さらには意思決定にも資本利益率は有用であるとされています。

とはいえ，問題点もあります。資本利益率＝利益/使用資本として示されますので，ごく単純に考えて，資本利益率の分子である利益を増大するか，あ

るいは分母の使用資本を減少すれば，資本利益率は大きくなります。市場で競争が存在する限り，分子の利益を増大することは簡単ではありません。しかし，分母の使用資本を減少することは，**事業部長の権限**でかなり実現できます。たとえば，売掛金，手形，仕掛品，商品などの流動資産を減少することは比較的簡単に実現できます。さらに，機械設備や工場などの設備投資，新製品や新市場の開発などの投資計画を延期や中止することもできます。いずれの意思決定も，分母の使用資本が減少しますので，資本利益率の増大に「貢献」し，その結果，事業部の業績が高く評価されるでしょう。

　短期的には，当該事業部の業績がよく見えますが，長期的には保証の限りではありません。否むしろ，こうした意思決定は危険ですらあります。なぜなら，将来の収益力を担う投資計画を延期したり，中止したりすれば，長期的に見れば，**事業部の収益力**は明らかに低下していくからです。

残余利益

　資本利益率による業績評価では，事業部長は固定資産への長期投資に消極的になるという欠陥がありました。そこで，事業部長の長期投資を促進するため，純利益から投資コストを回収した残りの利益額，つまり**残余利益**（residual dollar profit, residual income）によって業績評価が行われました。この残余利益は，1950年代初頭，ゼネラル・エレクトリック社（GE社）ではじめて実際に使用されました。

　通常，資本コストは「資本コスト＝使用資本×資本コスト率」として計算されます。**図表9－6**は，資本コスト率を5％と仮定して，残余利益による事業部利益計算を示したものです。

　この図によれば，A事業部の資本コストが100万円，B事業部の資本コストが25万円と計算されますので，事業部純利益からこれらの資本コストを差し引いた残余利益は，A事業部100万円，B事業部75万円としてそれぞれ計算されます。この残余利益は，資本コストを媒介として，期間利益と投下資本とを同一レベルで評価することを可能にします。この結果，事業部長は残余利

● 図表9-6　残余利益による事業部利益計算

	会社全体	A事業部	B事業部
売　上　高	4,000万円	3,000万円	1,000万円
事業部固有費	2,900	2,200	700
共通費配賦額	800	600	200
事業部純利益	300万円	200万円	100万円
資本コスト	125	100	25
残　余　利　益	175万円	100万円	75万円
使用資本	2,500万円	2,000万円	500万円
資本利益率	12%	10%	20%

益をできるだけ大きくするように動機づけられて，長期投資を決定することになります。資本利益率の場合には，事業部長がごく**保守的な意思決定**を好んだのに対して，残余利益では，**積極的な意思決定**を事業部長に期待できます。

ところで，1990年以降，米国のコンサルタント社であるスターン・スチュワート社（Stern Stewart Co.）が**経済的付加価値**（Economic Value Added：EVA®）を提唱し，米国企業ではもちろんのこと，日本企業でも注目を浴びました。EVA®は，基本的には，次のように計算されます。

> 経済的付加価値（EVA®）＝ 税引後営業利益 － 資本コスト
> 　　　　　　　　　　＝（投資利益率 － 資本コスト率）× 資本

経済的付加価値の計算は，GE社で実践されていた残余利益の計算と原理的には同じです。実際には，120項目におよぶ独自の調整計算が行われ，株主資本に類似した準備金等の株主資本等価項目（Equity Equivalents：EES）を資本に足し戻し，株主資本等価項目の定期的な増減を税引後営業利益（Net Operating Profit After Tax：NOPAT）に加えることにより，「会計上の歪みを消

去する」とされています（上總［2001］p. 12）。

　日本でも，花王が1998年に国内企業ではじめてEVA®を本格的に導入して以来，HOYA，オリックス，旭化成，松下電工，ソニー，パナソニック，TDK，ダイキン工業，TOTO，三和シャッター，旭硝子，川崎製鉄，東北電力などで導入され，ずいぶん注目を浴びました。現在でも，なお企業で利用されているようですが，研究者の間でEVA®が話題になることはほとんどありません。

9.4　事業部間の内部振替価格

事業部利益計算のアキレス腱

　事業部の業績評価を行うためには，まずは事業部利益をできるだけ正確に計算しなければなりません。残念ながら，事業部利益を正確に計算することはそう簡単ではありません。そこには**内部振替価格**と**共通費配賦**という二大問題が立ちはだかっているからです。図表9-7は，事業部間の取引を示したものです。

● 図表9-7　事業部間の取引

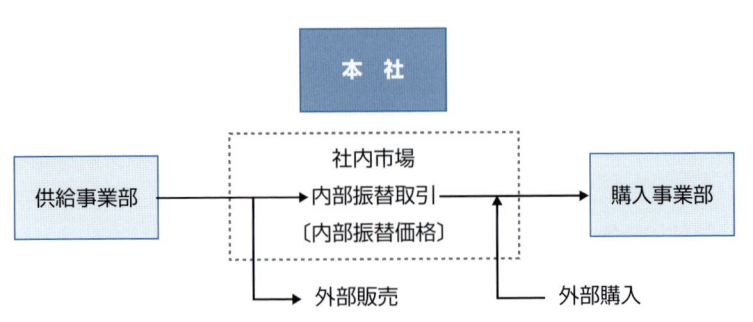

　事業部制組織の下では，事業部間には**外部市場**と同じ市場機能をもつ**社内市場**が存在すると仮定して，ある事業部から他の事業部へ部品，半製品，製

品，サービスなど（以下，**振替品**と総称します）を振り替える取引が行われます。この取引は，企業外部との間で行われる**外部取引**（外部販売と外部購入）と区分して，**内部振替取引**（intracompany transactions）と呼ばれます。内部振替取引が行われた場合には，振替品を社内市場で販売する**供給事業部**（supplying division）とこれを購入する**購入事業部**（buying division）との間で内部振替価格が取り決められます。供給事業部の売上高が購入事業部の購入原価となりますので，事業部間には**利益相反関係**が生じます。内部振替価格が一方には利益の増大を，他方には損失の増大（もしくは利益の減少）をもたらす関係にあるからです。

図表9-3（184ページ）の事業部純利益計算を利用して，内部振替価格の計算例を示しましょう。この事業部純利益計算では，B事業部で生産された部品1万個がすべてA事業部へ内部振替取引が行われ，その内部振替価格は単価1,000円であると仮定します。この内部振替価格が単価1,300円に変更されたとすれば，2つの事業部の利益はどのような影響を受けるでしょうか。図表9-8は，変更後の事業部純利益計算を示したものです。なお，議論を簡単にするため，会社全体の数値は2つの事業部の単純合計とします（以下同じとします）。

この図によれば，会社全体の純利益には変わりませんが，A事業部は純損失

● 図表9-8　内部振替価格を変更した後の事業部純利益計算

	会社全体	A事業部	B事業部
売上高	4,300万円	3,000万円	1,300万円
事業部固有費			
売上原価	2,400	1,800	600
事業部販売費	450	400	50
事業部管理費	350	300	50
共通費配賦額	800	600	200
事業部純利益	300万円	−100万円	400万円

100万円の「赤字」事業部へ転落し、逆にB事業部は400万円の利益を獲得する優良事業部へと「変身」してしまいました。経営実態はまったく同一であるにもかかわらず、内部振替価格を少し変更しただけでも、これだけの影響が生じます。まさに会計マジックです。とはいえ、この事業部純利益に基づいて事業部の業績評価が行われますので、ことはきわめて重大です。ここから、内部振替価格を適切に決定する必要性と重要性が生じます。

内部振替価格の種類と戦略的選択

内部振替価格には、大別して**市価基準**と**原価基準**があります。以下、簡単に説明しておきましょう。

(1) 市価基準

市価基準（market-price）では、**競争的な市場**で成立している**市場価格**または市場価格を修正した値を内部振替価格とします。内部振替価格はこの市価基準を適用することが基本原則です。なぜなら、事業部を1つの「独立企業」と見るならば、外部市場であれ、人為的に創出された内部市場であれ、そこで成立している市場価格で取引が行われるからです。市場価格で取引される場合には、供給事業部の不能率が高い振替価格を通じて購入事業部へ転嫁されることもなければ、逆に高能率によって低く設定された振替価格を通じて購入事業部が恩恵に預かることもありません。まさに供給事業部も購入事業部も「掛け値なし」の市価によって利益責任が問われます。

しかし、市価基準による内部振替価格がもっとも望ましいとしても、次のような場合には不適切となります（青木［1979］pp.139-140）。

① 完全な市場が存在していないとき
② 半製品の振替など、それがはっきりした市価と結びつかないとき
③ 特殊品であって、市価の存在しないとき
④ 供給事業部がキャパシティに余裕をもつとき
⑤ 市価の採用が全社的利益と一致する意思決定をもたらさないとき
⑥ 適正な市場価格、あるいは関係事業部の納得が得られないとき

このような場合には，市場価格を基準として供給事業部と購入事業部との間で「交渉」が行われて，内部振替価格が決定されます。

なお，事業部間の取引では，外部取引と比べて，集金費，貸倒損失，広告費，交際費，運送費などの販売費が発生しないなどの理由から，これらの費用を市価から差し引いた価格を基準とする**市価マイナス基準**（market-price-minus）も採用されます。市価マイナス基準もまた市価基準の一種です。

(2) 原価基準

市価基準を適用できない場合には，原価基準が利用されます。原価基準は，**供給事業部の製造原価**またはこれを修正した値を内部振替価格とします。この原価基準には，いくつかの変種が存在します。

① **原価プラス基準**……製造原価（通常は全部原価）に一定の利益を加算して内部振替価格が決定されます。この結果，供給事業部には人為的に利益が保証されますので，「加算利益」をいかに適切に決定するかが鍵となります。

② **実際原価基準と標準原価基準**……内部振替価格として，製造原価の実際原価を採用する**実際原価基準**，または，その標準原価を採用する**標準原価基準**の2つがあります。この場合には，実際原価と標準原価のどちらが原価基準として適切かという問題が生じます。実際原価基準の場合には，供給事業部の能率がよくても悪くても内部振替価格を通じて購入事業部へ転嫁されますので，購入事業部の業績評価を適切に行えません。供給事業部でも，能率のよし悪しが業績に反映されませんので，生産性の向上や原価引下げの刺激に欠けることになります。このため，原価基準としては，標準原価または予算原価が望ましいとされています。

③ **変動原価基準と全部原価基準**……製造原価のうち，変動原価（または限界原価）を内部振替価格とする**変動原価基準**，すべての製造原価を対象とする**全部原価基準**の2つがあります。供給事業部が利益を獲得するためには，変動費と固定費を回収しなければなりません。したがって，通常の取引条件では，変動原価基準を使うことはありえません。しかし，すでに他の取引によって固定費が回収され，なお工場にキャパシティの余裕がある場合には，

追加注文を引き受けるための取引価格として，この変動原価基準が利用されることがあります。

(3) 交渉価格

市価基準も原価基準もいずれも内部振替価格の基準とはなりえない場合に，実務ではしばしば**交渉価格**（negotiated prices）が利用されます。供給事業部と購入事業部との間で，振替価格について大きく見解を異にする場合には，関係事業部間の協議によって振替価格が決定されます。振替価格を協議する場合，供給事業部では，変動原価が振替価格の最低ラインであり，他方の購入事業部では市価が振替価格の最高ラインとなります。理想的には，両事業

● 図表9-9　日米企業における内部振替価格の現状

振替価格の種類	米国 会社数	米国 比率	日本 会社数	日本 比率
原価基準	社	%	社	%
実際変動原価	0	0	0	0
実際全部原価	21	9.0	11	9.2
標準変動原価	7	3.0	1	0.8
標準全部原価	39	16.8	18	15.1
実際変動原価＋一定報酬額	2	0.8	1	0.9
全部原価(実際又は標準)＋利益	44	19.0	24	20.2
その他の原価法	4	1.7	0	0
小　計	117社	50.4%	55社	46.2%
非原価基準	社	%	社	%
市　価	50	21.6	21	17.7
市価マイナス販売費	19	8.2	19	16.0
交渉価格	42	18.1	23	19.3
数学的プログラミング価格	0	0	1	0.8
その他の非原価法	4	1.7	0	0
小　計	115社	49.6%	64社	53.8%
合　計	232社	100.0%	119社	100.0%

(出所)　Tang et al. [1979] p.14.

部とも利益を獲得し，しかも会社全体の利益を最大にする振替価格で交渉を終えることです。しかしながら，実際には，一方の事業部だけが利害に固執したり，双方が主張を譲らない場合も多く見られ，トップ会談で決着が付くことが多々あります。それとは別に，新製品の発売や新事業への進出など，経営戦略を遂行するうえで必要な場合には，とくにトップ・マネジメントが交渉価格を取りまとめる場合もあります。図表9-9は，米国企業と日本企業の内部振替価格について調査結果を示したものです。

この表では，日米企業間で内部振替価格について決定的な差はなく，ごく大づかみに言えば，およそ原価基準50％，市価基準（市場価格マイナス販売費を含む）30％，交渉価格20％の比率で内部振替価格が使われています。

9.5 共通費の配賦

本社機構には，財務部，経理部，管理部，法務部，情報処理室，人事部，企画室，生産技術部，研究開発部などが含まれていますが，その運営には多額の費用が発生します。これらの費用は，いわゆる**本社費**と呼ばれ，基本的には，すべての事業部がその一部を負担すべき**共通費**（common costs）を意味します。この共通費は配賦基準によって各事業部へ割り当てられますが，どのような配賦基準を選択するかによって，その配賦金額は大きく異なります。図表9-8では，共通費配賦額はA事業部600万円，B事業部200万円となっていましたが，ごく単純に考えて，これを各事業部に均等に配賦することに変更したとしましょう。図表9-10は，変更後の事業部純利益計算を示したものです。

この場合にも，会社全体の純利益300万円は変わりませんが，A事業部は「赤字」事業部から一転して純利益100万円を獲得する「黒字」事業部へと変身します。逆にB事業部は利益が減少して200万円として計算されます。内部

図表9-10 共通費配賦基準を変更した後の事業部純利益計算

	会社全体	A事業部	B事業部
売 上 高	4,300万円	3,000万円	1,300万円
事業部固有費			
売 上 原 価	2,400	1,800	600
事業部販売費	450	400	50
事業部管理費	350	300	50
共通費配賦額	800	400	400
事業部純利益	300万円	100万円	200万円

振替価格の場合と同様に，**共通費の配賦基準**を変更することによっても，各事業部純利益が大きく異なって計算されます。共通費が多額になればなるほど，事業部純利益計算への影響が大きくなりますので，共通費の配賦基準を軽く見逃すわけにはいきません。

共通費の配賦基準としては，次のものがあります。

① サービス利用基準
② 規模基準（投下資本額や従業員数）
③ 活動基準（売上高や生産高など）
④ 負担能力基準（利益額基準など）

共通費のうち，サービス部門費など，発生する費用と事業部が受け取るサービスとの因果関係が明瞭な場合には，比較的簡単に，①サービス利用基準を適用できます。しかし，多くの本社費は，発生する費用と事業部が受け取るサービスとの因果関係が明確ではありませんので，配賦基準の選定は簡単ではありません。そこで，本社費をいくつかのグループに分類し，このグループごとに1つまたは複数の配賦基準を適用することが行われています。

●●●●● ケース9の問題を考える ●●●●●

　キヤノン電子の酒巻社長が提唱したTSS1/2運動と連携して,「スペースコスト」という概念の下でユニークな会計技法が導入されました。事業部制会計の下で,事業部純利益を計算するためには,各事業部で発生する直接固定費が事業部に直課されるだけではなく,共通固定費も何らかの基準によって各事業部に配賦されます。通常,さまざまな配賦基準が利用されますが,キヤノン電子では,床面積を半分にするTSS1/2運動と連携して,各部門の使用面積が採用されました。

　各部門が占有する床面積を全社合計した総占有面積によって全社で発生する共通固定費(減価償却費と電気代)を割算して配賦率が計算されます。各部門は「配賦率×使用面積=スペースコスト」を負担しなければなりません。占有面積-使用面積=節約面積として計算されますので,**節約面積**が大きいほど各部門が負担する**スペースコスト**は少なくなります。

　節約面積分に対応する共通固定費はそのままでは未配賦となりますので,一般的には,再配賦する必要があります。特筆すべきことは,キヤノン電子では,この未配賦の共通固定費を本社が一括負担するという英断を下したことです。未配賦の共通固定費が再配賦されませんので,当然,節約面積が大きい事業部ほど事業部純利益が大きくなります。このため,事業部や部門はこぞって占有面積を少なくするように動機づけられました。キヤノン電子で開発されたこのような会計技法を**空間基準会計**(Space Based Accounting:SBA)と呼ぶことにします(上總[2010])。図表9-11は,空間基準会計の簡単な例示を示したものです。

　この図の1-1は,全部原価計算による事業部制会計を示したものです。本社共通費1,000万円,全社専有面積500m^{2}ですので,配賦率は「1,000万円/500m^2=2万円/m^2」として計算されます。各事業部は,「共通費配賦額=配賦率×事業部占有面積」を負担しますので,各事業部500万円ずつ

● 図表 9-11　空間基準会計の例示

1-1　事業部制会計

	全社合計	事業部 A	事業部 B
売上高	4,000	3,000	1,000
事業部費用	2,500	2,000	500
事業部利益	1,500	1,000	500
共通費配賦額	1,000	500	500
純利益	500	500	0
占有面積	500	250	250
配賦率	2.00		

1-2　節約面積の再配賦計算

	全社合計	事業部 A	事業部 B	節約面積
売上高	4,000	3,000	1,000	
事業部費用	2,500	2,000	500	
事業部利益	1,500	1,000	500	
共通費配賦額	1,000	667	333	
純利益	500	333	167	
使用面積	300	200	100	200
配賦率	3.33			

1-3　空間基準会計

	全社合計	事業部 A	事業部 B	節約面積
売上高	4,000	3,000	1,000	
事業部費用	2,500	2,000	500	
事業部利益	1,500	1,000	500	
スペースコスト	600	400	200	
事業部純利益	900	600	300	
本社負担額	400			
純利益	500			
使用面積	300	200	100	200
配賦率	2.00			

本社負担額400は機会損失として認識される。

（出所）　上總［2010］p.12.

の負担となります。その結果，事業部Aの純利益500万円，事業部Bの純利益ゼロと計算されます。

1-2は，各事業部が占有面積の節約に努力し，事業部A 50m^2，事業部B 150m^{2}の節約をしましたが，節約面積を本社が一括負担せずに，各事業部に再配賦した結果を示しています。事業部Bには節約効果が明確ですが，事業部Aでは逆に配賦額が増加して，事業部純利益が減少しています。この場合には，少なくとも事業部Aに利用面積を節約しようというインセンティブは生じません。

1-3は，節約面積を本社が一括負担する空間基準会計の例示です。占有面積に対応して配賦された本社共通費が･ス･ペ･ー･ス･コ･ス･トとして計算されています。専有面積の節約から生じた未配賦の本社共通費400万円が再配賦されませんので，事業部及び部門では，全員一丸となって利用面積を少なくするよう動機づけられます。

キヤノン電子では，未使用となった床面積は，一定時点で統合され，転用や再利用が行われました。工場レイアウトの変更，建物の減少，工場それ自体や子会社の統合のために未利用床面積が利用されました。キヤノン電子の資料によれば，1999年には4万3,216m^2，2001年に2万461m^2，2006年で1万6,842m^{2}へと半分以下に会社全体の床面債が減少しています（キヤノン電子［2007］p.9）。TSS 1/2運動が床面積の節約に絶大な効果を発揮した証左です。

管理会計的な視点から見れば，キヤノン電子では，新規に土地を購入することなく，節約した土地で工場レイアウトの変更や工場の増設を実現できましたので，TSS 1/2運動から生じた未利用面積によって**機会損失**が創出され，それを将来収益力の増強のために利用する目的で空間基準会計が導入された意義は非常に大きいと言えます。

引用文献

Shilinglaw, Gordon［1961］*Cost Accounting : Analysis and Control*, Richard D. Irwin, Homewood, Illinois. 安達和夫・山口操共訳［1965］『管理原価会計』日本生産性本部。

Tang, Roger Y. W., C. K. Walter and Robert H. Raymond［1979］"Transfer Pricing Japanese vs. American Style," *N. A. A.*, *Management Accounting*, Vol. LX, No. 7, pp.12-16.

青木茂男［1979］『事業部制会計』税務経理協会。

上總康行［1993］『管理会計論』新世社。

上總康行［2001］「企業価値創造経営のための管理会計システム—EVA 評価法の登場（西田博先生退任記念号）—」『経営研究』(大阪私立大学) 第51巻第4号, pp.1-19.

上總康行［2010］「機会損失の創出と管理会計—京セラとキヤノン電子の事例研究から—」『企業会計』第62巻第3号, pp.4-13.

キヤノン電子［2007］『SCR 報告書2007』。

キヤノン電子［2014］「キヤノン電子　平成25年12月期決算短信［日本基準］（連結）」2014年1月28日。

酒巻久［2007］『椅子とパソコンをなくせば会社は伸びる！』祥伝社黄金文庫。

10 購買管理会計

●本章のポイント●

1. 購買管理のフレームワークについて学びます。
2. 外注管理について学びます。
3. 外注管理によるコストダウンについて学びます。
4. 最適在庫管理とゼロ在庫管理について学びます。

ケース10　日産自動車ゴーン社長の購買戦略

　1999年10月18日，日産自動車（本社：横浜市神奈川区，以下，日産と略称します）は，ゴーン（C. Ghosn）社長の下で，「日産リバイバルプラン」（NRP）を発表しました。日産の経営陣は3つの大胆なコミットメントを掲げました（日産自動車［1999］，［2001］）。
　①　2000年度に，連結当期利益の黒字化を達成する。
　②　2002年度に，連結売上高営業利益率4.5％以上を達成する。
　③　2002年度末までに，自動車事業の連結実質有利子負債を7,000億円以下に削減する。

　しかも，「これらのコミットメントのいずれかでも達成できない場合には経営陣全員が辞任すると公約することで確固たる決意を示した」(日産自動車［2001］p.4）とされていました。

　この「日産リバイバルプラン」を具体的に展開するため，「事業の発展」では，「利益ある成長」を目標として掲げられたうえで，「活動」としては，①新商品の投入，②自動車関連事業の展開，③ブランドアイデンティティの確立と強化，④リードタイムの短縮，⑤ルノーとの提携が計画されました。

　とりわけ「購買戦略」では，「3年間で20％のコスト削減（およびその早期実現）」が目標として掲げられました。2000年度には8％，2001年度に7％，2002年度に6.5％としてコストが低減され，3年後には20％のコスト削減を実現する原価低減目標が示されました（日産自動車［1999］）。

> **問題**
>
> 日産自動車が発表した「日産リバイバルプラン」は多岐にわたりますが，このうち「購買戦略」がどのように展開されたのか，コスト低減は成功したか否かについて，入手可能な公表資料を使って，明らかにして下さい。

10.1　購買管理のフレームワーク

産業会社の購買

　産業企業では，製品を生産することが主要活動ですので，製品を生産するためには資材やサービスを必要とします。**資材**とは，原材料，部品，消耗品，工具・器具，備品，機械設備，情報機器などを指しています。**サービス**とは無形の用役提供です。**購買**（purchasing）は，生産に必要な資材やサービスを購入することです。購買は対価を支払って，資材を購入しますので，仕入（buying）と同じような性格を持っています。しかし，仕入は販売のために商品を買い入れるのに対して，購買は生産のために資材を買い入れる点で大きく異なっています（小野［1961］p. 173）。

　資材のうち，原材料，部品，消耗品は製品の生産に直接必要であり，日常的かつ継続的に購入される**主要資材**を意味しています。工具・器具，備品，機械設備，情報機器などは，貸借対照表上の資産として計上されますが，一般的には，経常的に購入されるものではありません。すべての資材を自社で調達できませんので，必要な資材は市場を通じて外部から購入されます。資材の購買は**購買部**または**資材部**が担当します。また，運送，通信，水道，ガス，電気などのサービスもまた生産で使用されますが，これらのサービスを自社供給する企業もありますが，多くの場合，電力会社やガス会社などの公

益事業会社が提供するサービスを買い入れています。これらの**買入サービス**（purchased service）は購入業務が簡単ですので，**総務部**が担当する企業が多いようです。**図表10-1**は，購買活動プロセスを示したものです。

購買活動は購買部を中心にしてこの図の番号順に展開されます。実際の企業では，購入する資材が多様ですので，資材ごとに購入する部門も異なっていることが多く，かなり複雑な様相を示しています。

● 図表10-1　購買活動プロセス

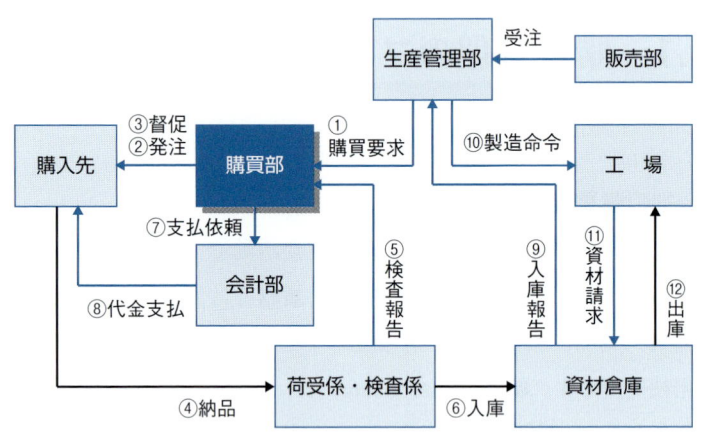

```
                          受注
              生産管理部 ←──── 販売部
                ↑
        ③督促    ①購買要求   ⑩製造命令
        ②発注                              
 購入先 ← 購買部 ─────────→ 工場
              ↓
          ⑦支払依頼              ⑪資材請求  ⑫出庫
              ↓        ⑤検査   ⑨入庫
          会計部        報告    報告
        ⑧代金支払
              ↓
         荷受係・検査係 ──────→ 資材倉庫
        ④納品              ⑥入庫
```

（注）→ 物の流れ，→ 情報の流れ
（出所）上總［1993］p.234.

なお，そもそも生産はその前段階である資材の購買なくしてありえません。必要な資材が購買されてはじめて生産が可能になります。ここから，**購買部の基本機能**は，企業活動で必要な資材を必要な数量だけ，必要な時期に，必要な品質で，適切な価格で購入し，必要な部門へ適切に供給し，**生産の中断**を回避し，生産活動の円滑化を実現することです。このために，資材購入，外注加工，在庫管理，保管，輸送などの購買活動が展開されます。

購買戦略

購買活動を合理的に行うために**購買管理**が行われます。購買管理の主要目的は購入原価の引下げです。もちろん「安く買う」ことだけが目的ではあり

ませんので，購入する資材の性能（品質），数量，価格，時期，購入先，購入条件なども検討されます。購買管理では，まず**購買戦略**（ないし購買方針）が策定され，これに基づいて**購買計画**が設定されます。購買戦略には，主として資材購入，外注加工，在庫管理などの基本方針が含まれます。

まず資材購入や外注加工の基本方針には，以下のものが含まれています。
① 資材の自社生産・外注
② 当用買い・ストック購買・思惑買い（投機買い）
③ 契約方針（長期契約と短期契約）
④ 購入先の数と選定方針
⑤ 相互購買方針（得意先からの優先購入）
⑥ 連体購買方針（購入先での必要資材の代理購入）
⑦ 本社購買と支社購買（集中と分散）

購買と生産とは密接に関係しています。このため，購買戦略は生産戦略ないし経営戦略との調整を経て設定されます。

次に**在庫方針**は，端的には，**在庫水準の方針**を意味しています。購買と生産が完全に同期化していれば，**ゼロ在庫**が可能です。しかし，この同期化が大変困難であるばかりでなく，天災や人災によって必要な資材を調達できないことが生じます。生産の中断を回避し，生産活動の円滑化を目指すとすれば，リスクを考慮して必要な資材をたっぷり在庫することも方策の一つです。しかし，**過剰在庫**を抱え込めば，それだけ倉庫，棚，運搬車，倉庫係などを多く用意する必要がありますので，必然的に**在庫管理費**が高くなります。当然，過剰在庫から生じる金利負担も増加します。このため，在庫方針は，在庫管理費や財務コストを考慮して決定されます。具体的には，次のような方針があります。
① 在庫投資の限度額
② 棚卸資産の回転率
③ 在庫の最低必要量と余裕度

最近，製品の多様化，製品ライフサイクルの短縮化，多品種少量生産にと

もない，在庫管理の対象となる製品や部品の種類と数量が極端に増加したことに基因して，部品の削減や共通化が叫ばれています。これもまた在庫管理の基本方針とみなすことができます。

10.2　外注管理と外注企業の選定

外注による他社工程の内部化

　資材の購入は，市場から**市販標準品**を購入すればそれで済むというほど単純なものではありません。否むしろ，日本企業では，**独自の仕様に基づく原材料，部品，ユニット，モジュール**などの資材を外部の企業に注文すること，いわゆる**外注**が広く行われています。**外注先の生産工程**は，**発注企業**から見れば，それまで稼働していた生産工程が自社の外部に設置されたことを意味しています。**図表10-2**は，自社生産と外注との関係を示したものです。

　この図によれば，自社のA社工場では，原材料を市場から購入して，鋳造→機械加工→塗装→組立という4つの工程を使って完成品を生産しています。製品の生産に際しては，**製造指図書**に基づいて，**製品の原価，品質，納期**を遵守しながら生産が行われています。このことは，外注の場合であっても変わりません。

　外注の場合には，A社は，「鋳造品」をZ社に支給して，Z社から機械加工を施した「部品」を受け取るという外注が行われます。これは自社工程の**外部化**です。逆の見方をすれば，外注企業Z社の機械加工工程を，発注企業であるA社工場が自社の生産工程の一部として取り込んでいると認識できます。これは他社工程の内部化です。この他社工程の内部化は，生産移管した工程が一部であっても，工場丸ごとであっても基本的には同じです。ここから，A社工場で行われている製品の原価，品質，納期に対する生産管理がそのまま外注企業Z社にも適用されます。**生産管理の水準**は，たとえ外注企業であっ

● 図表10-2　自社生産と外注との関係

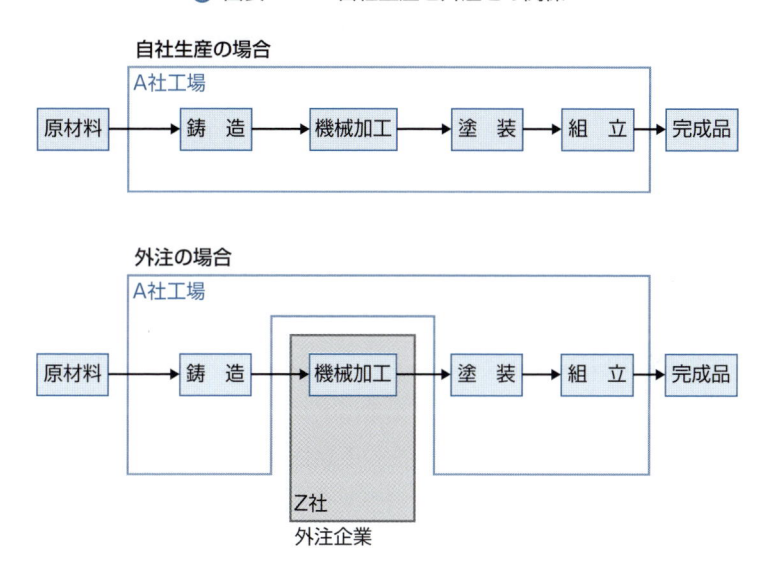

自社生産の場合

A社工場：原材料 → 鋳造 → 機械加工 → 塗装 → 組立 → 完成品

外注の場合

A社工場：原材料 → 鋳造 → [機械加工（Z社 外注企業）] → 塗装 → 組立 → 完成品

ても，発注企業と同じ水準が求められます。

　最近，管理会計の研究分野では，サプライチェーン・マネジメントに関わって，**組織間管理会計論**にスポットが当たっています。この研究課題は，基本的には，ここで指摘した自社工程の外部化と他社工程の内部化をいかに考えるかということです。

外注企業の選定

　外注の場合，**発注企業**には大企業が多く，**受注企業**には中小企業が多いので，発注企業と受注企業との関係は，**単なる契約関係**ではなく，現実的には，大企業への需要集中と中小企業間の激しい受注獲得競争の結果，中小企業が大企業に支配・従属するという関係が生じています。しかも，日本に伝統的なタテ社会の人的主従関係の下で，発注企業と受注企業との関係は，**親企業**と**下請企業**の関係として現れています。通常，親企業が下請企業を利用するメリットには，次のものがあります（百瀬［1980］pp.98-99）。

①　親企業と下請企業との賃金格差を利用して部品コストを引き下げる。
②　景気の調整弁として下請企業を利用し，工場の一定操業を維持し，資金の効率的運用を図る。
③　重要度の低い生産工程を下請に出し，親企業の投下資本を節約する。
④　未組織労働者の多い下請企業を利用して，労務管理上の負担を軽減する。
⑤　下請企業の技術水準を積極的に利用した下請を行い，親企業ではその分だけより高度な技術を必要とする工程へ経営資源を集中する。
⑥　労働集約的工程の場合には，下請企業の能率と費用を利用できる。

このうちのどれに多くのメリットを見出すかは，親企業によってかなり異なっていますが，どの産業でも親企業の**下請依存度**はきわめて高くなっています（百瀬［1980］p. 101）。逆に下請企業から見ても，親企業に対する依存度が高くなっています。**図表10-3**は，中小企業の下請取引の状況に関する中小企業庁の委託調査の結果を示したのです。

この調査結果によれば，製造業では，下請取引の割合が「90％超」と回答した企業が51.3％となっていて，サービス業や建設業よりも下請取引のウエイトが高くなっています。逆に製造業とサービス業では，下請取引の割合が「10％以下」と回答した企業が9.2％にとどまっていることから，10％未満では

● 図表10-3　中小企業の下請取引の状況（業種別）

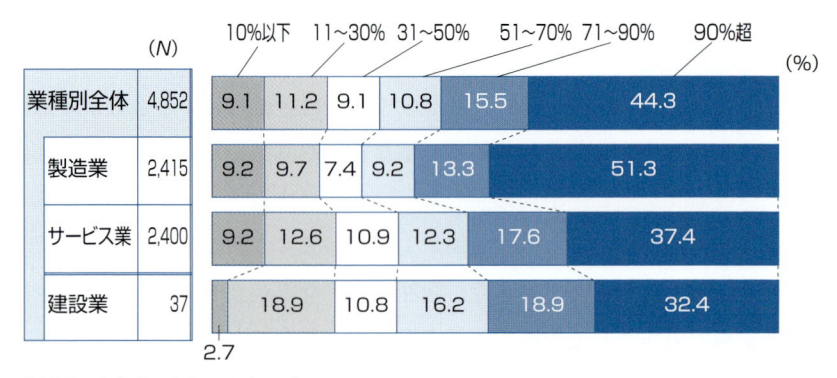

業種	(N)	10％以下	11～30％	31～50％	51～70％	71～90％	90％超
業種別全体	4,852	9.1	11.2	9.1	10.8	15.5	44.3
製造業	2,415	9.2	9.7	7.4	9.2	13.3	51.3
サービス業	2,400	9.2	12.6	10.9	12.3	17.6	37.4
建設業	37	2.7	18.9	10.8	16.2	18.9	32.4

(出所)　東京商工リサーチ［2012］p. 16.

ありますが，下請に依存しない企業も存在しています。

　いずれにしても，日本企業ではそのほとんどが外注に依存していますので，外注依存度が高い企業の場合には，外注管理は**下請管理**とほぼ同じ意味を持つことになります。ごく単純化して言えば，市場で購入できる市販品の場合には，購入品の仕様が決まっていますので，購入価格それ自体が問題になるだけです。しかし，外注加工品の場合には，他社工程の内部化を通じて，生産ラインが完結していますので，自社と同じ水準で製品のコスト，品質，納期が求められます。この結果，**外注企業の選定・評価**では，時として厳しい基準が適用されます。図表10-4は，取引先評価表を示したものです。

　この表によれば，11の評価項目と5段階の評価点が決められています。取引先を継続する場合と，新規に取引先を選定する場合で，評価項目が異なっていますが，得点計によって，A評価からE評価まで総合評価が行われます。この例では，総合評価は「C」となっています。

　第4章で取り上げた原価企画では，新製品の企画・設計段階において，製品の原価と品質の作り込みが行われます。その際に部品を供給するサプライヤーないし下請企業の技術力が不可欠でしたが，その企画・設計プロセスを通じてサプライヤーの選定が行われます。トヨタ自動車におけるサプライヤー選定プロセスに関連して，藤本隆宏氏（東京大学教授）は，次のように指摘されています。

　「途中で大きな問題が生じない限り，試作サプライヤーがそのまま量産サプライヤーになるのが普通なので，実質的には，開発のごく初期（製品企画・計画段階）においてすでにサプライヤーの選定が行われていると考えてよいだろう。その後は，緊密なコミュニケーションを保ちながら，部品試作，量産価格見積もり，設計変更，部品量産試作などを通じて内容を煮詰めていく」（藤本［2001］pp.141-142）。

　外注企業の選定は，自社製品のコスト，品質，納期に大きく関わるだけに，発注企業は選定基準を設けて，これに則して厳密な選定が行われるのが普通のようです。

● 図表10-4　取引先評価表（SK社の例）

取引先評価表A［加工協力会社］　（継続）・新規

会社名：㈱横川工作所　　　　　　　　　主管部門：資材部

00年4月10日

課長　森　00.4.10田
係長　鈴　00.4.10木
担当　宮　00.4.10田

No.	評価項目	ウェイト	評価点 非常に良5	良4	普通3	悪2	非常に悪1	得点	満点	評価項目 継続	新規
1	品質	6	（評価表Bによる）					20.5	30	○	○
2	納期（納期達成状況）	4		○				12	20	○	
3	価格（同業他社比較）	4				○		8	20	○	
4	協力度	1		○				4	5	○	
5	経営状況	1			○			3	5	○	
6	工場管理	3	（評価表Bによる）					10.5	15	○	
7	取引年数	1	10年以上	8年以上	5年以上 ○	3年以上	3年未満	2	5	○	
8	立地条件	4							20		○
9	業務実績	4							20		○
10	設備機械	4							20		○
11	有資格者	2							10		○

（特記事項）

得点合計
60/100＝60点

（注）評価項目 No.8〜11 の評価は、「協力会社調査表」又は会社案内などにより評価する。

前回調査結果
年 月 日	99.4.21
得　　点	58.0

総合評価：C以上を「取引先台帳」に登録する
90以上	89〜70	69〜50	49〜30	29以下
A	B	○C	D	E

（注）該当箇所に○を記入する。

改訂：00.4.8

（出所）　細谷［2001］p.207.

10.3　外注管理によるコストダウン

外注契約による外注単価引下げ
(1) 単価契約方式

外注企業と購入単価を契約する方式には，**競争入札方式**，**指値方式**，**協定価格方式**，**実際原価方式**の4つがあります。

① **競争入札方式**……つねに2社以上の企業から同一の見積条件に基づいて見積書を取り寄せ，原則として**最低の見積価格**を提出した企業に発注します。

② **指値方式**……発注企業が発注単価を決定しておき，受注企業に対して**指値**をする方式です。

③ **協定価格方式**……あらかじめ受注企業を指定しておき，**予算価格**もしくは**予定価格**を用意した段階で見積書を提出させ，受注企業の見積金額と予算価格ないし予定価格とを照合して審査協議の上決定します。

④ **実際原価方式**……実際に掛かった原価を購入価格とする方式です。試作品の加工・組立などの場合にこの方式が用いられます。

競争入札方式が購入単価の引下げにもっとも有効ですが，実際に「日本の市場で最も使用頻度の高い購買単価契約方式は協定価格方式である」(橋本［1991］p.202)ようです。とりわけ下請単価を決定する場合には，指値方式で親企業が一方的に決定したり，協定価格方式の場合でも，親企業が下請単価決定の主導権を握っていることが圧倒的に多いとされています（百瀬［1980］p.101)。

(2) 外注単価見積

購買計画が設定され，外注品目が決定されると，外注課は生産活動に先立って，外注企業を決定する必要があります。いくつかの企業に外注加工品の**見積条件**が提示されますが，この見積条件には，①外注品の品質と仕様，②1回の発注数量と年間発注数量，③発注方式（断続・継続)，④納入方式と納入時期，⑤発注予算，⑥支払方法，⑦発注事務手続，⑧付記事項他が含まれ

ています。見積依頼を受けた企業は，指定の**見積書**によって**見積単価**を提示します。図表10-5は，見積書用紙のサンプルを示したものです。

この見積書によれば，材料費，鋳造加工費の明細が記入され，さらに1個

🔵 図表10-5　見積書用紙のサンプル

御中	見積書（鋳造品）	平成　　月　　日
		会社名　　　　印

機種品番		見積区分	→	担当者	係長	課長	部長
品　名		新　規	経路	印	印	印	印
生産個数	個/台（月　　個）						
鋳込重量	A　　kg/個	継　続	意見欄				
鋳放重量	B　　kg/個						
製品重量	C　　kg/個						
図面番号		見積依頼条件		見積条件			
略　図		納　期：		納期：			
		納入場所：		その他条件：			
		発注仕様：					
		支払条件：検収締切日					
		支払日　　支給率　　％					

材　料　費		費　目	1個当り見積価格	費目チェック欄	
装入地金重量	D　　kg/個			項　目	
地金価格	E　　円/kg	材　料　費 （管理費3 (%を含む)	円	鋳込重量/装入重量	％
材　料　費	D×E　　円/個			鋳放重量/鋳込重量	％
鋳　造　加　工　費				装入地金価格	円/kg
費目	使用機械 数工 値数 単位当り費用 円/個 費用 円/個	鋳造加工費計	円	鋳造加工費/鋳放重量	円/kg
溶解費	kg/個　　円/kg	型償却費	円		
造型費	H/個　　円/H	治工具償却費	円		
中子費	H/個　　円/H	熱処理費	円	熱処理費/熱処理重量	円/kg
枠ばらし	H/個　　円/H			熱処理費/熱処理時間	円/分
湯口おとし	H/個　　円/H	造型補材費	円	造型補材費/製品重量	
仕上費	H/個　　円/H	製　造　原　価	円	製造原価/製品重量	円/kg
ホーニング費	H/個　　円/H	一般管理費	円	一般管理費/製造原価	％
		利　益	円	利益/製造原価	％
		販　売　価	円	販売価/製品重量	円/kg
計	円/個	決　定　価　格			円/個
備　考					

(出所) 日本能率協会［1973］p.46.

当たりの見積価格と項目チェック欄をともなって型償却費，治工具償却費，熱処理費，造型補材費，製造原価，一般管理費，利益が示されています。見積書を受け取った外注課は，この**見積価格の妥当性**を検討しなければなりません。

(3) 単価決定方法

見積単価は，数量，品質，納期，支払条件ばかりでなく，市場の需給関係，流通チャネル，加工方法，発注ロットなどによっても大きく異なります。**外注課**は，さまざまな条件を考慮して，見積書に示された見積単価を査定し，**発注単価**を適切に決定しなければなりません。見積単価を査定するためには，**基準単価**を算定する必要がありますが，一般的には，次のような基準単価の算定方法が利用されています（鈴木［1986］pp.122-124）。

① **経験値による算定**……重量当たり・面積当たりの経験値を基準として単価を算定する方法。

② **前例比較による算定**……同種製品の前例価格を比較検討し，必要な修正を加えて単価を算定する方法。

③ **見積算定**……図面や仕様書から材料費，工数を経験的に見積り，基準となる材料単価や加工賃率を乗じて算定する方法。

④ **科学的算定**……単価を構成する要素を分析し，所要材料，所要工数を科学的データに基づいて見積価格を算定する方法。

このうち，科学的算定がもっとも望ましいが，十分な原価データが得られないことから，実際には，前例比較などの経験的算定によることが多いようです。いずれの基準単価を利用するとしても，見積単価を総額として査定するのではなく，この見積単価を構成する原価要素ごとに単価が査定されますので，**購入資材の原価分析**が不可欠となります。

(4) 見積書の原価分析

見積書の原価分析に際して，購買担当者は購入資材の**原価要素**をしっかり理解しておく必要があります。原価要素はその発生形態により，材料費，労務費，経費に区分されます。製造原価は，その発生がある製品に関して直接

認識できるか否かによって，製造直接費と製造間接費に区分されます。この製造原価に販売費と一般管理費を加えたものが総原価です。総原価に利益を加えて販売価格が算定されます。

　購買担当者は，発注先から提出された見積書を検討して，その原価要素ごとに原価を分析します。この原価分析に基づいて見積単価が査定されることになりますので，見積単価の査定が大きくコストダウンに貢献します。見積単価の査定では，できるだけ購入先から基礎データを提出してもらい，よく事情を聞くことが肝要です。一方的な判断は慎む必要があります。見積単価の中には発注先の政策的な原価や費用が含まれていることも多く，逆に経営戦略の見地から採算を度外視した見積単価も提示されますので，購買担当者は会計や生産工学などの知識を十分活用して発注単価を決定しなければなりません。

外注管理による外注単価の引下げ

(1) 価値分析による単価チェック

　外注単価の決定は発注企業と受注企業との利害が相反する行為であるだけに時として難しいことがあります。それ以上に難しいのは一度決定した単価を引き下げることです。一度単価が決定されると，契約期間中はそのままで取引されることが通例ですが，企業環境の変化にともない**外注単価の引下げ**がしばしば要請されます。図表10-6は，調達コスト削減に対する対応策を示したものです。

　この調査結果によれば，下請事業者に支払う調達コストの削減（つまりは外注単価削減）に対する対応策としては，平成23年度には，「生産性の向上」50.9％，「発注内容の見直し」41.5％，「下請事業者との協議による単価の値下げ」33.6％，「内製化の拡大」31.8％の順で続いていました。

　「一定の割合の単価の引下げを要請」2.9％に関しては，数値は低いですが，おそらくは「通告」に近いでしょうから，下請企業は何らかの手を打つ必要があります。また「内製化の拡大」や「外注の拡大」は，その分だけ外注金

● 図表10-6　調達コスト削減に対する対応策

調達コスト削減に対する対応策	平成23年度	平成22年度
発注内容の見直し（部品数の削減や輸送コストの見直しなど）	41.5%	51.4%
新設備導入の支援	4.0	4.3
技術者の派遣による作業改善	6.1	11.3
下請事業者との協議による単価の値下げ	33.6	35.0
一定の割合の単価の引下げを要請	2.9	2.3
内製化の拡大	31.8	29.6
外注の拡大	9.0	―
生産性の向上	50.9	―
その他	13.0	14.8
合計（*N*）	277	257

（注）　平成23年度から，質問項目「外注の拡大」「生産性の向上」を追加。
（出所）　東京商工リサーチ［2012］p.157.

額が減少しますので，下請企業にとってはこれまた厳しい対応策となります。
　そうした場合に有効な方策は「新設備導入の支援」や「技術者の派遣による作業改善」などに加えて，**価値分析による外注単価**の検討などが重要です。
　ここから，「従来のコストダウンの活動の限界を打ち破る手法」（日本能率協会［1973］p.117）として価値分析（VA）による外注単価のチェックが行われます。価値分析は，発注企業と下請企業が共同して知恵を出し合い，製品が求める機能を最少の資材とコストで達成しようとする方法です。**図表10-7**は，価値分析の実施手順を示したものです。
　価値分析は，評価→思索分析→業者折衝→まとめという手順で展開されますが，外注加工品の場合には，このプロセスに外注企業の参加が肝要となります。もとより，「品質・納期・価格の調和こそが適正な価格，すなわちコストダウンのために目ざす1つの方向なのである。……設定された外注単価を外注先企業と発注企業とで力を合わせ相互の改善により単価低減への道を発見することが本来の意味でのコストダウンであって，力関係によって単価を引き下げる（レート・カッティング）こととは異なるのである。小手先での

● 図表10-7　価値分析の実施手順

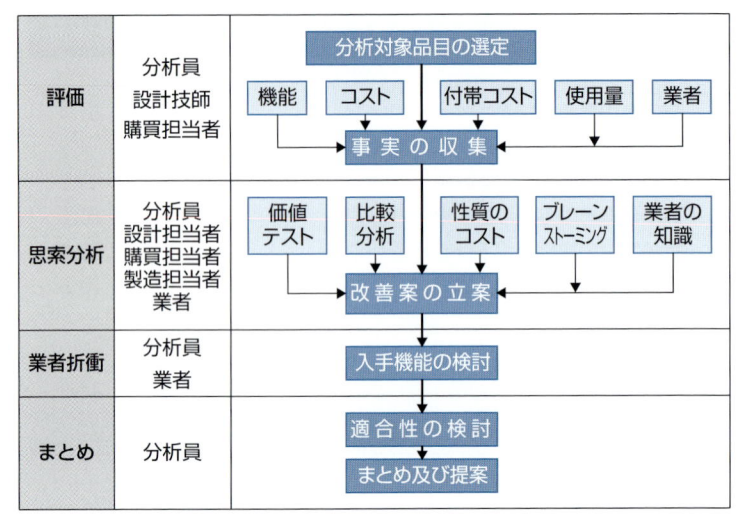

段階	担当	手順
評価	分析員 設計技師 購買担当者	分析対象品目の選定 → 機能／コスト／付帯コスト／使用量／業者 → 事実の収集
思索分析	分析員 設計担当者 購買担当者 製造担当者 業者	価値テスト／比較分析／性質のコスト／ブレーンストーミング／業者の知識 → 改善案の立案
業者折衝	分析員 業者	入手機能の検討
まとめ	分析員	適合性の検討 → まとめ及び提案

（出所）　日本能率協会［1973］p.117.

コストダウンの効果は限度もあり効果は小さい」（日本能率協会［1990］p.118）とされています。

(2) **外注指導による単価引下げ**

　発注企業が外注企業に大きく依存する場合には，外注加工品の購入価格は**外注企業の生産性**に依存し，その品質は**生産管理**（とりわけ**品質管理**）に依存します。発注企業が品質を確保しながら外注単価を引き下げたいとするならば，外注企業にこれを任せるだけでは十分ではありません。外注企業に対して生産性や生産管理に関する通常の**窓口指導**に加えて，より積極的に**技術指導**，**人的交流**，設備投資のための**資金援助**などの**外注管理**が必要となります。さらに品質管理に重点をおいて，品質管理委員会によって品質監査が行われ，この結果を受けて，機能設計，生産設計，生産計画，工程管理が展開され，その一環として外注管理（外注業務・受入検査）が行われることもあります（日本能率協会［1973］p.244）。もちろん，このような外注管理を通じて，品質向上のみならず外注単価も引き下げられます。

10.4　在庫管理

在庫管理と経済的発注量

　生産プロセスと購買プロセスとが完全に同期化されていれば，理論的には，資材の在庫は不要となります。しかし，ゼロ在庫はそう簡単に実現できません。生産の中断を回避するため，ある量の在庫を持つのが普通です。さらに，需要予測が困難なことに基因して，納品遅延や欠品を回避するために，完成品の**安全在庫**を持つこともあります。

　いま生産が連続的に行われており，他の制約条件がないと仮定すれば，資材を購入すれば，**発注費**（ordering cost）が発生し，また購入品を生産ラインに投じるまでの期間には，倉庫の**保管費**（holding cost）が発生します。**購買費**は発注費と保管費との合計ですので，**経済的発注量**（Economic Order Quantity：EOQ）は，この購買費が最低となる点となります。ここから，経済的発注量は，一般的に次式で示されます。

$$EOQ = \sqrt{\frac{2QC_o}{PC_h}} \qquad (10-1)$$

　この式において，Q は年間需要量，C_o は 1 回当たり発注費，P は資材の購入単価，C_h は単位当たり保管費率（資材の購入単価に対する保管費の比率）と仮定しています。いま，$Q=5,400$個，$C_o=10$円，$P=6$円，$C_h=20$％とすれば，経済的発注量は，次のように算出されます。

$$EOQ = \sqrt{\frac{2QC_o}{PC_h}} = \sqrt{\frac{2 \times 5,400 \times 10}{6 \times 0.2}} = \sqrt{\frac{108,000}{1.2}} = 300 \text{個}$$

経済的発注量が300個と計算されましたので，年間需要量5,400個の資材は1回当たり300個，年間18回に分けて購入するのが最適ということになります。このような経済的発注量に基づいて，経済的な在庫管理システムを構築することができます。それは，通常，**最大最小在庫法**と呼ばれています。

　最大最小在庫法によって在庫管理を行う場合，在庫をすべて使い切ったときに次の入庫があれば問題ないので，理論的には，最小在庫量はゼロでよいはずです。また最大在庫量は入荷した**適正発注量**（つまり経済的発注量，この場合には300個）でよいことになります。しかし，現実には，生産ラインで資材の使用が急増したり，発注先や輸送業者の何かのトラブルで納品が遅れたり，あるいは数量不足，品違い，不良品などのトラブルが多く発生することがあります。このリスクを回避するため，余裕を加味した**安全在庫量**を加算して**最低在庫量**が決定されます。

● 図表10-8　最大最小在庫法による在庫管理

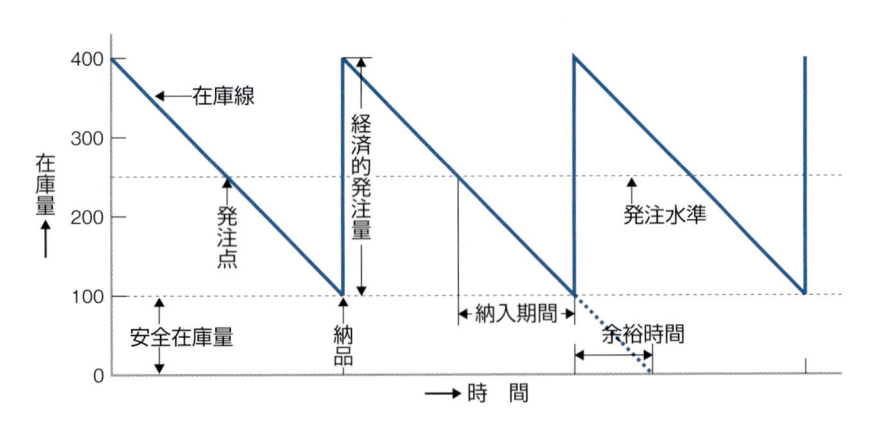

　このため，最大最小在庫法では，過去の実績に基づいて，将来の需要量（または使用率）や納入期間などを調べて発注点を決定します。この発注点（発注時期）は，使用率に納入期間を乗じた値に安全度をプラスしたものとします。もちろん，1回の発注量は経済的発注量となります。**図表10-8**は，最大最小在庫法を図解したものです。ただし，安全在庫量は100個と仮定していま

す。このような最大最小在庫法を利用すれば，経済的発注量に基づく在庫管理システムを作ることができますが，この方法は予測されるリスクを加味した安全在庫量を保有する在庫管理システムとなります。

ゼロ在庫管理――かんばん方式

最大最小在庫法では，リスクを見込んで安全在庫量を確保したために，倉庫で管理される**平均在庫量**は，次の式で示されます。

$$平均在庫量 = \frac{経済的発注量}{2} + 安全在庫量$$
$$= \frac{300}{2} + 100 = 250個 \qquad (10-2)$$

この平均在庫量が少なければ，それだけ年間の保管費を引き下げることができます。平均在庫量を引き下げるためには，1回当たりの経済的発注量を小さくするとともに，安全在庫量を少なくすればよいことになります。経済的発注量を小さくすれば，それだけ発注回数，納品回数が増大し，発注費が増加します。また安全在庫数を少なくすれば，欠品による生産の中断が生じるリスクが大きくなります。普通に考えれば，「小ロット発注＋ゼロ在庫」はまったくの夢物語に終わります。

しかし，トヨタ自動車では，独自のかんばん方式を利用してこの夢を見事に実現しました。「必要な部品がいる時にいるだけ」と表現される**ジャスト・イン・タイム方式（JIT）**では，できるだけ平準化した生産計画の下で，「小ロット発注＋ゼロ在庫」が実現されています。ただし，厳密には「ゼロ在庫」ではなく，「在庫極少化」のようです。

トヨタ自動車の元生産調査部長の田中正和氏によれば，納入先ごとに製造工程を用意すれば，安全在庫を縮小することはできるが，製造工程における設備や要員のムダが大きくなります。そこで，汎用の製造工程を用意して，納入先に必要な製品を生産すれば，最小限の在庫が可能と主張されています。

● 図表10-9　ジャスト・イン・タイム方式

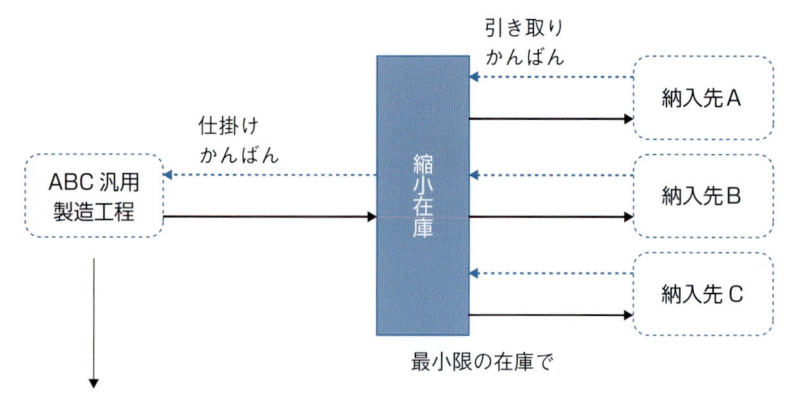

```
                        引き取り
                        かんばん
            仕掛け                    ┌─────┐
            かんばん     ┌──┐  →      │納入先A│
┌─────┐              │縮 │         └─────┘
│ABC 汎用│  ──→        │小 │  ←──   ┌─────┐
│製造工程│  ←·······    │在 │  ·····→ │納入先B│
└─────┘              │庫 │         └─────┘
    │                 └──┘  ←──   ┌─────┐
    │                                │納入先C│
    ↓                 最小限の在庫で  └─────┘
製造工程はA・B・Cそれぞれの間に合うぎりぎり
の能力で作る（手待ちなし）→JIT 生産
```

（出所）田中［2005］p. 117.

　図表10-9は，ジャスト・イン・タイム方式（JIT）を示したものです。

　田中氏は，次のように説明されています。「JUST IN TIME というのは，間に合うギリギリの設備と要員で生産を狙う。当初の方式が2基の射出形成機で〔納入先〕ABC の3社に対応しているのであっても，1基でいけそうであれば，1基で生産し，余った1基は遊休しておき，営業にさらなる仕事を探させる（⇒稼働状態の顕在化）。その状況の中で在庫を減らそうとする考え方を，JUST IN TIME という。したがって，JUST IN TIME の在庫はゼロにはできない。しかし，限りなく減らしていくことは可能である。こうすることによって，少ない設備で，なおかつ少ない要員で，目一杯の仕事が，しかもより少ない在庫でできるようにする……。だからこれが実現したときは儲かる工場になる」（田中［2005］pp. 116-117）。

　興味深いのは，生産設備の遊休状態を「顕在化」するとともに，営業部門にさらなる受注活動を要請することです。筆者はこの状態を機会損失が発生しているととらえますが，生産設備の遊休も在庫も他に投資できれば得られるはずの利益を逸しているからです（上總［2014］）。

異なる製品を同一生産ラインに流していく**混流生産ライン**の考え方は，多品種少量生産を実現するとともに，異なる製品を**小ロット**で平均して生産する**平準化生産**（smoothed production）を可能にします。最終工程で平準化生産が実現すれば，それに必要な部品の消費量も小ロットで平準化され，かんばん方式による生産指示や下請企業への発注指示が可能になります。

　この結果，かんばん方式の下では，**定時多回数納入方式**や**混載多回数納入方式**を採用することにより，ジャストインタイムの発注＝納品が実現され，部品の在庫量が激減しました。1985年当時でさえ，定時多回数納入方式では，1日4回納入が一般的であり，この場合，1日2直＝16時間で操業されている最終組立ラインはわずか4時間分の工程在庫しか持たないとされていました（塩見 ［1985］ p. 103）。

●●●●● ケース10の問題を考える ●●●●●

　日産自動車の2001年3月期「アニュアルレポート」では，「日産リバイバルプラン」が予想を上回る成功を納めたとして，次のように記述されていました。

　「『日産リバイバルプラン』(NRP) は1999年10月に発表され，2000年4月から実行に移されました。そして今日，NRPが終了して，日産は新しく生まれ変わりました。より効率的で収益力がある日産，より良い商品やサービスを提供する日産，お客さまや社員，その他のステークホルダーに新しい期待感を抱かせる日産となりました。コミットメント（必達目標）をすべて1年前倒しで達成して，NRPは過去最高の連結決算を実現しました」(日産 ［2001］ p.4)。

　この記述からは，想像を絶するスピードと内容で「日産リバイバルプラン」が展開され，「終了宣言」が行われたことがわかります。読者の皆さんは，大きな興味を持って日産の復活を検証してみて下さい。

引用文献

小野寛徳［1961］『資材管理』経林書房。
上總康行［1993］『管理会計論』新世社。
上總康行［2014］「日本的経営と機会損失の管理―アメーバ経営とトヨタ生産方式の同質性―」『企業会計』第66間巻第2号，pp. 14-26.
鈴木保男［1986］『購買外注管理の実務―図解による改善ポイント―』中央経済社。
塩見治人［1985］「生産ロジスティックスの構造」坂本和一編著［1985］『技術革新と企業構造』第3章，ミネルヴァ書房，pp. 77-113.
田中正和［2005］『考えるトヨタの現場』ビジネス社。
東京商工リサーチ［2012］『平成23年度発注方式等取引条件改善調査事業報告書』平成23年度中小企業庁委託調査。
日産自動車［1999］「日産リバイバルプラン」1999年10月18日。
日産自動車［2001］「アニュアルレポート2001」2001年3月期。
日本能率協会編［1973］『コストダウンのための外注実務』日本能率協会。
橋本賢一［1991］『技術者のための標準原価管理システム』日本能率協会。
藤本隆宏［2001］『生産マネジメント入門［Ⅱ］―生産資源・技術管理編―』日本経済新聞社。
細谷克也編著［2001］『品質マネジメントシステム構築の実践集―2000年改定版対応―』日科技連出版社。
百瀬恵夫・伊藤正昭編著［1980］『現代中小企業論』白桃書房。

11 生産管理会計

・・・●本章のポイント●・・・
❶ 生産管理のフレームワークについて最初に学びます。
❷ 原価管理のフレームワークについて学びます。
❸ 原価計算による原価管理について学びます。
❹ 品質と品質原価について学びます。

ケース11　セーレンの工場利益管理

　責任会計論の視点から見れば，通常，製造企業の社長には利益責任，工場長には原価責任，販売部長には収益責任が課せられています。社長の利益責任は免れませんが，工場長が原価責任ではなく，利益責任を負ってもとくに問題はありません。同様に販売部長が収益責任ではなく，利益責任を負っても構いません。たとえば，工場長が利益責任を負う場合には，工場を利益中心点と見て，売上高と費用を集計すれば，工場利益が計算できます。

　実は，日本企業では工場ないし製造部門に利益責任を追わせているケースが少なくないと従来から指摘されていました。福井県福井市と東京都港区に本社を構えるセーレンもその一つです。

　セーレンは，製糸，編立，仕上加工，縫製，販売というフルバリューチェーンを手掛ける総合繊維メーカーです（第3章資料3-2で紹介しました）。2013年3月期の実績を連結ベースで見れば，売上高903億円，当期純利益27億円，純資産507億円，総資産943億円，従業員数4,966名でした。名門カネボウの倒産により長浜工場と福井工場を譲り受けるほどの実力を有しています。

　セーレンでは，事業部制組織が採用され，製品ごとに事業部が設けられています。各事業部の下に配置された工場や営業部を利益中心点として利益管理が行われています（足立［2010］p.71）。

> **問題**
> ❶ セーレンの工場では，実際にどのように利益管理が行われているのでしょうか。公表された文献・資料により明らかにして下さい。
> ❷ 管理会計論では，利益責任を課した工場や営業部のことをミニ・プロフィット・センター（MPC）と呼んでいます。文献により，MPCを採用する企業を調査して，それとセーレンのMPCとを比較検討して下さい。

11.1　生産管理のフレームワーク

　製造企業では，顧客満足を得られる製品の原価と品質と納期を満たすために生産活動が組織的に管理されます。これを**生産管理**（production management）と呼びます。**生産担当副社長**はこの生産管理に全責任を負っていますが，彼の管轄下にライン組織とスタッフ組織からなる**生産管理組織**を設けます。**生産ライン組織**は生産活動を直接管理する組織であり，生産担当副社長→工場長→工場管理者（部長→課長→掛長→組長→班長）→現場作業員（一般従業員）として垂直的に組織されます。**生産スタッフ組織**は，ライン組織の活動を支援する組織であり，購買部，工務部，生産管理部，設計部，技術部などとして水平的に組織されます。生産担当副社長は生産管理組織の総指揮官として生産管理を遂行します。

　生産活動は，生産管理組織を通じて生産戦略→生産計画→生産統制として管理されますので，広義の生産管理には，これら3つのプロセスを含んでいます。このうち，**生産計画**（production planning）は向こう1年間の生産活動を計画することであり，この生産計画を実現するプロセスが**生産統制**（production control）です。狭義には，生産計画と生産統制とを含めて生産管理（production management）と呼んでいます。

　生産戦略には，①研究開発（Research and Development：R＆D），②製品計画（product planning），③原価企画（target costing），④工場立地，⑤工場建設計画が含まれています。工場建設計画では，設備投資予算が編成され，この設備投資予算の枠内で，予定した期日までに工場建設計画を完了するための管理が**コスト・エンジニアリング**です。

　生産計画では，向こう１年間の生産活動を計画するため，生産数量計画→負荷計画（loading）→年次生産計画→生産予算編成→生産計画の全社調整→工程計画（routing）というプロセスが展開されます。

　なお，**工程計画**は，**標準化**（standardizing）を前提として設定されます。その標準化は，原材料，部品，製品，加工方法ばかりでなく，作業者が行う作業もまた標準化しておく必要があります。作業の標準化は**動作研究**（motion study），**時間研究**（time study）を通じて確立されましたが，現在では，**合成的時間研究**（synthetic time study）や**ワーク・サンプリング**（work sampling）などが開発されています。さらに工程計画で検討された標準作業が作業者に割り当てられますが，これを**職務設計**と呼んでいます。工程計画を軽視すれば，ほぼ間違いなく生産活動が大混乱をきたし，著しい無駄と浪費が発生します。それは無意味な機会損失の発生です。実務で工程計画が重視されるのはこのためです。

　生産統制では，時間，品質，原価を管理対象として**日程管理**，**品質管理**，**原価管理**がそれぞれ展開されます。上述した工程計画と日程管理とは密接不可分の関係にありますので，通常，これを**工程管理**と呼んでいます。

　日程計画からの遅れは，たとえば，計画の不良・変更，設計変更，機械・設備の故障や停電，歩留低下・不良品の増加，仕掛品在庫の不足，従業員の故障や事故などの原因から生じます。生産が遅延すれば，それだけ完成日が遅れますので，同時に機会損失も発生します。遅延の原因は，現場の作業者だけではなく，生産計画，工程計画，製品設計，日程計画などの生産スタッフに基因するものもありますので，計画段階での事前チェックが不可欠かつ

重要です。

11.2　原価管理のフレームワーク

工程管理・品質管理・原価管理

　生産統制では，工程管理，品質管理，そして原価管理（control through cost）が展開されます。**図表11-1**は，この三者の相互関係を示したものです。

● 図表11-1　工程管理・品質管理・原価管理の相互関係

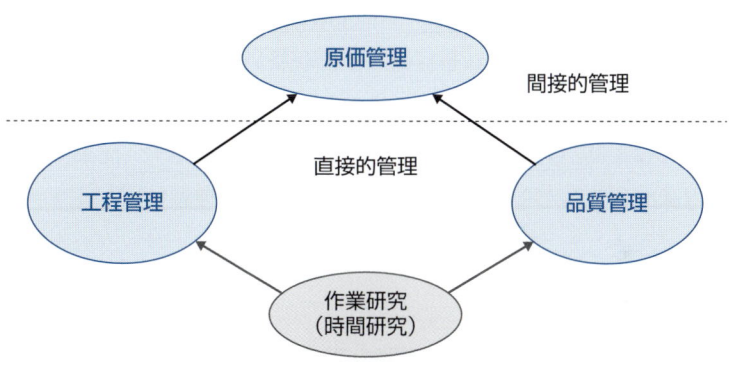

（出所）　田杉・森［1970］p.68. 一部加筆。

　この図によれば，工程管理と品質管理はともに作業研究や時間研究を基礎として展開されます，それらは生産活動に対する直接的管理を意味しています。原価管理は製造原価を基礎として工程管理と品質管理を統一的に管理していますが，生産活動に対しては間接的管理を意味しています。明らかに，原価管理が「間接的であるが故に，如何に原価上の数字を操作してみても，コストはさがらない。コストをさげるものは，生産活動そのものの合理化である」(田杉・森［1970］p.69)。

　製造原価は，原価管理そのものではなく，生産活動に対する改善・工夫・合理化，したがって**直接的管理**（工程管理と品質管理）によって削減できま

すが，その成果は製造原価によってしか評価できません。ここに原価管理の役割と限界があります。

原価管理の概念変化

　従来，原価管理（cost management）は**原価計画**と**原価統制**とに区分されてきました。原価統制（cost control）では，事前に設定した**基準原価（標準原価など）**の水準にまで実際原価を低減する努力が行われます。工程管理や品質管理を通じて実際原価が低減されますが，やがて飽和点に達して，それ以上の原価引下げは望めなくなります。そこで，製造原価を大幅に引き下げるため，新鋭設備の導入や新工場の建設などの**設備投資計画**を含めた投資計画が検討されます。それが原価計画（cost planning）です。新鋭設備の下で新しい基準原価が設定され，これを目指して再び原価統制が展開されます。このうち，原価計画は，生産設備の大規模な改良や改善，さらには新鋭生産設備の導入などにより，大幅な原価引下げを計画することです。従来，原価管理はこの意味で使われてきました。近年，この原価管理のフレームワークに変化が生じてきました。図表11-2は，原価管理のフレームワークの変化を示したものです。

● 図表11-2　原価管理のフレームワークの変化

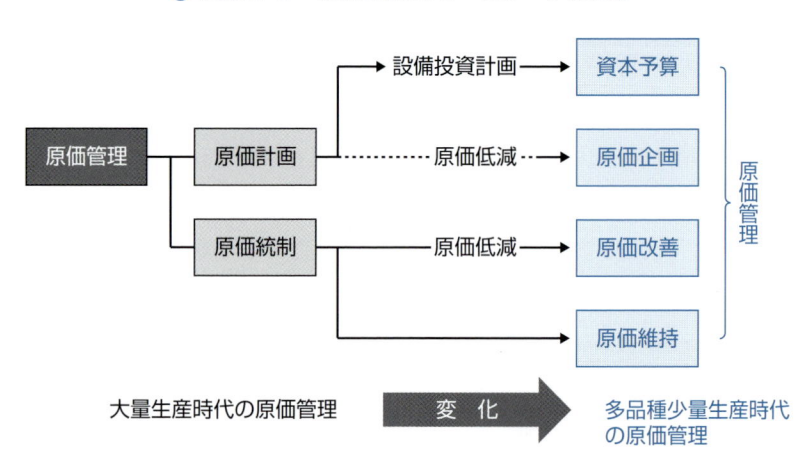

大量生産時代の原価管理	→ 変　化 →	多品種少量生産時代の原価管理
原価管理 → 原価計画 → 設備投資計画		資本予算 ┐
…… 原価低減 →		原価企画 │ 原価管理
原価統制 ── 原価低減 →		原価改善 │
		原価維持 ┘

228

この図の左側には，**大量生産時代の原価管理**のフレームワークが示されています。従来の原価管理は原価計画と原価統制でした。そこでは，基準原価の設定→原価統制→原価低減→飽和→原価計画→新鋭設備の導入→新しい基準原価の設定→原価統制という循環プロセスによって原価管理が展開されていました。

　他方，図の右側には，**多品種少量生産時代の原価管理**が示されています。多くの教科書では，**原価企画**，**原価改善**，**原価維持**の3つを原価管理のフレームワークとしてとらえています。しかし，この考え方では，もともと原価計画に含まれていた設備投資計画などの**投資計画**が抜け落ちますので，本書では，**資本予算**も含めて原価管理であると理解します。

　資本予算と原価企画に関してはすでに詳しく説明しましたので，ここでは繰り返しません。両者とも生産活動に着手する前の段階で，事前に原価低減が計画されます。原価改善と原価維持は，生産活動が行われている段階で，事後に原価統制が行われます。原価改善では，事前に設定した基準原価（標準原価など）の水準にまで実際原価を低減する努力が行われます。原価維持では，基準原価をできるだけ維持することが行われます。

11.3　原価計算による原価管理

基準原価の3類型

　原価管理では，基準原価の設定→実際原価の測定→原価比較→原価差異分析→是正措置→工程管理・品質管理→作業管理という管理サイクルが繰り返されます。基準原価が実際原価と比較されて，はじめて原価差異分析が可能になりますので，この点を強調すれば，基準原価の設定なくして原価管理はありえません。**標準原価**を組み込んだ**標準原価計算**のみが原価管理に有効であるとする主張も若干見られますが，本書では，実際原価と比較する「基準」

があればよいとの考え方から，基準原価こそ重要であると考えています。図表11-3は，基準原価の体系を示したものです。

● 図表11-3　基準原価の体系

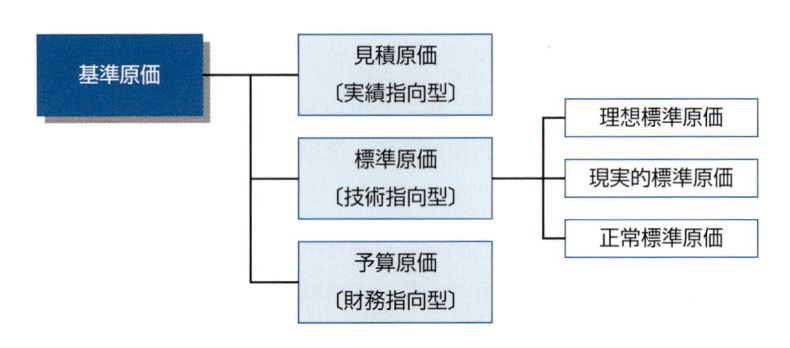

```
基準原価 ─┬─ 見積原価
         │   〔実績指向型〕
         │
         ├─ 標準原価 ─┬─ 理想標準原価
         │   〔技術指向型〕├─ 現実的標準原価
         │              └─ 正常標準原価
         │
         └─ 予算原価
             〔財務指向型〕
```

以下，3種類の基準原価を簡単に説明します（上總［1993］pp.270-271）。

(1) 見積原価

見積原価は過去の実際原価に基づいて決定されますが，**予定原価**とも呼ばれています。多くの場合，昨年度の実際原価，過去数年間の**平均原価**（average cost）などを基準にして，これに生産部長とスタッフが判断する原価引下げ可能性を折り込んで見積原価が決定されます。見積原価は実績指向型の基準原価を意味しています。見積原価には，無駄や不能率が混入し，経営者の判断も入りますので，基準原価としては，標準原価に劣ります。しかし，見積原価が基準原価として採用されるならば，たとえ基準原価として多少の問題があったとしても，管理者の動機づけを可能とし，原価統制は可能です。問題はこの見積原価を管理者が基準原価として受容するか否かにかかっています。ここでもまた，トップ・マネジメントと管理者との垂直的調整の鍵を握る管理者管理が重要です。

(2) 標準原価

標準原価（standard cost）は，可能な限り生産活動を標準化した後，この標準化を前提とした生産性に基づいて決定されます。まず製品1単位当たりの**原価標準**（cost standard）が決定され，これに生産量を乗じて標準原価が決定

されます。標準材料費，標準労務費，標準間接費がそれです。原価標準の設定に際しては，時間研究，作業研究，価値工学（VE），管理工学（IE）などの**科学的方法**を利用して作業者一人ひとりの作業が徹底的に分析されます。とくに作業方法，使用工具，使用材料，作業時間が綿密に調査・分析されます。このため，標準原価は，基本的には，現在の生産システムを構成する工場設備，機械配置，工程計画，製品設計，日程計画，作業方法，工具，作業者などの**技術水準**に大きく依存します。この技術水準が生産システムの生産性を規定しますので，標準原価は技術指向型の基準原価を意味しています。

　標準原価は，**厳格度**（tightness）によって，通常，次の3つに区分されます。
① **理想標準原価**（ideal standard cost）……技術的に達成可能な最大操業度の下で最高能率を実現する最低原価を意味しています。
② **現実的標準原価**（expected actual standard cost）……理想標準原価に現実的な条件を加味した達成可能な原価であり，必要な仕損，減損，遊休時間などの余裕率が含まれています。
③ **正常標準原価**（normal standard cost）……**正常原価**とも呼ばれ，比較的長期間の過去の実際原価を統計的に平準化し，これに将来のすう勢を加味して決定される原価です。

　このうち，正常標準原価は標準原価に区分されていますが，正常という概念が曖昧に理解されるため，実務では，見積原価にごく近い扱いです。

(3) **予算原価**

　予算原価（budget cost）とは，総合予算の一部である生産予算ないし製造予算をそのまま基準原価としたものです。生産予算は総合管理において，目標利益の達成を目指して調整・決定されていますので，予算原価は目標利益に規定された**財務指向型**の基準原価を意味しています。標準原価がある技術水準に基づいて設定されるのに対して，予算原価は目標利益に規定されて決定されます。競争激化や円高進行など企業環境が大きく変化する状況の下では，標準原価が予算原価を上回ってしまうことがあります。製品の競争優位性がない場合には，市場価格を取り込んだ予算原価と技術指向型の標準原価

との垂直的調整，したがってトップ・マネジメントと生産担当副社長などの工場関係者との調整が行われますが，通常，目標利益を実現するため予算原価が優先されます。この結果，標準原価と呼ばれる場合でも，実質的には予算原価であることが多いようです。

標準原価計算の差異分析

これまで多くの企業では，原価管理のために**標準原価計算**（standard costing）が利用されてきました。標準原価計算では，標準原価の設定，実際原価の測定，標準原価差額（原価差異）の計算が行われます。通常，標準原価計算を会計システムに組み込んで**標準原価計算制度**（standard cost accounting system）として運用します。

標準原価計算では，もちろん**原価差異**を計算します。しかしながら，原価差異を計算しただけでは，原価管理に有効ではありません。なぜなら，原価差異の原因を突き止め，この原因を取り除くための改善措置を実施する必要があるからです。原価差異の原因を特定できなければ，標準原価計算は「無用の長物」です。

標準原価計算，とりわけ**シングル・プラン**では，直接材料費の**数量差異**に関しては「超過材料庫出請求書」，また直接労務費の**時間差異**に関しては「作業時間報告書」にそれぞれ原因を記載させることが有益であると指摘されています（松本［1979］pp.200–201）。超過材料庫出請求書や作業時間報告書の備考欄に記入される原因に関する情報をいま**管理情報**と呼べば，シングル・プランでは，この管理情報を媒介として差異分析と原因分析とがはじめて連携できます。管理情報は原因分析にとって，したがってまた原価管理にとってまさに生命線です。**図表11-4**は，標準原価計算の差異分析と原因分析の連携関係を示したものです。

この図によれば，管理者は作業者を指揮・監督して作業管理を行いますが，作業者は作業に関連するさまざまな情報を管理者に報告します。管理者はこれを**生産情報**として手許に保持していますが，実際の作業が標準作業を超え

● 図表11-4　標準原価計算の差異分析と原因分析との連携

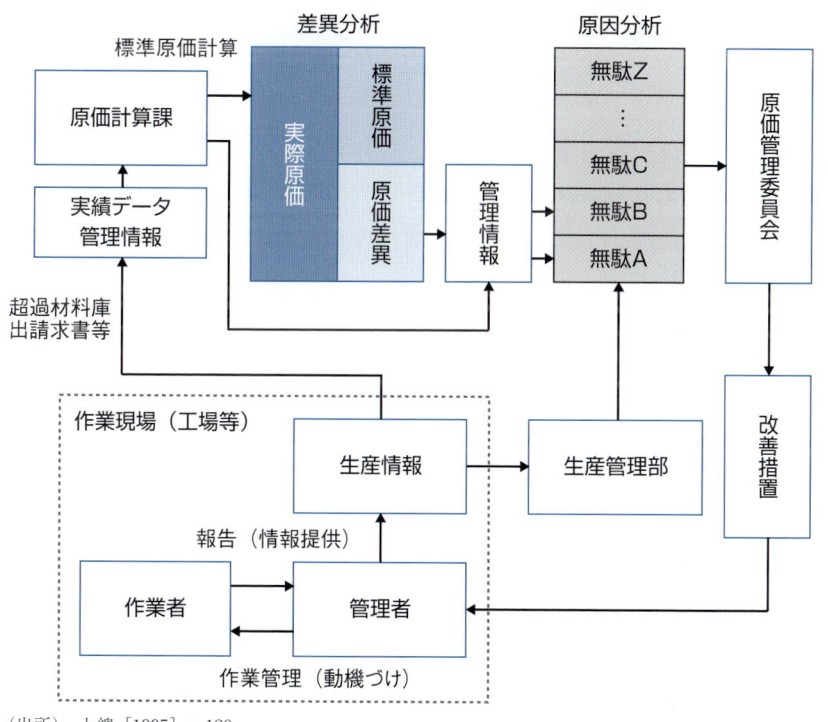

(出所) 上總［1995］p.120.

る場合には，超過材料庫出請求書等の備考欄を使って，この作業に関する管理情報（生産情報の一部）が収集されます。原価計算課において標準原価計算の原価差異分析が行われる際には，この管理情報が原価差異の原因（この図では，無駄Aと無駄B）を明らかにするために使われます。

　残念ながら，管理情報だけでは，原価差異の原因すべてを明らかにはできません。生産管理部が管理者から別のルートから収集していた生産情報によって残りの原因が明らかにされます。もちろん，この場合であっても，すべての原因が明らかになるとは限りません。そして，差異の原因が明らかになれば，**原価管理委員会**でこの原因を取り除くための改善措置が検討され，これを管理者が作業現場で実施することになります。

11.4 活動基準原価計算

活動基準原価計算の登場

　1984年，管理会計研究の最先端を走っていたハーバード大学のキャプラン（R. S. Kaplan）は，「1925年以降の期間には原価計算と経営管理において興味ある発展がまったくなかった」(Kaplan［1984］p.401) という見解を示しました。1987年，キャプランは，米国管理会計史研究の第一人者ジョンソン（H. T. Johnson）とともに，管理会計論は実務では役に立たないという意味を込めて『適合性の喪失（*Relevance Lost*）』と題する「衝撃の書」を公刊しました。翌1988年，クーパー（R. Cooper）とキャプランによって**活動基準原価計算**（Activity-Based Costing：ABC）が提唱されました（Cooper［1988a, 1988b］，Cooper and Kaplan［1988］）。当初，ABCは製品原価をより正確に計算するための製造間接費配賦計算の一種として提唱されましたが，さらにABCに基礎をおいて，間接部門や業務プロセスの業務改善を指向する**活動基準管理**（Activity-Based Management：ABM），予算管理を指向した**活動基準予算管理**（Activity-Based Budgeting：ABB）も提唱されました。

ABCによる製造間接費のより正確な配賦計算

　製品は製造工程を通じて生産されますが，その製造工程はいくつかの**活動**（activity）から構成されています。これまでの全部原価計算では，まず製造工程（原価計算上は製造部門）にすべての**原価要素**（材料費，労務費，経費）が製造部門費として集計され，次に製造工程を通過する製品に対して製造部門費が配賦されます。1種類の製品しか生産していなければ，製造間接費は製品に均等に配賦され，製品原価計算の「歪み」は生じません。しかし，多数の製品を生産する場合には，大なり小なり配賦計算が恣意的になり，**製品原価計算の正確性**は相対的なものです。より正確な製品原価を計算するには，

①あくまで正確な配賦方法を目指す方法と②配賦計算を排除する方法の2つがあります。前者はここで取り上げる ABC であり，後者はすでに検討した直接原価計算です。

　ABC では，製造工程を構成する活動に注目して，まずこの活動を**コストプール**（cost pool：原価集計場所）とみなして原価要素が**資源作用因**（resource driver）を利用して集計・配賦されます（**第1次配賦**）。次にこの活動を消費した程度に応じて**活動原価**が**原価作用因**（cost driver）によって製品に配賦されます（**第2次配賦**）。図表11-5 は，ABC のメカニズムを示したものです。

図表11-5　ABC のメカニズム

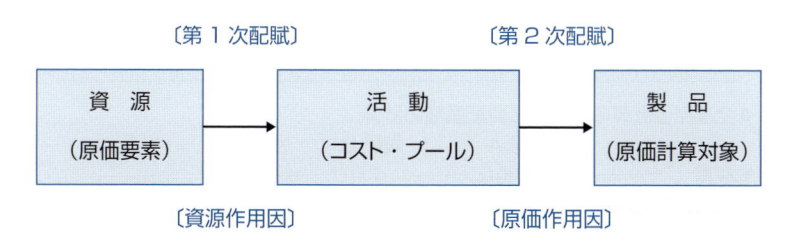

〔第1次配賦〕　　　　　　〔第2次配賦〕

資源（原価要素）　→　活動（コスト・プール）　→　製品（原価計算対象）

〔資源作用因〕　　　　　　〔原価作用因〕

　ABC では，活動の認識とこの活動が消費した程度に応じて活動原価が原価作用因を用いて製品に配賦されるのが特徴です。ABC では，原価作用因が多いほど**正確な配賦計算**を期待できますが，直接原価計算のように固定製造間接費の配賦計算がまったく排除される訳ではありません。ABC もまた配賦計算の制約を抱えた**全部原価計算の一種**に他なりません。

　それでは，活動基準原価計算によって製品原価がどのように計算されるかを検証してみましょう。

問題発見

　ある会社の製品別損益計算書では，大型高額製品 A の利益は大きく，逆に小型普及製品 B はいつも赤字でした。経営者の多くは，小型普及製品 B は経営の足を引っ張る「問題児」だと評価していました。ある時，経営者の一人

が競合企業ではわが社と同じような小型普及製品で大儲けをしているという話を聞いてきました。驚いた経営陣は，早速，製品原価を検討することにし

● 図表11-6　製品原価の計算結果（1台当たり）

	全部原価計算		ABC	
	製品A	製品B	製品A	製品B
販売価格	8,000円	2,000円	8,000円	2,000円
製品原価	5,000	2,500	8,200	1,700
直接材料費	1,000	200	1,000	200
直接労務費	2,000	300	2,000	300
製造間接費	2,000	2,000	5,200	1,200
粗利益	3,000円	−500円	−200円	300円
粗利率	37.5%	−25.0%	−2.5%	15.0%

●全部原価計算の製造間接費配賦額の計算
　　　　　　　　　製品A　　　　製品B　　　合計
生産量　　　　　　100台　　　　400台　　　500台
製造間接費配賦額　2,000円/台　　2,000円/台
製造間接費総額＝1,000,000円
配賦率＝1,000,000円/500台＝2,000円/台

●ABCの製造間接費配賦額の計算
　　　　　　　　　製品A　　　　製品B　　　合計
生産量　　　　　　100台　　　　400台　　　500台
製造間接費配賦額　5,200円　　　1,200円
製造間接費総額＝1,000,000円
【原価作用因の計算】
　修繕維持費　　　600,000円
　修繕時間　　　　　5時間　　　10時間　　15時間
　原価作用因　　＝600,000円/15時間＝40,000円/時間
　配賦額（製品A）＝(40,000円×5時間)/100台
　　　　　　　　＝200,000円/100台＝2,000円/台
　配賦額（製品B）＝(40,000円×10時間)/400台
　　　　　　　　＝400,000円/400台＝1,000円/台
　段取費　　　　　400,000円
　段取回数　　　　　4回　　　　1回　　　　5回
　原価作用因　　＝400,000円/5回＝80,000円/回
　配賦額（製品A）＝(80,000円×4回)/100台＝320,000円/100台＝3,200円/台
　配賦額（製品B）＝(80,000円×1回)/400台＝ 80,000円/400台＝200円/台

ました。**図表11-6**は，自社で使用している全部原価計算と新しいABCの結果を示したものです。

　この計算結果によれば，現在使用している全部原価計算の下では，1台当たり，製品Aは粗利益3,000円，粗利率37.5％，製品Bは損失-500円，粗利率-25.0％でした。製品原価の内訳では，製造間接費が2製品とも同額2,000円でした。全部原価計算の場合には，操業度を基準として，製造間接費総額100万円を生産量500台で割算して製造間接費配賦率2,000円/台が計算されます。これは，飲み会などで請求書の金額を参加者全員で均等割りする「割り勘方式」とも呼べる配賦計算の方法です。

　他方，ABCでは，製造間接費を2つ以上の活動（コスト・プール）に分割して，ここに諸資源が資源作用因を使って第1次配賦されます。この設例では，活動は「修繕維持」と「段取」の2つです。製品Aと製品Bは，直接材料費と直接労務費に加えて，活動原価である修繕維持費と段取費が「受益者負担方式」で原価作用因によって製品Aと製品Bにそれぞれ第2次配賦されます。計算の詳細は省略します。

　ABCによれば，製品Aの製品原価は8,200円，製品Bは1,700円とそれぞれ計算されます。驚いたことに，製品の粗利益を見れば，製品Aは「ドル箱」製品から一転して「赤字」製品へ，製品Bは「問題児」から「花形製品」へと評価が変わりました。ABCによって，競合企業がわが社と同じような小型普及製品で大儲けをしている秘密が明らかになりました。

　前提条件によって異なりますので，いつも設例のようになるとは限りませんが，製造間接費の配賦計算をより正確に行うには，ABCが有効な方法の一つであると言えるでしょう。

ABMによる非付加価値活動の排除

　活動基準管理（ABM）は，ラフィシュ=ターニー（N. Raffish and P. B. B. Turney）によれば，「顧客が受け取る価値，およびこの価値の提供によって達成される〔企業の〕利益を改善するための方法として，活動の管理に焦点を

おく技法である」(Raffish and Turney［1991］p.57）とされています。ABMは「活動の管理」であり，具体的には，**活動分析**，**原価作用因分析**，**業績分析**が含まれています。図表11-7は，活動基準管理（ABM）モデルを示したものです。

● 図表11-7　活動基準管理（ABM）モデル

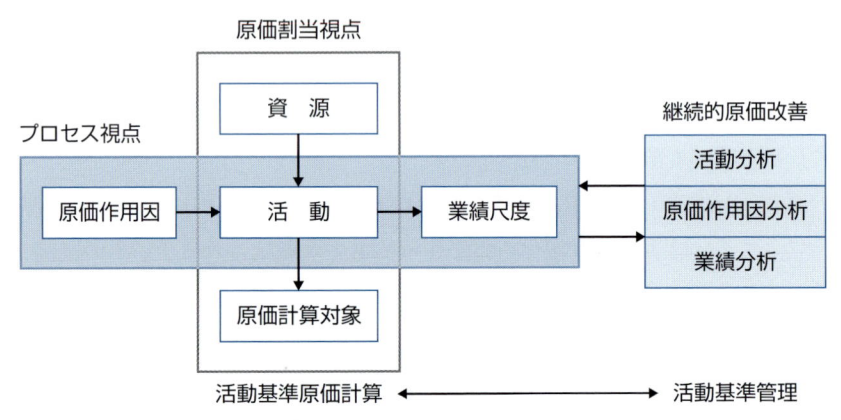

```
                        原価割当視点
                    ┌──────────────┐
                    │    資　源     │                  継続的原価改善
                    └──────┬───────┘                 ┌──────────┐
 プロセス視点        ┌──────┴───────┐                 │ 活動分析  │
┌─────────┐        │              │                 ├──────────┤
│原価作用因│──→ │   活　動    │──→ 業績尺度 ←─│原価作用因分析│
└─────────┘        │              │                 ├──────────┤
                    └──────┬───────┘                 │ 業績分析  │
                    ┌──────┴───────┐                 └──────────┘
                    │  原価計算対象 │
                    └──────────────┘
              活動基準原価計算 ←──────→ 活動基準管理
```

（出所）　Raffish and Turney［1991］p.54.

　この図によれば，ABCは原価割当視点（cost assignment view）から見れば，資源→活動→原価計算対象（cost objects）という関係にありますが，ABMはプロセス視点（process view）から見て，原価作用因→活動→業績尺度という関係にあります。ABMでは，活動分析→原価作用因分析→業績分析という分析を経て，継続的原価低減ないし活動基準原価低減（Turney［1992］pp.21-25）が展開されます。

　もっとも重要な活動分析では，「顧客の価値に貢献するか，企業のニーズを満足させると判断される活動」である付加価値活動とこうした付加価値を生まない非付加価値活動とが区分されます（Raffish and Turney［1991］p.62）。ある活動について原価作用因分析を行えば，その活動が**付加価値活動**であるか否かを判定できます。非付加価値活動を排除できれば，原価低減が可能です。ターニーによれば，「原価低減—ABMのいくつかある焦点の１つ—の最善策は，活動が利用または遂行される方法を変更すること（まず活動の管理），

次に改善により自由となった資源を再配分することである」(Turney［1992］p.B2-2）とされています。

　ABMでは，原価作用因分析→非付加価値活動の明示化→無駄の確認→排除を通じて原価低減が実現できます。そうであるとすれば，原価作用因を設定できれば，製造補助部門の検査，移動，修繕などの活動から，購買，輸送，販売，経理などの非製造部門の職能活動やビジネス・プロセス全体にもABMが適用できることになります。さらに鉄道業，情報サービス業，金融業など，製造業以外のサービス業にもABMを広く適用できます。

　ところで，標準原価計算では，主として直接費に対するコスト・コントロールの有効性は認められています。製造間接費に関しては，予算原価と実際原価との差異計算→差異分析→原因分析を通じて，予算管理が展開されてきました。とすれば，ABCの場合には，当初から製造間接費が主要な計算対象ですので，標準原価計算の場合のように控えめな「予算管理」ではなく，正面から予算活動基準原価計算（予算ABC）が提唱されても何ら不思議なことではありません。それが活動基準予算管理（ABB）です。

11.5　品質管理とコスト

品質の概念

　製品競争力要素はコスト，品質，納期の3つであるとされています。このうち，品質には，少なくとも，①超越的品質概念，②製品属性概念，③ユーザー・満足概念，④製品品質概念，⑤価値概念という5つの概念があります（以下，藤本［2001a］p.244）。品質の概念は多様ですが，製品自体がユーザーに与える顧客満足の度合として「総合製品品質」あるいは「総合商品力」と定義されています。この**総合製品品質**には，**設計品質**と**適合品質**の2つがあります。

設計品質（design quality）は，製品・工程の設計段階で意図された製品の機能・性能・外観などであり，「製造の目標としてねらった品質」，あるいは顧客に対してあらかじめ約束した製品機能を意味しています。

　適合品質（conformance quality）は，設計図面の段階でねらった機能・外観などがユーザーの購買段階あるいは使用段階で，現物の製品の中に実現されているかどうかを示す概念です。つまり現物がどの程度，設計図どおりできているかを示す尺度です。また製造プロセスで決まる品質のことを**製造品質**と呼んでいますが，この製造品質と設計品質はほぼ同義とみなされています。

　ここから，総合製品品質（**総合品質**）はおおむね設計品質と適合品質からなっています。高い総合製品品質は設計品質と適合品質の両方が高い場合にのみ達成されます。そこには，「品質の連鎖」があります。図表11-8は，品質の連鎖と品質概念を示したものです。

● 図表11-8　品質の連鎖と品質概念

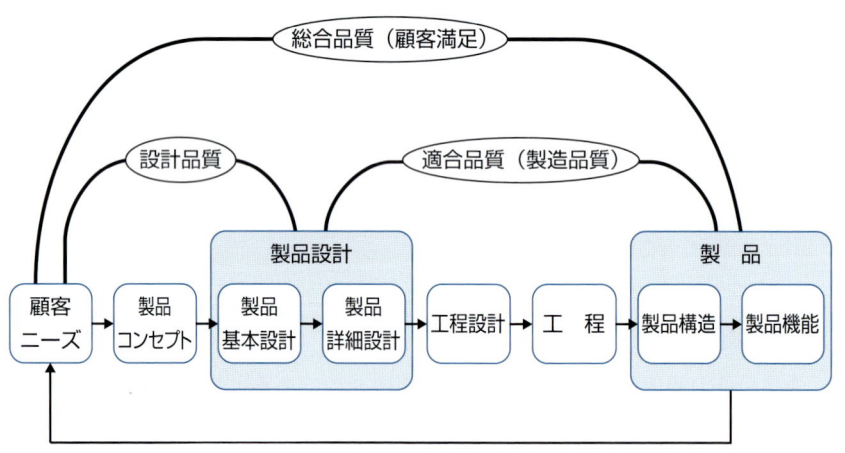

(注)　□は情報資産（ストック），→は情報処理の流れ（フロー）を表す。
　　　○は，情報内容のマッチングとしての品質概念（設計品質・適合品質・総合品質）を表す。
(資料)　Fujimoto, T., *Organizations for Effective Product Development*.
(出所)　藤本［2001］p.248.

　この図には，設計品質と適合品質の連鎖として総合品質が示されています。藤本氏によれば，連鎖の上流部分（顧客ニーズ→製品コンセプトや製品基本

設計→製品詳細設計）の情報伝達精度では設計品質が，下流部分（製品詳細設計→工程設計→工程や製品）の情報伝達精度が適合品質となります。製品の品質は，このプロセスのすべてを通じて実現されますので，品質管理は，開発・製造・購買・販売などを巻き込んだ全社的な取組みとならざるをえません（藤本［2001］p.249）。ここに日本が誇る **TQC**（Total Quality Control：総合品質管理）の原点があります。

TQC（総合品質管理）

　作業者がどんなに注意深く作業をしても，生産プロセスで**不良品**を完全になくすことは不可能です。不良品が発生する原因はさまざまですが，不良品が生じた場合には，まず**不良原因**を究明し，この原因を取り除くために適切な防止策を講じなければなりません。原因を曖昧にしたままで防止策をたてると，同じような不良品や故障を繰り返すことになります。このため，**品質管理**（Quality Control：QC）では，**原因究明→防止策**というプロセスが強調されます。

　具体的には，①原因と結果を示す特性要員図を作成し，②原因系の押え込み，③製品のばらつきを監視する管理図を作成し，④管理外れの原因を究明し，対応策をたて，⑤原因を除去するというプロセスが展開されます（木暮［1988］pp.59-61）。品質管理では，**品質のばらつき**が所定の範囲内に収まっている限り，その工程は望ましい品質の製品を生産できるとみなされます。

　日本企業における品質管理は，当初，生産工程における異常原因を取り除き，品質（厳密には製造品質）を安定させることを目的とした工程管理から始まりました。その後，設計品質や市場品質が管理されるようになりましたので，品質管理は工程管理のような統制活動から，設計さらに高度の意思決定を含む商品企画など，計画ないし企画活動にまで昇格し，トップ・マネジメントの経営活動まで包括するに至っています（木暮［1988］pp.69-70）。このような品質管理は，TQCと呼ばれており，日本で独自に発展を遂げた経営管理手法の一つです。

そればかりではありません。日本企業の品質管理は全従業員を巻き込んだ **QC サークル活動**として展開されてきたことにも特徴があります。QC サークル活動は ZD（Zero Defect）運動や目標管理運動などとともに，**小集団活動**と呼ばれています。QC サークル活動では，計画（Plan）→実行（Do）→評価（Check）→改善（Action）という **PDCA サイクル**が展開されます。

品質コストの重要性

　日本企業では，1960年代以降，TQC から TQM へと品質管理が展開され，「品質第一主義」が浸透していましたので，管理会計の視点から品質管理にアプローチする必要性もメリットもほとんどありませんでした。しかしながら，1990年代以降，日本製品の「過剰品質」，グローバル市場での販売不振，自動車メーカーのリコール隠し，ノートPCのバッテリー火災，湯沸器の不具合，食品メーカーの品質偽装など，日本製品をめぐるさまざまな品質不具合，品質事故，不正が多発して，「日本製品は高品質である」という神話が崩壊しつつあるとされています（梶原［2008］pp.5-6）。

　梶原武久氏（神戸大学）によれば，差し当たり，日本企業の課題は2つあります。第1は，グローバル競争で競争優位を獲得するため，設計品質と適合品質とからなる最適な製品の総合品質を決定すること，第2は，「聖域」であるかないかにかかわらず，費用対効果を考慮して，品質管理を経済合理的に展開することです。管理会計の視点から言えば，前者は新製品の原価企画に，後者は品質コストに関わる課題です。

　品質コスト（quality costs）とは，品質管理活動に関連して発生する費用や損失の総称ですが，製品原価と区分するために，品質コストと表記されています。図表11-9は，品質コストの概念図を示したものです。

　この図によれば，品質コストは**管理コスト**と**失敗コスト**に大別されます。管理コストは**適合コスト**（conformance costs）とも呼ばれますが，不良品が発生しないように予防する**予防コスト**（prevention costs）と品質水準を評価し，良品の中から不良品を選別・排除する**評価コスト**（appraisal costs）から

● 図表11-9　品質コストの概念図

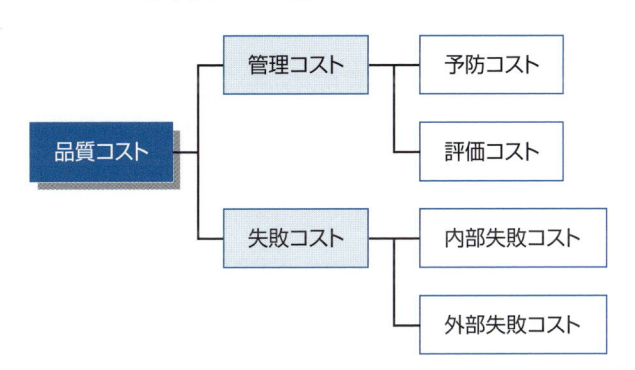

```
品質コスト ─┬─ 管理コスト ─┬─ 予防コスト
　　　　　　│　　　　　　　└─ 評価コスト
　　　　　　└─ 失敗コスト ─┬─ 内部失敗コスト
　　　　　　　　　　　　　　└─ 外部失敗コスト
```

なっています。失敗コストはFコスト，品質ロス，不適合コストなどと呼ばれています。失敗コストは，不良品が出荷前に発見されたのか，それとも出荷後に発見されたのかにより**内部失敗コスト**（internal failure costs）と**外部失敗コスト**（external failure costs）に区分されます（梶原［2008］pp. 17-18）。図表11-10は，品質コストの具体例を示したものです。

● 図表11-10　品質コストの具体例

品質コストカテゴリー		具体例
管理コスト	予防コスト	品質計画費，品質工学費，品質教育費，デザインレビュー費，信頼性試験費，設備保全費，取引企業への技術指導費，市場調査費
	評価コスト	原材料・部品の受入検査費，工程検査費，完成品出荷検査費，品質監査費
失敗コスト	内部失敗コスト	仕損費，手直し費，廃棄費，補修費
	外部失敗コスト	修理費，代品交換費，製品回収費，PL法訴訟費，損害賠償費，品質不具合による売上機会の損失，ブランド価値の低下

（出所）　梶原［2008］p. 18.

上の表には，外部失敗コストの欄で「品質不具合による売上機会の損失」や「ブランド価値の低下」のように測定が困難なものも含まれています。

品質コストの代表的モデル

(1) 古典的モデル

　品質コストは，**品質管理活動の費用対効果**を向上させるための手段の一つとして開発されました。このため，当初から品質コストの最適値や最小化に高い関心が寄せられ，品質コストと品質水準の関係やタイプの異なる品質コストの間の関係性について議論されてきました。

　この品質コストの関係性については，**古典的モデル**，**TQM モデル**，**中村モデル**の3つがあります。**図表11-11**は，品質コストの古典的モデルを示したものです。

●　図表11-11　品質コストの古典的モデル

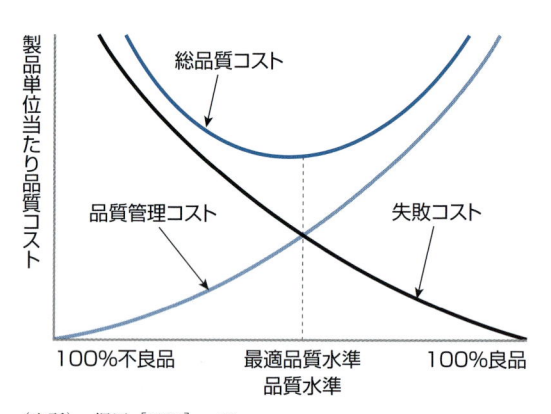

（縦軸：製品単位当たり品質コスト　横軸：品質水準　100%不良品　最適品質水準　100%良品）
曲線ラベル：総品質コスト，品質管理コスト，失敗コスト

（出所）　梶原［2008］p.20.

　古典的モデルでは，品質管理に投入される管理コストの増加とともに，その効果が現れて失敗コストが低下すると仮定されています。費用対効果の視点から見れば，管理コストと失敗コストの合計額である**総品質コスト**が最小となる品質水準において品質管理を行うことが望ましいことになります。この水準は「最適品質水準」と呼ばれています。古典的モデルでは，「一定の不良品が許容される」（梶原［2008］p.20），あるいは「最適の不良率を想定」（藤本［2001］p.261）していますので，最適品質水準は，**最適不良品水準**でもあ

ります。

(2) TQM モデル

　日本企業で実践されてきた品質管理（TQC/TQM）は，古典的モデルとは異なる TQM モデルと呼ばれています。図表11-12は，TQM モデルを示したものです。

● 図表11-12　TQM モデル

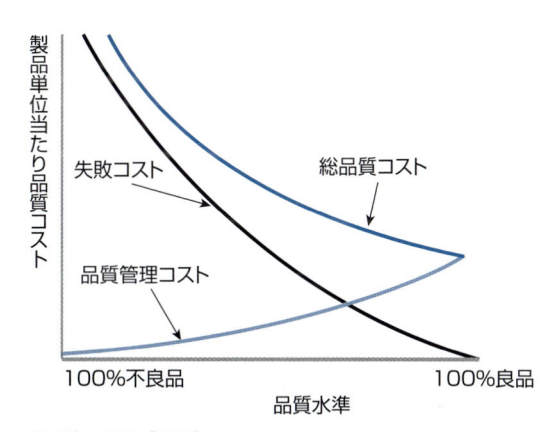

[図：縦軸「製品単位当たり品質コスト」，横軸「品質水準」（左端「100%不良品」，右端「100%良品」）。失敗コスト（右下がり），品質管理コスト（右上がり），総品質コスト（右下がり）の3本の曲線が示されている。]

（出所）梶原［2008］p.22.

　この図によれば，総品質コストの曲線は，古典的モデルのように U 字型ではなく，右下がりに示され，最高品質水準（100％良品）において品質コストが最低になると仮定されています。その理由は，次の通りです。日本企業では，高品質の製品を製造するために，管理者や従業員が製品や工程の改善活動により注意を払い，大きな努力をするために，製品や工程で無駄が排除されるなどの学習効果が働きますので，予防コストや評価コストが時間の経過とともに低下します。さらに TQM では，従業員に対する教育研修，設備の保全，デザインビューなどの予防活動が重視されますので，その効果が長期的か，累積的に現れますので，特定の品質水準を実現するために必要な管理原価の水準が時間の経過とともに低下すると考えられています（梶原［2008］pp.21-23）。

(3) 中村モデル

　品質コストの**中村モデル**は，日本化薬株式会社（本社：東京都港区）の中村輝夫相談役（前社長）が考案された方法ですが，実務経験の中から着想を得た大変興味深い独自のモデルです。中村モデルと命名して，簡単に紹介します。**図表11-13**は，品質管理の中村モデル（Management Activity Costing：MAC）を示したものです。

● 図表11-13　中村モデル（MAC）

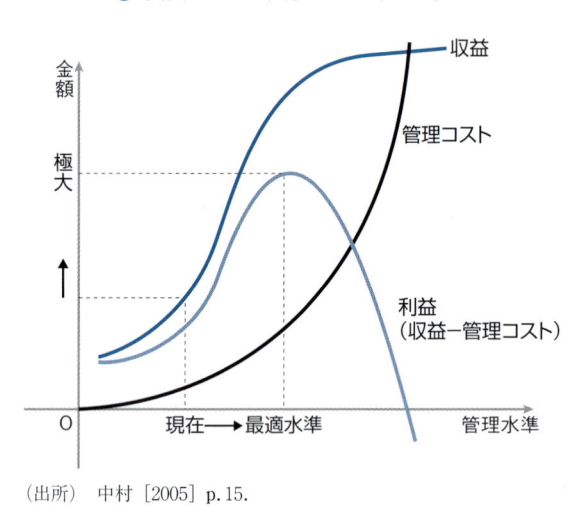

（出所）　中村［2005］p.15.

　中村モデルでは，古典的モデルが「生産・販売量を所与として，コスト最低を目指すものだが，MAC〔中村モデル〕は利益を最大にすることが狙いである。利益が最大になるような収益の拡大を目指す」（中村［2005］p.16）とされています。

　論理は実に明快です。**図表11-8**の「品質の連鎖と品質概念」で説明すれば，中村モデルには，顧客ニーズ→製品コンセプト→製品設計に関わる「設計品質」に注目し，この設計品質水準を上位に設定し，そのために必要な品質コストを投入して，より多くの売上高と利益を獲得したいとする経営品質戦略

が示されています。

1969年，東京で開催された第１回国際品質管理大会（International Conference on Quality Control：ICQC）において，中村氏によって「品質原価とその開発」(Quality Cost System and Its Development) と題する報告が行われ，新しい品質コスト論が提唱されました。会場では，「提言は分かるが，それはエグゼクティブ・プロブレムだ」(中村 [2005] p. 16) という反応であったとされています。

残念ながら，日本では，中村モデルを知る人はほとんどいませんが，ヨーロッパでは高い評価を受けているようです。中村氏によれば，「私の勤めた会社では販売獲得活動について MAC を導入し，時あたかもコンピュータ化の時代であったので当時マークカード方式であったが導入した。その企画段階での構想を ICQC で発表した」(中村 [2005] p. 16) とされています。

本書では，日本企業で実践されている管理会計実務を「事例研究」として随所で紹介していますが，ここでは，日本化薬で実践された品質コストの中村モデルを紹介しました。

● ● ● ● ● ● ケース11の問題を考える ● ● ● ● ●

❷について，簡単に説明しておきます。セーレンの工場では，外部市場との取引を前提として，工場が利益中心点として設置され，営業部との価格交渉が行われました。この価格交渉の中で，利益目標の達成に向けてその都度顧客への販売価格に対応した原価改善が自律的に実施されました。つまり工場が収益責任と原価責任を同時に追求することによって利益責任を果たし，戦略目標管理システムの下で全社利益目標に直結する工場の利益目標を達成していたという点がセーレン MPC の特徴と言えるでしょう。

❶も含めて，具体的には，読者の皆さんが調べて下さい。

引用文献

Cooper, Robin [1988a]"The Rise of Activity-Based Costing-Part One : What Is an Activity-Based Cost System? " *Journal of Cost Management*, pp. 45-54.

Cooper, R. [1988b]"The Rise of Activity-Based Costing-Part Two : When Do I Need an Activity-Based Cost System? " *Journal of Cost Management*, pp. 41-48.

Cooper, R. and R. S. Kaplan [1998]"Measure Costs Right : Make the Right Decisions," *Harvard Business Review*, September-October, pp. 96-103

Kaplan, R. S. [1984]"The Evolution of Management Accounting," *The Accounting Review*, July 1984, pp. 390-418.

Johnson, H. T. and R. S. Kaplan [1987] *Relevance Lost : The Rise and Fall of Management Accounting*, Harvard Business School Press, Boston, Massachusett, 1987. 鳥居宏史訳 [1992]『レレバンス・ロスト―管理会計の盛衰―』白桃書房。

Raffish, Norm and Peter B. B. Turney [1991]"Glossary of Activity-Based Management," *Journal of Cost Management*, pp. 53-63.

Turney, P. B. B. [1992]"Activity-Based Management," *Management Accounting*, January 1992, pp. 21-25 in Brinker, Barry J. (ed.)[1994] *Activity-Based Management : Emerging Practices in Cost Management*, Special Edition, Warren, Gorham & Lamont, Boston.

足立洋 [2010]「製造部門における利益管理」『原価計算研究』第34巻第2号, pp. 68-78.

梶原武久 [2008]『品質コストの管理会計』中央経済社。

上總康行 [1993]『管理会計論』新世社。

上總康行 [1995]「標準原価計算の差異分析と原因分析」『経済論叢』京都大学, 第156巻第6号, pp. 103-124.

木暮正夫 [1988]『日本のTQC―その再吟味と新展開―』日科技連出版社。

田杉競・森俊治 [1970]『新訂生産管理研究』有信堂。

中村輝夫 [2005]「コスト・マネジメントの革新的変化」『経理研究』(中央大学経理研究所), 第48号, pp. 7-21.

松本雅男 [1979]『原価計算』国元書房。

藤本隆宏 [2001]『生産マネジメント入門[Ⅰ]―生産システム編―』日本経済新聞社。

12 販売管理会計

●本章のポイント●

1. マーケティング，マーケティング・システム，マーケティング戦略を学びます。
2. マーケティング戦略のうちでもっとも重要なマーケティング・ミックスを学びます。
3. マーケティング戦略を資金的に支えるマーケティング費用と予算管理を学びます。
4. 物流費管理の重要性を学びます。

ケース12　日本マクドナルドの価格戦略

　1994年，日本マクドナルド（本社：東京都新宿区，以下マクドナルドと略記します）は，それまで210円で売られていたハンバーガーの価格を半分以下の100円に値下げしました。当時，大きな話題になりました。赤字覚悟のライバルつぶし作戦，さらには喉の渇きを誘って，ジュースで儲ける作戦など，揶揄と憶測が飛び交いました。結果は，マクドナルドの作戦勝ちで，売上高が急増し，利益も大幅に増加しました（田中［1999］p.190）。

　それから数えて20年後の2013年7月，「マクドナルド史上初の1日限定・数量限定バーガーキャンペーン」が打ち上げられ，何と1,000円バーガーが発売されることになりました。

　2013年7月6日（土）　　「クォーターパウンダーゴールドドリンク」
　2013年7月13日（土）　「クォーターパウンダーブラックダイヤモンド」
　2013年7月20日（土）　「クォーターパウンダールビースパーク」

　いずれも1日限定・数量限定で全国のマクドナルド店舗において，発売時間は朝マック販売店では午前10時30分から閉店まで，販売価格は単品1,000円，マックフライポテト（M）とドリンク（M）が付いたジュエリーセット1,200円で発売されました。「これは人気の商品シリーズ『クォーターパウンダー』を，厳選された究極の食材を使用することでさらに進化させ」，"JEWELRY"の名の通り，宝石のごとくスペシャルボックス＆バッグに入れてお渡しいたしますとされていました（日本マクドナルド［2013］）。

　評判は上々で，購入者が殺到して，完売してしまう店舗も続出したようです。読者の中にも，運よく，超高級1,000円ハンバーガーを食べた方

もいることでしょう。

> **問題**
>
> ❶ 100円のハンバーガー戦略を展開するに際して、どのような原価分析や利益分析が行われたのでしょうか。公表された文献や資料を使って、明らかにして下さい。
>
> ❷ 1,000円超高級ハンバーガーは、どのような経営戦略の下で展開されたのでしょうか。販売価格1,000円はどのような根拠で設定されたのでしょうか。マクドナルド店舗の店長になったと想定して、公表された文献や資料を使って、合理的な根拠を検討して下さい。

12.1 マーケティング・マネジメントのフレームワーク

寡占企業のマーケティング

　生産企業がいくら性能・品質のよい製品を低原価で生産したとしても、それが販売されない限り企業目的は達成されません。もちろん利潤も獲得できません。生産企業は製品を必要とする消費者へ販売しようとしますが、**完全競争**の下では、市場には多数の企業が参入していますので、競争を通じてしか製品を販売できません。市場では激しい**価格競争**が展開されます。「価格破壊」や「断トツ値下げ」も起こります。弱肉強食という掟の下で、価格競争力に優れた少数の企業のみが生き残り、結果として、少数の企業によって産業と市場が支配される寡占体制が登場します。

　寡占体制の下では、プライス・リーダー（price leader：価格主導企業）によって下方硬直的な**管理価格**（administered price）が決定され、残りの企業がこの価格に暗黙のうちに従いますので、市場での競争は価格競争から**非価**

格競争（non-price competition）へと転化します。寡占企業はこの非価格競争のための主要な手段として**マーケティング**（marketing）を展開することになります。ここでいうマーケティングとは，財貨やサービスを生産者から消費者または利用者に流通させる企業活動の一部を意味していますが，そこには環境把握，製品計画，販売促進，取引（所有権移転），物的流通（物的移転）などが含まれています（村田［1973］p.3）。

マーケティング・システム

　寡占企業は，市場支配に基づいて**マーケティング戦略**を展開するため，**マーケティング・システム**を構築します。このマーケティング・システムの下で，環境調査→マーケティング戦略→マーケティング・ミックス→チャンネル政策→購買者行動→物流→代金回収というプロセスが展開されます。**図表12-1**は，コトラー（P. Kotler）が提示したマーケティング・システムを示したものです。

　コトラーの著書は版を重ねて日本でも超ベストセラーですが，この図はマーケティング・システムの基本的な要素を十分に説明しています。

　この図は，お菓子（キャンディ・バー）を生産する企業のマーケティング・システムを示したものですが，このシステムは，次の6つの要素から構成されています。

① **環　境**……製品の需要を左右する**環境諸要因**です。たとえば，人口成長率，1人当たり所得水準，キャンディに対する態度，原材料の入手可能性，コストなどです。

② **マーケティング戦略**……競合他社のマーケティング戦略を調査・検討したうえで，自社のマーケティング戦略が決定されます。具体的には，市場細分化，標的市場の選定，適合商品の提示が展開されます。

③ **マーケティング決定変数**……たとえば，製品特性，価格，販売員，物的流通とサービス，広告と販売促進などが含まれます。**マーケティング・ミックス**とも呼ばれます。

● 図表12-1　マーケティング・システム

（環境）（当該企業および競合他社）（マーケティング決定）（マーケティング経路）（購買者行動）　　　（売上高と費用）
　　　　　のマーケティング戦略　　　変数

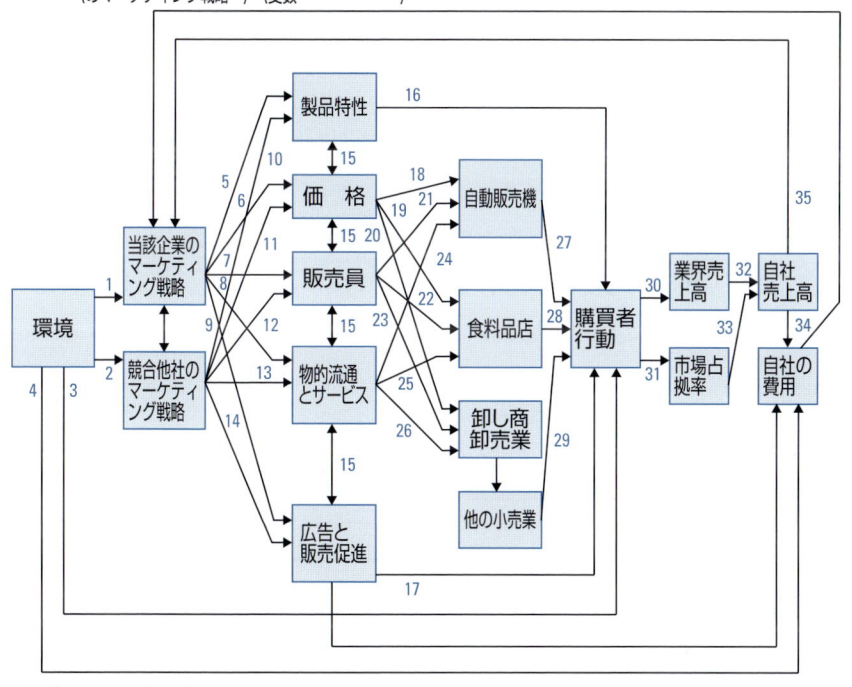

[図：マーケティング・システムの構造図。環境→当該企業のマーケティング戦略／競合他社のマーケティング戦略→製品特性・価格・販売員・物的流通とサービス・広告と販売促進→自動販売機・食料品店・卸し商卸売業・他の小売業→購買者行動→業界売上高・市場占拠率→自社売上高・自社の費用]

（出所）　Kotler〔1976〕p.26.

④　**マーケティング経路**……企業が利用できる主要な流通チャネルです。

⑤　**購買者行動モデル**……このモデルは，環境，流通チャネル，広告と販売促進，製品特性に対する顧客の反応を示しています。

⑥　**売上高と費用**……業界売上高，市場占有率，自社売上高，自社費用

　マーケティング活動は，基本的には，図に示された番号の順序で展開されますが，最終的には，自社の売上高（35）と費用（34）との差額，つまり利益によって評価されます。マーケティングもまた，目標利益の達成を目指した企業活動の一部に他なりません。

　マーケティング・マネジメント（marketing management）ないし**販売管理**

は，マーケティング活動を合理的かつ組織的に管理することです。マーケティング・マネジメントを展開するために，通常，**販売担当副社長**の下に，販売活動を直接担当するライン組織とこの販売活動を支援するスタッフ組織が設けられます。

ライン組織の責任者は**販売部長**です。彼は国内外に配置された多数の支店を統括して販売活動を直接指揮します。スタッフ組織には，顧客・消費者に対するサービス（技術相談や苦情処理など）を担当するサービス部，広告宣伝活動を行う広告部，販売活動を側面から応援・推進する販売促進部，新製品を企画・計画する製品企画部，企業環境に関するさまざまな情報を収集・分析する調査部などが含まれます。

12.2　マーケティング・マネジメントと予算管理

マーケティング活動も企業活動の一環である限り，目標→戦略→計画設定→統制というマネジメント・サイクルによって管理されます。図表12-2はマーケティング・マネジメントを図示したものです。

この図によれば，企業目標に基づいてマーケティング目標が決定され，このマーケティング目標を実現するため，マーケティング目標の設定→マーケティング戦略の策定→マーケティング計画（年次計画）→月次計画→販売活動→評価→修正行動というマーケティング・マネジメントが展開されます。

同時に，このマーケティング・マネジメントに対応して，販売予算→月次予算→実績測定→差異分析という予算管理も展開されます。言うまでもなく，販売予算は販売計画を資金的に裏付けしたものです。販売予算には，基本的には，売上高予算と販売費予算が含まれています。責任会計上，販売部門が利益中心点である場合には，利益予算が設定されます。販売部門では，販売費予算を「軍資金」としながら，売上高予算の達成に向けて，販売計画に盛

● 図表12-2　マーケティング・マネジメント

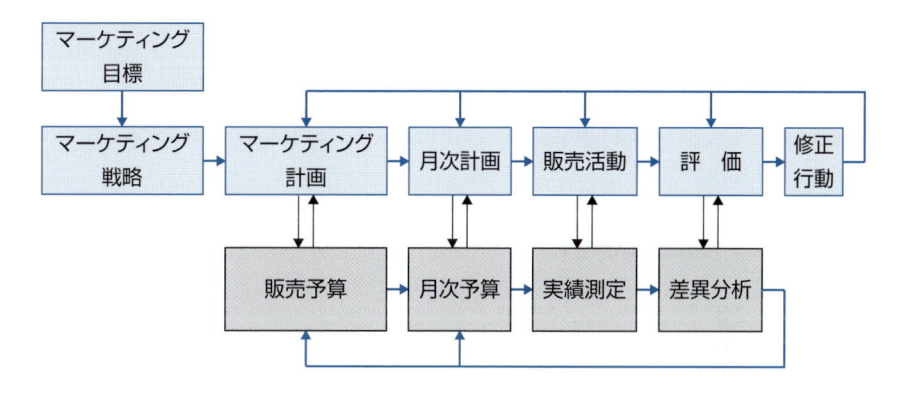

り込まれた販売活動が展開されます。

マーケティング戦略

　マーケティング戦略には，**市場細分化**（Segmentation），**標的市場の選定**（Targeting），**戦略商品の提示**（Positioning）があります。頭文字を採って **STP戦略**とも呼ばれていますが，それぞれ次のように展開されます。

① **市場細分化**……市場全体をマーケティングの対象とするのではなく，市場をある基準で細分化します。市場細分化の基準としては，地理や地域，人口，年齢，性別，所得，職業，教育水準などが使われます。

② **標的市場の選定**……市場細分化を行った後に，競合他社との強みと弱みを見ながら SWOT 分析を行い，最終的に自社が優位に競争できる市場を**標的市場**とします。

③ **戦略商品の提示**……標的市場が決まれば，既存製品の品質，競争製品，市場規模，製品開発力，マーケティング力，シナジー効果，経営目標との関連性などを総合的に判断しながら，標的市場へ効果的かつ効率的に参入するため，**戦略商品**が提示されます。

　戦略商品の提示が完了すれば，次にマーケティング・ミックスが行われます。マーケティング・ミックスは，マーケティング戦略を展開する中でもっ

とも重要です。

12.3 マーケティング・ミックス

> マーケティング手段の4P

コトラーによれば，「マーケティング・ミックスは，企業が購買者の反応に影響を及ぼすために用いることができる統制可能ないくつかの変数の集合である」(Kotler [1976] p.59) とされていますが，コトラーがいう変数は「4P」と呼ばれるマーケティング手段を意味しています。通常，**製品**（Product），**流通**（Point），**プロモーション**（Promotion），**価格**（Price）の4つの頭文字をとった「4P」が利用されます。**図表12-3**は，マーケティング手段（4P）を示したものです。

複数のマーケティング手段，たとえば，品質と価格とを組み合わせることによって，企業は市場での競争を強く意識したマーケティング・ミックスを構築できます。

● 図表12-3　マーケティング手段（4P）

製　品	流　通	プロモーション	価　格
品質及び特徴 選択部品 スタイル ブランド名 包　装 製品ライン 補　償 サービス水準 他のサービス	流通経路 流通範囲 販売店立地 販売地域 在庫水準及び 在庫場所 輸送手段	広　告 人的販売 販売促進 パブリシティ	水　準 割引及び値引 支払条件

（出所）Kotler [1976] p.60.

● 資料12−1　全日空の価格戦略

　価格戦略には，**価格設定戦略**と**価格管理戦略**（administration of price）の2つがあります。価格設定戦略は，製品の基本価格（あるいは価格水準）を設定します。価格管理戦略は，価格設定戦略により設定された基本価格が，顧客や立地などの条件に応じて修正ないし調整されます。価格戦略において，製品価格を設定する場合，基本的には，原価計算に基づく原価情報が利用されます。図表12−4は，全日本航空（ANA）の運賃一覧表を示したものです。

　この表には，運賃の種類，運賃の特徴，予約期限，予約の変更，有効期限が示され

● 図表12−4　全日本空輸（ANA）の運賃一覧表（一部抜粋）

2014年7月現在

運賃の種類	運賃の特徴	予約期限	予約変更	有効期間
プレミアム運賃	プレミアムクラスの運賃	当日	○	90日間
片道運賃	満12歳以上の通常運賃	当日	○	90日間
小児運賃	満3〜11歳の通常運賃	当日	○	90日間
往復運賃	満12歳以上の同一路線単純往復	当日	○	90日間
ビジネスきっぷ	ANAカード会員が同一路線2回搭乗	当日	○	90日間
シャトル往復運賃	東京─大阪の単純往復	当日	○	7日間
特割	搭乗日の3日前までに予約購入	3日前	×	予約便に限り
乗継旅割	指定便の組み合わせで乗り継ぎ	28日前	×	予約便に限り
特定便乗継割引	指定便の組み合わせで乗り継ぎ	当日	×	予約便に限り
旅割21	搭乗日の21日前までに予約購入	21日前	×	予約便に限り
旅割28	搭乗日の28日前までに予約購入	28日前	×	予約便に限り
旅割45	搭乗日の45日前までに予約購入	45日前	×	予約便に限り
旅割60	搭乗日の60日前までに予約購入	60日前	×	予約便に限り
旅割75	搭乗日の75日前までに予約購入	75日前	×	予約便に限り
長崎アイきっぷ	長崎の離島居住者の福岡・大阪へ	当日	○	90日間
沖縄アイきっぷ	宮古島・石垣島居住者の沖縄本島へ	当日	○	90日間
いっしょにマイル割	2〜4名で同一便，同一区間の往復	4日前	▲	予約便に限り
シニア空割	満65歳以上のANA会員で空席あり	予約不可	―	―
株主優待割引運賃	株主優待券・株主特別優待券の利用	当日	○	90日間
身体障がい者割引	本人と一部介護人の利用	当日	○	90日間
介護割引	ご家族の介護のための移動	当日	○	90日間
スカイメイト割引	満12歳〜22歳未満のANA会員で空席あり	予約不可	―	―

（出所）　ANA［2014］HPの「運賃一覧」より一部抜粋して作成。

ています。製造業では，「一物一価」という価格戦略を採る企業が多いようですが，航空運賃に関しては，「一物多価」です。同じ飛行機に乗っている人でも，購入した時期や条件によっていろいろな運賃の航空券を買っていることになります。航空会社はそれだけ多様なサービスを提供している訳ですが，同時に複雑な料金体系とオンライン発券システムを持っていると言えるでしょう。

　上述のマーケティング戦略は文字どおり「非価格競争」では決してありません。たとえば，カタログ，招待，金券，サンプルなどに必要なマーケティング費用は巨額に達します。広告宣伝費が売上高の10％以上に達する産業や企業も少なくありません。これらのマーケティング費用はもちろん消費者が購入した販売価格の中に含まれています。いま市場価格を前提とすれば，カタログ，招待，金券，サンプルなどのマーケティング戦略の展開は，それに要したマーケティング費相当分だけ値引きしたのと同じことを意味しています。それは，競争企業に対して製品価格が値下げされたのと同じです。これは紛れもなく価格競争を意味しています。

　もちろん，これらのマーケティング戦略が展開できるのは，下方硬直的な寡占価格の下で，大変低い原価で製品が生産されているからです。製品原価が低ければ低いほど，それだけ競争会社よりもコストの掛かるマーケティング戦略が展開できます。あくまで生産が**競争の基礎**にあります。

12.4　マーケティング費用と予算管理

マーケティング費用

　非価格競争の下では，有力な競争手段としてマーケティング戦略が積極的に展開されますが，このマーケティング戦略は向こう１年間の**マーケティング計画**として具体化されます。年次計画としてのマーケティング計画は販売担当副社長の管轄下で販売スタッフによって，さらに製品，地域，期間など

に具体化・細分化され，販売管理組織を形成する各管理者にその実行と成果に対する責任が割り当てられます。そして，販売部長→販売管理者→販売員という組織的関係の下で，上司による部下の動機づけが連鎖的に展開され，販売部門は，**マーケティング費用**を有効に支出しながら，できるだけ多くの売上高の実現を目指すことになります。

　通常，販売部長の管轄下で，マーケティング・スタッフによってマーケティング戦略が具体化され，それが販売部門のライン組織を通じて販売員に伝達されます。販売管理者や販売員は担当する地域特性，顧客特性をよく認識したうえでマーケティング戦略を実行する必要があります。販売員は，企業目標を定量化した販売計画の実現に向けて，**販売割当（売上高予算）**を達成することが第一義ですが，そのための戦術として，市場において商品の受容度を高め，**ブランドイメージ**または**企業イメージ**を確立し，調査情報を提供し，マーケティング上の人的資源を開発し，マーケティング・チャネラーとの協調的な相互関係を確立することが必要となります。販売員は，販売割当完遂のためのプッシュ・セールや「飴と鞭」による単なる「注文とり」(order taker) ではなく，セールス行動ミックスによって**計画販売**を展開することが求められています。

　このようにして，マーケティング戦略が積極的に展開されますが，そのためには，多額のマーケティング費用を必要とします。**図表12-5**は，日本企業の販売促進費上位20社（2008年度）を示したものです。

　この表には，**販売促進費**と**広告宣伝費**の上位20社が示されています。上位100社の販売促進費の合計は4兆854億円，広告宣伝費1兆1,257億円に上っています。個別企業では，パナソニック3,839億円，武富士2,296億円，トヨタ自動車1,848億円，花王1,447億円，ヤマダ電機1,385億円となっています。これらの企業では，マーケティング戦略を展開するため，多額の販売促進費や広告宣伝費が使われていました。

　およそ企業目的が利潤の獲得である限り，マーケティング戦略もこの目的の達成に向けて展開されます。マーケティング戦略の妥当性は，結局のとこ

● 図表12-5　日本企業の販売促進費上位20社（2008年度）

08年度順位	会社名	販売促進費（百万円）	広告宣伝費（百万円）	販売促進費／広告宣伝費
1	パナソニック	383,943	90,485	4.24
2	武富士	229,662	4,237	54.20
3	トヨタ自動車	184,882	88,197	2.10
4	花王	144,712	55,730	2.60
5	ヤマダ電機	138,503	26,730	5.18
6	日本航空インターナショナル	120,535	6,708	17.97
7	サントリー酒類	105,940	42,222	2.51
8	全日本空輸	93,018	10,196	9.12
9	スズキ	78,608	19,049	4.13
10	NEC	78,011	12,876	6.06
11	ライオン	73,404	17,590	4.17
12	朝日新聞社	70,497	―	―
13	第一三共	70,480	1,909	36.92
14	アサヒビール	64,881	32,268	2.01
15	三菱電機	59,933	8,287	7.23
16	明治乳業	59,377	8,254	7.19
17	ダイハツ工業	56,612	14,102	4.01
18	キヤノンマーケティングジャパン	55,612	16,162	3.44
19	アコム	55,547	8,645	6.43
20	明治製菓	55,539	11,212	4.95
〜	〜	〜	〜	〜
	1位〜100位の合計	4,085,462	1,126,775	3.63

（注）　「有力企業の広告宣伝費2009年版」（日経広告研究所編）より作成。一部加筆修正。
（出所）　小林［2010］p.118.

ろ，損益計算書で示される営業利益によって測定・評価されます。このため，一方では，できるだけ効果的にマーケティング費用を支出しながら最大の効果を生み出すマーケティング戦略を展開しつつ，他方では，販売力を総動員してより多くの売上高を実現しなければなりません。

マーケティング費用の予算管理

　販売担当副社長は販売スタッフの支援を受けてマーケティング目標を達成するために**最適なマーケティング・ミックス**を決定しなければなりませんが，これはそれほど簡単なことではありません。なぜなら，マーケティング・ミックスの決定は限られた経営資源の最適配分を意味しているからです。たとえ販売部門の主張が会社全体の経営委員会や取締役会でそのまま認められると仮定しても，マーケティング目標を指向しながら販売関係者の意見や利害を調整して最適なマーケティング・ミックスを選択・決定するには相当の困難が予想されます。ビジネスでは，結果がすべてです。後になって言い訳はできません。**販売予算**は，目標に向けて最適なマーケティング・ミックスを計画するための**調整手段**として利用されています。

　販売予算は**売上高予算**と**販売費予算**から構成されています。売上高予算は，地域別売上高予算，製品別売上高予算，顧客別売上高予算，販売員別売上高予算などの**サブ予算**を集約して編成されます。販売費予算もまた販売促進戦略ごとのサブ予算を管理者ごとに集計して編成されます。売上高予算のみならず販売費予算もまたマーケティング・ミックスに深く関係しています。

　たとえば，売上高は「売上高＝製品単価×販売数量」として示されますが，ここでは価格戦略が大きく影響を及ぼします。また，販売促進戦略を展開した成果である売上高は，必然的に販売促進費予算によって大きく影響を受けます。マーケティング・ミックスの選択は，販売予算の編成を通じて可能なマーケティング代替案の中から向こう1年間の最適販売計画を設定することであると言い換えることができます。まさに販売計画と販売予算とは「車の両輪」です。

　マーケティング計画ないし販売計画は販売管理者の管轄下で販売スタッフや販売員によって実施されますが，実際のマーケティング活動はじつに多彩です。マーケティング活動が多彩であるため，マーケティング活動を業績評価する基準もまた多様なものとなります。**図表12-6**は，マーケティング管理と成果評価法を示したものです。

● 図表12-6　マーケティング管理と成果評価法

管理の種類	主たる責任者	管理目的	成果評価法
1. 年次計画管理	最高経営者 中級管理者	計画通り実績が達成されているかどうかの検証	売上分析 市場占有率分析 売上対費用分析 財務分析 市場ベースの業績尺度分析
2. 収益性管理	販売企画室長	どの分野で損益が生じているかどうかの検証	製品別収益性 地域別収益性 顧客別収益性 セグメント別収益性 取引チャネル別収益性 取引規模別収益性
3. 効率性管理	ライン管理者 スタッフ管理者 販売企画室長	マーケティング費を支出する効率性および効果の評価と改善	販売部隊の効率性 広告の収益性 販売促進の効率性 流通の効率性
4. 戦略管理	最高経営者 販売企画室長	会社が市場，製品，チャネルについて最良の事業機会を追求しているかどうかの検証	マーケティング効果の検証 マーケティング監査 マーケティング卓越性の検証 企業の倫理的責任および社会的責任の検証

（出所）　Kotler［2000］p.698.

　この表では，年次計画管理（annual-plan control），収益性管理（profitability control），効率性管理（efficiency control），戦略管理（strategic control）に対して，主たる責任者，管理目的，成果評価法（approaches）がそれぞれ示されています。主たる責任者は**成果評価法**に示された基準によって**業績評価**されます。業績評価はさまざまであっても，やはりマーケティング活動の成果は会計上の業績で評価されます。

　マーケティング活動の成果は，まず販売員ごとに把握され，これを販売管理者ごとに集約し，順次上位の管理者の業績として報告されます。販売部門でもまた，責任会計論の思考の下で予算管理が展開されます。各販売管理者

はマーケティング費用の予算の枠内で，彼に課せられた売上高予算を実現すべくマーケティング活動を展開し，ぜひとも製品別・顧客層別・地域別などのセグメント別目標利益を獲得しなければなりません。予算管理は，すでに指摘しましたように，トップ・マネジメントが展開する全社的な総合管理のための会計的手段ですが，そればかりではなく，販売部門において展開されるマーケティング活動を管理するための会計的手段でもあります。図表12-7は，責任会計システムの下で作成される販売地区別利益報告書を示したものです。

この表によれば，もともと各販売員は売上高「予算」の達成を目指して販売活動を展開し，その地区の販売管理者は，「地区営業費」を効果的に支出し

● 図表12-7　販売地区別利益報告書

地区売上高・費用要約					
地区：ボストン					3月
	予　算	実　際	差　異	実際売上高に対する%
記載済純売上高…………	$500,000	$514,000	$14,000	100.0
標準売上原価……………	280,000	286,000	(6,000)	55.6
貢献差益…………………	$220,000	$228,000	$8,000	44.4
地区営業費：				
支店給料………………	$2,800	$2,800	—	0.5
販売員給料……………	25,200	25,900	(700)	5.0
旅費……………………	7,900	6,800	1,100	1.3
接待費…………………	800	1,300	(500)	0.2
地区広告費……………	1,000	1,000	—	0.1
保管・発送費…………	6,500	6,800	(300)	1.4
支店事務費……………	700	1,100	(400)	0.2
その他…………………	100	300	(200)	0.1
地区営業費合計……	$45,000	$46,000	$(1,000)	8.9
地区利益貢献額…………	$175,000	$182,000	$7,000	35.4

（出所）　Shillinglaw [1977] p.307.

て，地区利益貢献額「予算」の実現を目指さなければなりません。この表では，地区貢献差益が8,000ドル有利に達成されましたが，地区営業費が1,000ドル不利に支出されました。その結果，地区貢献利益額は7,000ドル有利に達成できたことが示されています。

さらに，主要製品ライン別に集計が行われ，主要製品ライン別利益報告書が作成されますが，ここでは，割愛します。

この主要製品ライン利益報告書によって，販売部長は販売部門で展開されているマーケティング活動に対する現業統制をより適切に指揮・監督できるばかりでなく，同時にトップ・マネジメントは全社的あるいは長期的な視点から大胆かつタイミングのよいマーケティング戦略を決定することができます。

12.5　物流費の管理

マーケティング活動によって注文獲得に成功したならば，企業は消費者や顧客に製品を届ける必要があります。**物的流通**（physical distribution or logistics）ないし**物流**とは，生産者から消費者まで製品を届ける物的な流れのことであり，具体的には，包装，荷役，輸送，保管，通信などが含まれています。最近では，消費者ニーズの多様化により適切に対応するとともに，**物流効率**を上げるためにJIT方式の物流システムが採用されています。

物流活動を行ったり，物流システムを運営すれば，多額の**物流費**（physical distribution cost）が発生します。ここに物流費管理の必要性と重要性があります。**物流費管理**の必要性に早くから注目されていた西沢脩氏は，かつて「物的流通を名実共にコスト・ダウンの宝庫とするためには，それにふさわしい物的流通会計が確立されなければならないが，物的流通会計はまだその緒についた程度である」（西沢［1974］pp. 259-260）と指摘されました。1975年8

月，運輸省流通対策本部は物流コスト算定基準委員会を設置し，西澤氏を座長とするワーキング・グループがその原案を作成し，1977年3月，『物流コスト算定統一基準』が制定されました。この基準の制定にともなって，企業では物流費管理がしだいに導入されるようになりました。公益社団法人日本ロジスティクスシステム協会は，毎年，物流コストの調査報告書を作成しています。**図表12-8**は，同協会が実施した2012年度の**売上高物流コスト比率**（業種小分類別）を示したものです。

この図によれば，製造業では「食品（要冷）」の売上高物流コスト比率がもっとも高く8.46％となっています。次いで「窯業・土石・ガラス・セメント」8.28％，「紙・パルプ」6.53％と続いています。卸売業では「食品飲料系」5.41％，「日曜雑貨系」4.80％です。断トツに比率が高いのは「小売業（通販）」11.94％でした。「通販」で売上高物流コストが高いのは，ビジネスモデルからして当然の結果と言えるでしょう。

物流費管理では，まず**物流費分析**が行われ，さらに分析された物流費を削減することが行われます。物流費分析の主要目的は，①経営管理者の各階層に対して物流費管理に必要な原価資料の提供，②物流予算の編成ならびに予算管理のために必要な原価資料の提供，③物流の基本計画を設定するに当たり，これに必要な原価情報の提供，④価格計算に必要な物流費資料の提供などであり，財務諸表の表示に必要な物流費を集計することは目的とはしていません（西沢［1982］p.214）。

物流費分析では，製品別，地域別，チャネル別，支店別，配送センター別などのセグメント別に物流費要素が分析されます。**図表12-9**は，形態別物流費分析表を示したものです。

セグメント別の物流費分析によって物流費の実態が明らかになりますので，基本的には，現在の物流機能を保持したままで，物流費の削減を目指すことになります。

● 図表12-8　2012年度売上高物流コスト比率（業種小分類別）

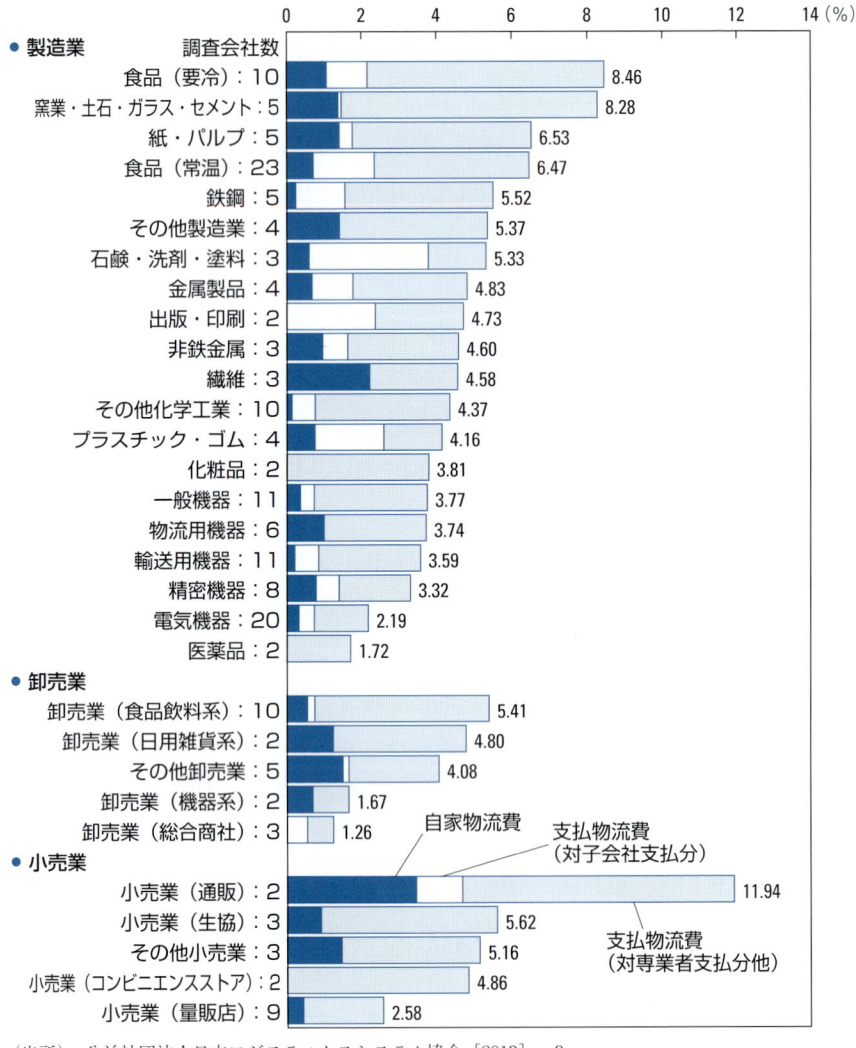

- **製造業**　調査会社数

業種	調査会社数	比率(%)
食品（要冷）	10	8.46
窯業・土石・ガラス・セメント	5	8.28
紙・パルプ	5	6.53
食品（常温）	23	6.47
鉄鋼	5	5.52
その他製造業	4	5.37
石鹸・洗剤・塗料	3	5.33
金属製品	4	4.83
出版・印刷	2	4.73
非鉄金属	3	4.60
繊維	3	4.58
その他化学工業	10	4.37
プラスチック・ゴム	4	4.16
化粧品	2	3.81
一般機器	11	3.77
物流用機器	6	3.74
輸送用機器	11	3.59
精密機器	8	3.32
電気機器	20	2.19
医薬品	2	1.72

- **卸売業**

業種	調査会社数	比率(%)
卸売業（食品飲料系）	10	5.41
卸売業（日用雑貨系）	2	4.80
その他卸売業	5	4.08
卸売業（機器系）	2	1.67
卸売業（総合商社）	3	1.26

- **小売業**

業種	調査会社数	比率(%)
小売業（通販）	2	11.94
小売業（生協）	3	5.62
その他小売業	3	5.16
小売業（コンビニエンスストア）	2	4.86
小売業（量販店）	9	2.58

凡例：自家物流費／支払物流費（対子会社支払分）／支払物流費（対専業者支払分他）

（出所）公益社団法人日本ロジスティクスシステム協会［2013］p.3.

図表12-9　形態別物流費分析表

費目分類					調達 (回収) 物流費	社内 物流費	販売 物流費	返品 物流費	廃棄 物流費	物流費 合計
企業物流費	物資流通費	自社払物流費	自家物流費	材料費	資材費						
				燃料費						
				器具備品費						
				その他						
			人件費	賃金・給料・手当						
				福利厚生費						
			用役費	電力料						
				ガス・水道代						
				その他						
			維持費	修繕費						
				消耗品費						
				租税公課						
				貸借料						
				保険料						
				その他						
			特別経費	減価償却費						
				社内金利						
			自家物流費合計								
		委託物流費									
		自社払物流費合計									
		他社払物流費									
	物資流通費合計										
	情報流通費										
	物流管理費										
企業物流費合計											

(出所) 西沢 [1982] p.222.

物流費を削減する方法には，いろいろあります。日本ロジスティクスシステム協会の調査によれば，各社多様な**物流コスト削減策**を実施していました。図表12-10は，物流コスト削減策（全業種）を示したものです。

この図によれば，全業種の物流コスト削減策としては，43種類も実施されていますが，このうち，実施件数の多いものをあげれば，「23　積載率の向上」「1　在庫削減」「22　保管の効率化」「10　物流拠点の見直し」と続いていました。このような物流コストの削減策は，今後も続くものと思われます。

物流費は，マーケティング活動の展開によって生じる販売費とは異なり，売上高の増大を直接もたらさないかに見えます。しかし，丁寧な輸送や包装，敏速な配送や事務処理のために適切なコストを掛けて，注文主や消費者に対して十分満足のいく物流活動を展開すれば，短期的にはともかく，長期的には企業イメージのアップ→売上高の増大を期待できるはずです。十分満足のいく物流活動は広告活動と同じ効果を持っていますので，広告費が予算によって管理されているように，物流費もまた予算によって管理される必要があります。物流を専門業者に依頼している場合には，専門業者と協力して顧客の満足が得られる物流を実現することが望まれます。

● 資料12-2　ハマキョウレックスの収支日計表

株式会社ハマキョウレックス（本社：静岡県浜松市，以下ハマキョウレックスと略記します）の創業者である大須賀正孝氏は，1台のトラックを購入して運送業を始め，トラック18台となった1971年に，前身の株式会社浜松共同運送を設立し，その後，破綻の危機を乗り越えて，いち早く参入した3PL（3rd Party Logistics：荷主が物流業務をアウトソーシングすること）事業を展開して顧客ニーズをつかみ，同社を急成長させてきました。1992年に現社名に変更し，2003年には東証一部に上場を果たしました。

ハマキョウレックスは，物流ベンチャー企業として急成長を遂げてきましたが，同社では，ユニークな現場管理，つまり毎日の事業の損益を現場ごとに算出する「収支日計表」，物量に応じて作業人員を調整する「アコーディオン方式」，すべてのパートタイマーが交替で現場リーダーを務める「日替わり班長」が行われていました。そこで，同社の「収支日計表」を大須賀社長の雑誌記事によって紹介しましょう。

図表12-10 物流コスト削減策（全業種）

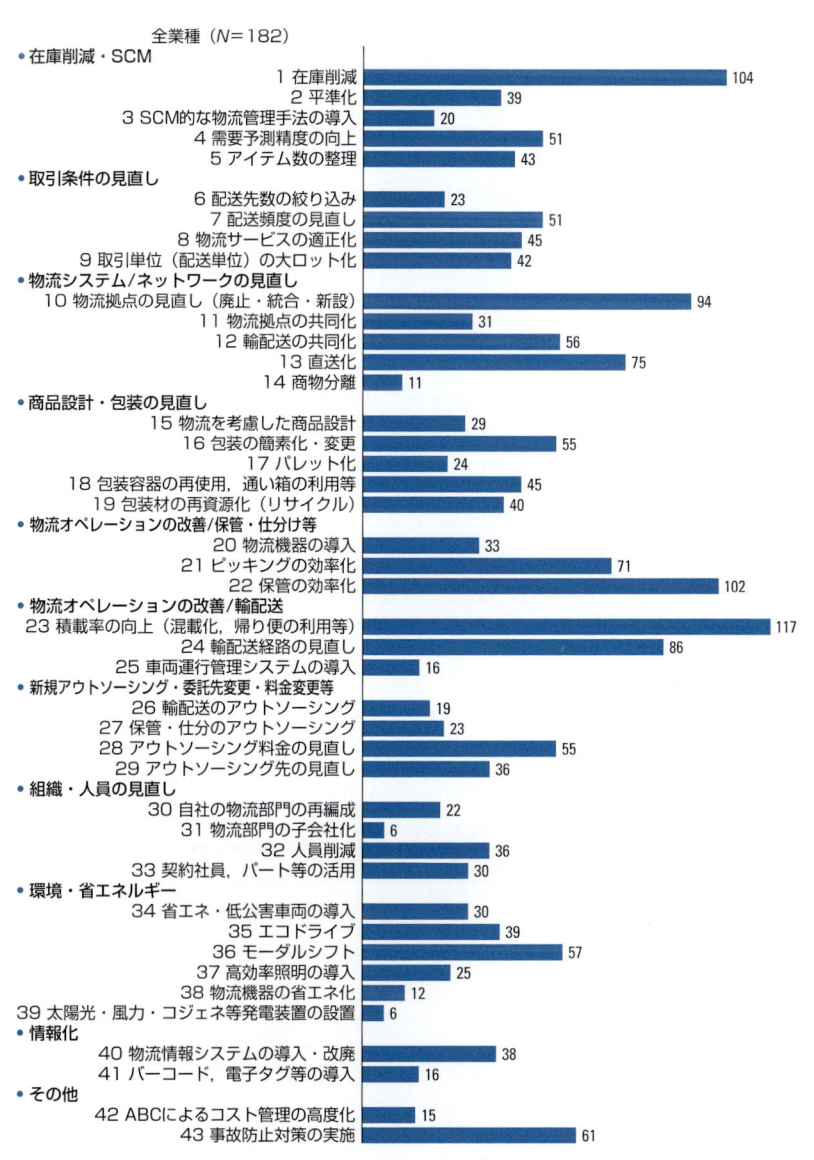

全業種（N=182）

- 在庫削減・SCM
  - 1 在庫削減　104
  - 2 平準化　39
  - 3 SCM的な物流管理手法の導入　20
  - 4 需要予測精度の向上　51
  - 5 アイテム数の整理　43
- 取引条件の見直し
  - 6 配送先数の絞り込み　23
  - 7 配送頻度の見直し　51
  - 8 物流サービスの適正化　45
  - 9 取引単位（配送単位）の大ロット化　42
- 物流システム/ネットワークの見直し
  - 10 物流拠点の見直し（廃止・統合・新設）　94
  - 11 物流拠点の共同化　31
  - 12 輸配送の共同化　56
  - 13 直送化　75
  - 14 商物分離　11
- 商品設計・包装の見直し
  - 15 物流を考慮した商品設計　29
  - 16 包装の簡素化・変更　55
  - 17 パレット化　24
  - 18 包装容器の再使用，通い箱の利用等　45
  - 19 包装材の再資源化（リサイクル）　40
- 物流オペレーションの改善/保管・仕分け等
  - 20 物流機器の導入　33
  - 21 ピッキングの効率化　71
  - 22 保管の効率化　102
- 物流オペレーションの改善/輸配送
  - 23 積載率の向上（混載化，帰り便の利用等）　117
  - 24 輸配送経路の見直し　86
  - 25 車両運行管理システムの導入　16
- 新規アウトソーシング・委託先変更・料金変更等
  - 26 輸配送のアウトソーシング　19
  - 27 保管・仕分のアウトソーシング　23
  - 28 アウトソーシング料金の見直し　55
  - 29 アウトソーシング先の見直し　36
- 組織・人員の見直し
  - 30 自社の物流部門の再編成　22
  - 31 物流部門の子会社化　6
  - 32 人員削減　36
  - 33 契約社員，パート等の活用　30
- 環境・省エネルギー
  - 34 省エネ・低公害車両の導入　30
  - 35 エコドライブ　39
  - 36 モーダルシフト　57
  - 37 高効率照明の導入　25
  - 38 物流機器の省エネ化　12
  - 39 太陽光・風力・コジェネ等発電装置の設置　6
- 情報化
  - 40 物流情報システムの導入・改廃　38
  - 41 バーコード，電子タグ等の導入　16
- その他
  - 42 ABCによるコスト管理の高度化　15
  - 43 事故防止対策の実施　61

（出所）　公益社団法人日本ロジスティクスシステム協会［2013］p.6.

「ウチの会社だって昔はどんぶり勘定だった。お客さんからもらう運賃からドライバーの人件費や燃料代を引けば，残ったカネはすべて利益。そう思い込んでいた。実際には人件費や燃料代のほかにも保険代や償却費用などのコストが発生するのに，そんなことはまったく無視していた。そのため，いくら働いても利益が残らない。おかしいぞ」(大須賀［2003］p.67)。

そこで，大須賀社長は収支日計表を作成することにしました。「まず紙切れを一枚用意する。ノートでも新聞の折り込み広告の裏面でも何でもいい。次にその紙切れに定規で横線と縦線を引いて，マス目を作っていく。トラック10台で商売をしているのであれば，縦のマス目が10個必要だ。そして，その左端のマス目にはドライバーの名前を記入しておく。横軸のマス目の上端には運賃収入（営業収入）と各費用の項目を用意する。左端が収入で，その次のマス目からが費用の項目だ。費用に関するマス目の数は自分たちで決めればいい。右端は利益を書き込むためのマス目として空けておく。……ウチの会社では費用の項目として，①固定費，②燃料費，③タイヤ・チューブ費，④修繕消耗費，⑤人件費，⑥有料高速代，⑦食事代，⑧管理費——などを設けている。このくらいあれば十分だろう」(大須賀［2003］p.67)。

「一つだけ使い方にコツがある。収支日計表は社員全員で作ったほうがいい。そして作成したら全てを公開する。社員は自分の仕事が儲かっていれば，会社に貢献しているという自信が深まる。さらに頑張ろうという気持ちになる。反対に赤字ならば何とか挽回しようと色々な策を練るようになる。……ウチの会社は自慢じゃないが，情報の何もかもがオープンだ。社員は皆，オレが給料をいくらもらっているかを知っているはず。もちろん一番多い。社長だからな。しかしその分，ほかの誰にも負けないくらい働いているという自信がある」(大須賀［2003］p.67)。

長々と引用しましたが，大須賀社長の語り口がそのまま文章になっています。筆者が福井県立大学で勤務しているときに，講演をお願いしました。そのときに驚いたのは，上に引用しました収支日計表を使って，従業員一人ひとり，トラック1台当たりの損益計算を行っていることでした。「一人アメーバ経営」といっても過言ではありません。

日本の物流を担うハマキョウレックスですが，荷主にとっての物流費を「一人アメーバ経営」によって削減していると言えるでしょう。

●●●●● **ケース12の問題を考える** ●●●●●

❶について，考えてみましょう。値下げ前の210円ハンバーガーと100円ハンバーガーの利益と原価は，それぞれ次の通りです。

● 図表12-11　210円と100円ハンバーガーの原価と利益

	210円ハンバーガー	100円ハンバーガー
原材料費	57.5円	57.5円
社員人件費	40.7	2.3
店舗賃貸料	21.0	1.2
広告宣伝費	11.3	0.6
その他販売管理費	66.6	3.7
営業利益	12.9円	34.7円

（出所）『日経ビジネス』1994，p.22に基づいて作成。

　2つのハンバーガーの原価を比較すれば，原材料費57.5円はまったく変わりません。しかし，100円ハンバーガーでは，その他販売管理費（アルバイトの人件費，販売促進費など）が大幅に下がっています。その結果，営業利益はほぼ3倍の34.7円と計算されています。

　製品原価は変動費と固定費で構成されています。変動費は生産量に影響を受けませんが，固定費は生産量（したがって販売量）が多くなれば，1個当りの配賦額が激減します。100円ハンバーガーの場合，限界利益は次のように計算できます。

> 限界利益 ＝ 販売価格 － 変動費 ＝ 100円 － 57.5円 ＝ 42.5円

　ここから，製品1個当たりの限界利益42.5円が固定費配賦額を超えれば，営業利益が稼げることになります。驚いたことに，210円ハンバーガーの固定費配賦額は139.6円であったのに対して，100円ハンバーガーでは

驚愕のわずか7.8円でした。その結果，34.7円もの営業利益を稼ぎ出した訳です。

　結果から価格戦略を想定すれば，「ハンバーガーの売価を半分に値下げして，需要を劇的に喚起し，3倍の営業利益を獲得する」ということになります。マクドナルドによれば，実際には，「ほかの商品も含めた期間内の利益総額は前年同期の5倍」(『日経ビジネス』1994, p.23) に拡大したとされ，価格戦略が大成功であったことに疑いの余地はありません。読者の皆さんは，公表された文献や資料を参考にして，もう少し詳しく価格戦略を検討してみて下さい。

引用文献

ANA［2014］「ANA運賃一覧」全日本空輸株式会社HP, https://www.ana.co.jp/dom/fare/guide/より入手。

Kotler, Philip［1976］*Marketing Management: Analysis, Planning and Control, 3rd ed.*, Prentice-Hall, Englewood Cliffs, New Jersey. 稲川和男・浦郷義郎・宮沢永光共訳［1979］『マーケティング・マネジメント―機会分析と製品戦略―』東海大学出版会。

Kotler, P.［2000］*Marketing Management, Analysis, Planning, Implementation, and Control, Millennium ed.*, Upper Saddle River, Prentice-Hall, New Jersey. 月谷真紀訳［2001］『コトラーのマーケティング・マネジメント　ミレニアム版』ピアソン・エディケーション。

Shillinglaw, G.［1977］*Managerial Cost Accounting, Fourth Edition*, Richard D. Irwin, Homewood, Illinois. 中垣昇・安永利啓訳［1979］『経営原価計算（第4版）』日本生産性本部。

公益社団法人日本ロジスティクスシステム協会編［2013］『2012年度　物流コスト調査報告書【概要版】』日本ロジスティクスシステム協会。

小林保彦［2010］「メディアの変化からみる広告ビジネス」『青山経営論集』第45巻第3号, pp. 95-211.

大須賀正孝［2003］「やらまいか！　物流通業―ハマキョウ流・運送屋繁盛記―」*LOGI-BIZ*, September 2003, pp. 66-69.

上總康行［1993］『管理会計論』新世社。

田中靖浩［1999］『実学入門　経営がみえる会計―目指せ！　キャッシュフロー経営―』日本経済新聞社。

西沢脩［1974］『管理会計研究』同文舘出版。

西沢脩［1982］『営業費の会計と管理』白桃書房。

日本マクドナルドホールディングス株式会社［2013］「マクドナルド史上初の1日限定・数量限定バーガーキャンペーン」『ニュースリリース』2013年7月2日発表。

村田昭治編［1973］『現代マーケティング論─市場創造の理論と分析─』有斐閣。

「合言葉はコスト破壊─常識を捨てた先発6社─」『日経ビジネス』1994年11月14日号，pp.22-33.

索　引

あ 行

アイシン化工 …………………………80
アサヒビール …………………………2,18
天下り型予算 …………………………143
アメーバ経営 …………………………153
安全在庫 ………………………………217
安全在庫量 ……………………………218
アンソニー, R. N. ……………………12
アンゾフ, J. L. ………………………40

意思決定 ………………………………187
泉谷裕 …………………………………156
一物一価 ………………………………258
一物多価 ………………………………258
伊藤和憲 ………………………………75
稲盛和夫 ………………………………136

受取勘定回転率 ………………………46
売上高営業利益率 ……………………45
売上高経常利益率 ……………………45
売上高支払利息比率 …………………46
売上高総利益率 ………………………45
売上高販管費比率 ……………………46

営業利益率 ……………………………133

岡本清 …………………………………172

か 行

会計情報システム ……………………16
会計報告基点 …………………………147
会計報告書 ……………………………148
会計マジック …………………………192
改善措置 ………………………………232
階層的会計責任分担 …………………167
外注 ……………………………………127
外注依存度 ……………………………209
外注加工品 ……………………………209
外注管理 ………………………………216
外注企業 ………………………………216
外注企業の選定 ………………………209
外注単価の決定 ………………………214
花王 ……………………………………190
価格競争 ………………………………258
カシオ計算機（カシオ）……………62,82
梶原武久 ………………………………242
寡占企業 ………………………………252
価値分析（VA）………………………215
活動基準管理 …………………………234
活動基準原価計算 ……………………234
活動基準予算管理 ……………………234
金のなる木 ……………………………51
カネボウ ………………………………57
環境分析 ………………………………41
環境分析手法 …………………………43
かんばん方式 …………………………219
管理可能費 ……………………………149,168
管理不能費 ……………………………185

機会損失 ………………………………199,220,226
企業情報システム ……………………16
企業倒産 ………………………………48
技術指向型の基準原価 ………………231
基準原価 ………………………………229
キヤノン電子 …………………………152,178,197
キャプラン, R. S. ……………………71,73,234
キユーピー ……………………………32

索　引

業績評価 …………………145,150,183,261
京セラ ……………………………………153
競争及び顧客分析手法 ……………………43
競争戦略 ……………………………………65
共通費 ……………………………………185
許容原価思考 ……………………………122
銀行借入れ …………………………………28

クーパー，R. ……………………………234
クーパー，T. M. …………………………171

経営管理 ……………………………………5
経営資源の最適配分 ……………………261
経営資本営業利益率 ………………………45
経営資本回転率 ……………………………46
経営情報システム …………………………16
経営戦略 ……………………………………64
経営戦略の分析手法 …………………43,44
経営理念 …………………………………22
経営理念の重層化 …………………………23
経済的発注量 …………………………218,219
原因分析 …………………………………232
限界利益 ……………………………158,160,164
限界利益図 ………………………………123
限界利益分析 ……………………………127
原価管理 ……………………………227,228
原価管理のフレームワーク ……………228
原価企画 …………………………………71
原価計画 …………………………………228
原価計算システム ………………………2,18
原価差異の原因 …………………………232
原価差異分析 ……………………………229
原価責任 …………………………………167
原価統制 …………………………………228
原価割当視点 ……………………………238
研究開発投資 ……………………………87
現業統制 …………………………………168
現金流入法 …………………………………92
現代会計カンファランス …………………48

公益社団法人日本ロジスティクスシステム
　協会 ……………………………………265
貢献利益 …………………………………185
貢献利益法による損益計算書 …………124
工程管理 …………………………………227
購買担当者 ………………………………214
ゴーン，C. ………………………………202
国際品質管理大会 ………………………247
コストプール ……………………………235
固定資産回転率 ……………………………46
固定長期適合率 ……………………………47
固定費 ……………………………………158
固定費管理 ………………………………169
古典的モデル ……………………………244
コトラー，P. ……………………………252
小林健吾 …………………………………172
小松製作所（コマツ）…………………70,71

さ　行

最高経営者 ………………………………167
最大最小在庫法 …………………………218
差異分析 …………………………………232
財務指向型の基準原価 …………………231
財務分析手法 ………………………………43
酒巻久 ……………………………………178
相模原協同病院 ……………………………75
作業研究 …………………………………227
櫻井通晴 ……………………………………28
指値方式 …………………………………211
差別化戦略 …………………………………67
産業能率大学グループ ……………………77
時間研究 …………………………………227
事業活動の総価値 …………………………54
事業部純利益 ……………………………183
事業部制 …………………………………179
事業部制組織 ………………………169,181
事業部長 …………………………………181
事業部の業績評価 ……………………187,190

索　引

自己資本固定資産比率 …………………47	製造原価の管理可能性 ……………………66
自己資本対経常利益率 …………………46	成長分析手法 ……………………………43
自己統制 ……………………………………77	製品競争力要素 ……………………………239
資材の購買 ……………………………………204	製品戦略 ……………………………………68
試作サプライヤー …………………………209	製品別損益計算書 …………………………235
自社工程の外部化 ……………………206,207	製品ラインの組合せ ………………………124
実際原価 ……………………………………229	生命保険協会 ……………………………26,32
実績指向型の基準原価 ……………………230	セールス行動ミックス ……………………259
シナジー効果 ………………………………42	セーレン ………………57,77～79,224,247
資本予算 ……………………………………89	責任会計 ……………………………………149
資本利益率（ROI） ………………27,113,187	責任会計システム …………………………168
シャープ ……………………………………62	責任会計論 ……………………………146,224
ジャストインタイム ………………………221	責任予算 ……………………………………117
重要経営指標 ………………………………26	設計品質 ……………………………………240
正味現在価値 NPV ……………………97,98	折衷型予算 …………………………………143
正味投資利益 ………………………………174	設備投資計画 ………………………………87
正味投資利益計算 …………………………174	ゼネラル・エレクトリック社（GE 社）
正味利益 ……………………………………174	……………………………………188,189
小ロット ……………………………………221	ゼロ在庫 ……………………………………217
職能部門別組織 ……………………………179	全日本航空（全日空） ……………………257
ジョンソン，H. T. …………………………234	全部原価計算 ……………………………161,236
シリングロー，G. ……………………………185	全米原価会計人協会 ………………………158
新製品頻発投入戦略 ………………………65	専門経営者 ……………………………………5
新日鐵住金 ……………………………86,105,106	戦略管理会計 ………………………………24
新日本製鐵 …………………………………86	戦略計画 ……………………………………111
	戦略的計画設定 …………………………23,111
垂直的調整 …………………………………182	戦略分析手法 ………………………………43
水平的調整 …………………………………182	戦略マップ ………………………………73,74
スターン・スティアート社 ……………189	戦略目標管理システム …………………79,247
スペースコスト ……………………179,197,199	
住友金属工業 ………………………………86	総合管理 ……………………………113,138,169
	総合製品品質 ………………………………239
正規の会計システム ………………………166	総合繊維メーカー …………………………58
生産管理 ……………………………………235	総合品質 ……………………………………240
生産管理部 …………………………………233	総合予算 …………………………138,141～143,182
生産計画 ……………………………………225	総資本経常利益率 …………………………46
生産戦略 ……………………………………226	総資本自己資本比率 ………………………47
生産統制 ………………………………225～227	総投資利益率 ………………………………94
製造間接費の配賦額 ………………………162	増分原価 ……………………………………128
製造企業 ……………………………………5	ソーター，G. H. ……………………………172

索 引

ソニー …………………………………179

た 行

ターニー，P. B. B. …………………………237
代表的な利益概念 ……………………27
高橋史安 ………………………………62
他社工程の内部化 …………………206,207
棚卸資産回転率 ………………………46
田中正和 ……………………………219
短期限界利益計画機能 ………………168
短期限界利益統制機能 ………………168
短期利益計画 …………115,116,130,138
単純回収期間法 ……………………92,93

チャンドラー，A. D. …………………40
中期経営計画 ……………………30,33,111
中期個別計画 …………………………87
中期目標利益 ………………………27,117
中期利益計画 …………………68,111,138
中軸的な利益概念 ……………………28
超過材料庫出請求書 ………………233
調弁価格 ……………………………131
直接原価 ……………………………159
直接原価計算
　………………132,158,159,161,163,164,235
直接費 ………………………………159

津曲直躬 ……………………………172

適合品質 ……………………………240
デューイ・アルミー化学会社 ………157

当座比率 ……………………………47
倒産指数 ……………………………48
投資経済計算 …………………………89
投資損益分岐図 …………………102,104
投資損益法 ……………………………91
トップ・マネジメント ………111,167,181
トップ会談 …………………………195

ドメイン戦略 …………………………25
豊田綱領 ………………………………22
トヨタ自動車 ………………22,34,209,219
ドラッカー，P. F. ……………………76

な 行

内部振替価格 ………………………195
中村輝夫 ……………………………246

ニールセン，O. ……………………171
西澤脩 ……………………………28,264
日産自動車 ………………………202,221
日産リバイバルプラン …………203,221
日程計画 ……………………………226
2方向コミュニケーション …………143
日本科学技術連盟 ……………………79
日本化薬 ………………………30,31,246
日本航空 ……………………………136
日本電産 …………………………110,133
日本マクドナルド（マクドナルド）
　……………………………………250,272

ネッペル，C. E. ……………………121
納品回数 ……………………………219

ノートン，D. P. …………………71,73

は 行

ハイザー，H. C. ……………………171
配賦計算 …………………………234,235
発注回数 ……………………………219
発注費 ………………………………219
鳩山由紀夫 …………………………136
花形製品 ………………………………51
ハマキョウレックス …………………268
バランスト・スコアカード（BSC）……64
ハリス，J. N. …………………157,171
販売管理組織 ………………………259

索引

販売計画 …………………………………261
販売予算 …………………………………254,261

非価格競争 ………………………………258
否定の雰囲気 ……………………………143
非付加価値活動 …………………………238
評価コスト ………………………………245
標準原価 …………………………………230
標準原価計算 ……………………………229,232
品質管理 …………………………………227
品質の連鎖 ………………………………240
便別収支計算 ……………………………154

福井県企業 ………………………………101
富士通 ……………………………………2,18
物的流通会計 ……………………………264
物流コスト削減策 ………………………268
物流システム ……………………………264
物流費分析 ………………………………265
部門業績評価 ……………………………151
部門成果業績評価 ………………………150
部門別採算制度 …………………………137,154
部門予算 …………………………………138,143
プロセス視点 ……………………………238
プロダクト・ポートフォリオ経営（PPM）
　………………………………………40,49

平均投資利益率 …………………………94
ヘップワース，S. R. ……………………171
変動原価計算 ……………………………159
変動費 ……………………………………158

方針管理 …………………………………64,80,80
ホーグレン，C. T. ………………………172
ポーター，M. E. …………………………41,53
ポートフォリオマネジメント …………38,58
ボストン・コンサルティング・グループ（BCG）
　………………………………………40,49
本社機構 …………………………………195
本社費 ……………………………………196

本社費の配賦計算 ………………………179

ま 行

マーケティング・スタッフ ……………259
マーケティング・マネジメント ………254
マーケティング・ミックス ……………255
マーケティング活動 ……………………254
マーケティング戦略 ……………………258
マーケティング目標 ……………………254
マープル，R. P. …………………………171,172
埋没原価 …………………………………185
マクレガー，D. M. ………………………76
マネジメント・サイクル ………………14

御手洗冨士夫 ……………………………178
三井住友銀行 ……………………………98
三菱重工 …………………………………38,40,58
見積原価 …………………………………230
見積単価 …………………………………213,214

村田製作所 ………………………………156,172

目標管理 …………………………………64,77
目標管理制度 ……………………………77
目標原価 …………………………………69
目標設定への参画 ………………………77
目標利益 …………………………………113,253
森田直行 …………………………………153
問題児 ……………………………………51

や 行

予算委員会 ………………………………142
予算管理 …………………………………263
予算原価 …………………………………231
予算差異 …………………………………145
予算システム ……………………………161
予算統制 …………………………………149
予算統制サイクル ………………………151

索　引

予算編成 …………………………138
予算編成サイクル ………………152
予算編成方針 ………………142,182
予定原価 …………………………230
予防コスト ………………………245

ら　行

ラフィシュ，N. ………………237

利益責任 ………………167,181,192
利益中心点 ………………………183
流動比率 ……………………………47

わ　行

割り勘方式 ………………………237
割引回収期間法 …………90,93,106
割引率 ………………………………97
割増回収期間法 …………90,93,101

欧　字

ABB …………………………234,239
ABC …………………………………234
ABM …………………………234,237
BSC …………………………………71
CVP分析 ………122,132,160,161,165,166
JAL …………………………136,153
KCCSマネジメントコンサルティング
　…………………………………153
M&A投資計画 ……………………87
MAC ………………………………246
NACA ………………………158,171
TQC ……………………………79,241
TQM ………………………79,242,245
TSS1/2運動 ………………179,199
VE活動 ……………………………69
WPRプロジェクト …………111,133,134

著者紹介

上總　康行（かずさ　やすゆき）

1944年	兵庫県に生まれる
1977年	立命館大学大学院経営学研究科博士課程単位取得後退学
1989年	名城大学商学部教授
1991年	経済学博士（京都大学）
1996年	京都大学経済学部教授
2006年	公認会計士試験委員
2007年	福井県立大学経済学部教授
2012年	公益財団法人メルコ学術振興財団代表理事
現　在	福井県立大学地域経済研究所客員研究員 京都大学名誉教授，福井県立大学名誉教授

学会賞受賞
日本会計史学会（1990年），
日本原価計算研究学会（2003年），
日本管理会計学会（論文賞，2013年）
日本管理会計学会（功績賞，2015年）

主要著書
『アメリカ管理会計史』（上下巻）同文舘，1989年
『管理会計論』新世社，1993年
『会計情報システム』（共著）中央経済社，2000年
『次世代管理会計の構想』（共編著）中央経済社，2006年
『戦略的投資決定と管理会計』（デリル・ノースコット著）監訳，中央経済社，2010年
『アメーバ経営学―理論と実証―』（共著）KCMC，丸善，2010年
『経営革新から地域経済活性化へ』（共編著）京都大学学術出版会，2012年
『次世代管理会計の礎石』（共編）中央経済社，2015年
『ものづくり企業の管理会計』（共編著）中央経済社，2016年
『アメーバ経営の進化―理論と実践―』（共著）中央経済社，2017年
『管理会計論 第2版』新世社，2017年
『コマツのダントツ経営―SUM管理と管理会計改革―』（編著）中央経済社，2021年

ライブラリ ケースブック会計学＝4
ケースブック 管理会計

2014年11月10日©   初版発行
2021年9月10日   初版第4刷発行

著　者　上總康行　　　発行者　森平敏孝
　　　　　　　　　　　印刷者　加藤文男
　　　　　　　　　　　製本者　小西惠介

【発行】　　　　　株式会社　新世社
〒151-0051　東京都渋谷区千駄ヶ谷1丁目3番25号
編集☎(03)5474-8818(代)　　　サイエンスビル

【発売】　　　　　株式会社　サイエンス社
〒151-0051　東京都渋谷区千駄ヶ谷1丁目3番25号
営業☎(03)5474-8500(代)　　振替 00170-7-2387
FAX☎(03)5474-8900

印刷　加藤文明社　　　　製本　ブックアート
《検印省略》

本書の内容を無断で複写複製することは，著作者および出版者の権利を侵害することがありますので，その場合にはあらかじめ小社あて許諾をお求めください。

ISBN 978-4-88384-211-7
PRINTED IN JAPAN

サイエンス社・新世社のホームページのご案内
http : //www.saiensu.co.jp
ご意見・ご要望は
shin@saiensu.co.jp まで．

新経営学ライブラリー9

管理会計論
第 2 版

上總康行 著
A5判／392頁／本体3,100円（税抜き）

現代管理会計の理論と実践を平易に説き，広く好評を得てきたテキストの最新版．総合管理のための会計を中心とした，重層的管理会計論という理論フレームワークを継承しつつ，新たな管理会計技法の解説や，わが国の戦後管理会計史，ミニプロフィットセンターの利益管理といったテーマを加え，記述を大幅に拡充した．

【主要目次】
Ⅰ 管理会計の基礎　企業管理と企業会計／管理会計の歴史――アメリカ管理会計史序説／わが国の戦後管理会計史／管理会計の体系
Ⅱ 戦略的計画設定のための会計　中期利益計画／戦略分析会計／中期個別会計――個別戦略の実行を支援する会計／資本予算
Ⅲ 総合管理のための会計　短期利益計画／予算管理／限界利益による予算管理――直接原価計算の展開／事業部制会計／ミニプロフィットセンターの利益管理
Ⅳ 現業統制のための会計　購買管理会計／生産管理会計／販売管理会計

発行　新世社　　発売　サイエンス社

会計学叢書 Introductory

原価計算

奥村輝夫・齋藤正章・井出健二郎 著
A5判／264頁／本体2,600円（税抜き）

予備知識を持たない初学者であっても，一読することで原価計算の基礎が理解できる入門に最適なテキスト．新しい公認会計士試験の試験範囲を参考とし，その中から精選した基本的な内容を図表や計算例を豊富に盛り込み解説した．

【主要目次】
第1章　原価計算の基礎／第2章　実際原価計算／第3章　部門別原価計算／第4章　活動基準原価計算（ABC）／第5章　総合原価計算／第6章　工程別総合原価計算／第7章　その他の総合原価計算／第8章　標準原価計算／第9章　直接原価計算／第10章　短期利益計画入門／第11章　差額原価収益分析入門／第12章　設備投資の経済性計算入門

発行　新世社　　　発売　サイエンス社

会計学叢書 Introductory

管理会計

武脇　誠・森口毅彦・青木章通・平井裕久　著
A5判／304頁／本体2,900円（税抜き）

管理会計をはじめて学ぶ大学生・ビジネスマンのための入門テキスト．図表を多く使用し，分かりやすい表現に努めた．計算問題が苦手な人のために例題を多く掲げ，解いていく過程で自然と知識が身につくよう工夫した．基礎知識のみならず最新の動向や上級の内容を加え，公認会計士試験や簿記検定試験の基礎テキストとしての役割も果たしている．重要語・部分を色文字で示し，学習を助ける．

【主要目次】

第Ⅰ部　管理会計概説　管理会計の基礎
第Ⅱ部　業績管理会計　CVP分析／予算管理／在庫管理／事業部制会計
第Ⅲ部　意思決定会計　業務的意思決定／戦略的意思決定
第Ⅳ部　管理会計の新しい課題　原価企画／バランスト・スコアカード／ ABC/ABM ／品質原価計算

発行　新世社　　　発売　サイエンス社

ライブラリケースブック会計学－5

ケースブック
コストマネジメント
第2版

加登 豊・李 建 著
A5判／320頁／本体2,450円（税抜き）

本書は，コストマネジメントの様々なケースをビジネス誌や新聞から取り上げ，平易な文章と図を用いてわかりやすく説明したテキストである．初版の特長を活かしつつ，各トピックに加えた「One More Case」でもう一つのケースが提示されており，追加分を含めた全40ケースを読むことができる．また，「Quiz」と「Exercises」では理解度を自分で確認することができる．初学者でも無理なく読める自習用参考書やケース集としておすすめの一冊．

【主要目次】
Ⅰ　コストマネジメントをどう理解するか
Ⅱ　戦略プラニング志向のコストマネジメント　原価企画／環境コストマネジメント／ライフサイクル・コスティング／ベンチマーキング／価格決定／バランス・スコアカード
Ⅲ　戦略的コントロール志向のコストマネジメント　ABC/ABM／品質コストマネジメント／サプライチェーン・マネジメント（SCM）／制約条件の理論（TOC）
Ⅳ　管理的プラニング志向のコストマネジメント　資本予算（1）：NPV法／資本予算（2）：IRR法／CVP分析／予算管理
Ⅴ　管理的コントロール志向のコストマネジメント　ミニ・プロフィットセンター／業績評価／連結管理会計／標準原価計算／在庫管理／輸送計画
Ⅵ　コストマネジメントを展望する

発行　新世社　　　発売　サイエンス社